U0524920

本书系国家社会科学基金项目《社会保障国际冲突、协调与合作基本法律问题研究》（项目批准号 13BFX142）的最终研究成果；亦为教育部人文社会科学重点研究基地重大项目《社会保障法制建设研究》（项目批准号 12JJD840006）的阶段性成果

珞珈政管学术丛书

社会保障国际冲突与协调合作法律研究

Research on the Legal Issues of International Conflict and Cooperation in Social Security

李运华 ◎ 著

中国社会科学出版社

图书在版编目（CIP）数据

社会保障国际冲突与协调合作法律研究 / 李运华著 . —北京：中国社会科学出版社，2023.8

（珞珈政管学术丛书）

ISBN 978-7-5227-2634-2

Ⅰ.①社… Ⅱ.①李… Ⅲ.①社会保障法—研究—世界 Ⅳ.①D902.182

中国国家版本馆 CIP 数据核字（2023）第 178774 号

出 版 人	赵剑英
责任编辑	郭曼曼
责任校对	胡新芳
责任印制	王　超

出　　版	中国社会科学出版社
社　　址	北京鼓楼西大街甲 158 号
邮　　编	100720
网　　址	http://www.csspw.cn
发 行 部	010-84083685
门 市 部	010-84029450
经　　销	新华书店及其他书店

印　　刷	北京明恒达印务有限公司
装　　订	廊坊市广阳区广增装订厂
版　　次	2023 年 8 月第 1 版
印　　次	2023 年 8 月第 1 次印刷

开　　本	710×1000　1/16
印　　张	18.5
插　　页	2
字　　数	266 千字
定　　价	98.00 元

凡购买中国社会科学出版社图书，如有质量问题请与本社营销中心联系调换

电话：010-84083683

版权所有　侵权必究

《珞珈政管学术丛书》
出版说明

自 2013 年党的十八届三中全会提出"国家治理体系和治理能力现代化"的重大命题以来,"国家治理"便成为政治学和公共管理的焦点议题。相比于"政府改革""政治发展"和"国家建设","国家治理"是一个更具包容性的概念,也是内涵本土政治诉求的概念。改革开放以来尤其是近十年来,中国在此领域的自觉追求、独特道路、运作机理和丰富经验,成为中国政治学和公共管理研究的富矿所在。对此主题展开自主挖掘和知识提纯,是政治学者和公共管理学者义不容辞的责任。

武汉大学政治与公共管理学院由政治学和公共管理两个一级学科构成,每个一级学科的二级学科较为完备,研究方向也比较齐全,形成了颇具规模的学科群。两个一级学科均学术积累深厚,研究定位明确,即始终注重对政治学和公共管理基本问题的理论探讨与实践探索。从内涵上讲,不管是政治学,还是公共管理,探讨的问题都属于"国家治理"的范畴,也无外乎理念、结构、制度、体系、运行、能力和绩效等不同层面。在此意义上,持续探索国家治理现代化的理论与经验问题,也就成为学院人才培养、科学研究和学科发展的主旨。

对社会科学学者而言,专著相比于论文更能体现其长远的学术贡献。对科学研究和学科建设而言,代表性著作和系列丛书更是支撑性的评价维度。为迎接武汉大学 130 周年校庆,更为了集中呈现学院教师十余年来学术研究的最新进展,激励老师们潜心治学、打磨精品,同时也为了促进学院的学科建设，推出有代表性的学者和作品，学院经讨论后决定启动《珞珈政管学术丛书》出版计划，并与长期以来与学院多有合作的中国社会科学出版社再续前缘。经教师个人申报，学院教授委员会把关，2023年共有十份书稿纳入此套丛书。

这套丛书的内容，大体涉及政治学、国际关系和公共管理三大板块。既有国内治理，也有国际关系；既有经验挖掘，也有理论提炼；既有量化研究，也有质性研究；既有个案呈现，也有多案例比较。但大都围绕国家治理现代化的重大现实议题展开，因此初步形成了一个涵盖问题较为丰富的成果集群。需要说明的是，这次的丛书出版只是一个开端。《珞珈政管学术丛书》是一套持续展开的丛书，今后学院教师的学术书稿在经过遴选后，仍可纳入其中出版。相信经过多年的积累，将会蔚为大观，以贡献于政治学界和公共管理学界。

学者靠作品说话，作品靠质量说话。这套丛书的学术水准如何，还有待学界同行和广大读者的评鉴。而从学术角度所提的任何批评和建议，都是我们所欢迎的。

武汉大学政治与公共管理学院院长

刘伟

2023年8月24日

谨以此小书敬奉先慈

目 录

导 论 / 1
 第一节　社会保障国际冲突与合作法律问题研究的背景和意义 / 1
 第二节　研究综述 / 3
 第三节　研究思路和方法 / 17
 第四节　主要内容和理论创新 / 19

第一章　社会保障领域国际冲突的起因 / 29
 第一节　经济全球化与国际经济移民的兴盛 / 29
 第二节　社会保障：普遍人权之理想和国家责任之现实 / 37
 第三节　国际劳工移民（跨国劳动者）的社会保障冲突困境 / 49

第二章　社会保障领域国际冲突的利益效应 / 57
 第一节　对跨国劳动者的社会影响 / 57
 第二节　对跨国企业（雇主）的社会影响 / 63
 第三节　对原籍国利益的影响 / 66
 第四节　对东道国利益的影响 / 69

第三章 国际社会协调合作解决国家间社会保障冲突的法律实践 / 73

第一节 发达地区（国家）的法律实践与经验 / 73

第二节 发展中国家的探索与经验 / 83

第三节 国际协调合作解决国家间社会保障冲突的基本路径 / 89

第四章 中国涉外社会保障领域的利益损失问题及其成因 / 94

第一节 国际劳工移民视角下的中国进出境劳动者现状 / 94

第二节 中国在涉外社会保障领域的利益受损问题 / 97

第三节 中国涉外社会保障利益受损问题的成因 / 106

第五章 中国涉外社会保障和国际协调合作既有制度检视 / 112

第一节 涉及中国出境就业劳动者社会保障的国内立法和政策 / 112

第二节 涉及外国人在中国就业的社会保障国内立法和政策 / 121

第三节 中国与其他国家缔结的社会保障协调与合作协定 / 129

第六章 中国社会保障国际协调与合作领域的立法（和缔约）政策 / 140

第一节 "立法政策"的意涵和功能 / 140

第二节　立法和缔约的宗旨　／142
第三节　立法和缔约的原则遵从　／152

第七章　中国社会保障国际协调与合作领域的基本制度选择　／161

第一节　实体性制度　／161
第二节　程序性制度　／175

附录一　国际公约范例　／182

附录二　发达国家间双边协定范例（中英文）　／187

附录三　发展中国家与发达国家间双边协定范例（中英文）　／231

附录四　中国与外国间双边协定范例　／260

附录五　国内涉外社会保障立法范例　／271

主要参考文献　／275

后　记　／284

导　　论

第一节　社会保障国际冲突与合作法律
问题研究的背景和意义

一　研究背景

经济全球化对世界各国之政治、经济和社会生活等几乎所有领域产生了深远影响，劳动就业和社会保障领域亦不例外。因为经济全球化的内在理念是经济自由，经济自由当然包含作为生产要素之一的劳动力资源的自由流动以及国际人员交流。伴随经济全球化的深度发展，劳动者跨国就业和其他人员跨国流动的规模越来越大，据国际劳工组织（International Labour Organization，ILO）2018 年全球移民工人评估研究报告，2017 年全球约有 1.64 亿名国际劳工移民，占国际移民人数的 63.6%，占全球劳工人数的 4.7%。[①]

劳动就业与社会保障领域是高度关联的，劳动力资源的全球配置和自由流动使得各国社会保障领域涉外因素剧增。从跨国就业的劳动者个人角度看，由于各国社会保障制度不尽相同甚至差别极大，跨国就业的劳动者会遭遇巨大的社会保障制度壁垒的困扰，其中影响最大者有二：其一，其在原就业地所在国获得或积累的社会保障福利是否

---

① International Organization for Migration, "World Migration Report 2018", https://publications.iom.int/books/word-migration-report-2018.

会受到损害；其二，到了新就业地所在国能否获得社会保障领域的平等待遇。与劳动者跨国流动相关的雇主企业之利益也面临社会保障制度壁垒的困扰，诸如双重缴费负担、社会保障管理成本增加等情形，可能削弱跨国企业（雇主）的国际竞争力。劳动者跨国流动对流入的原籍国和流出的东道国也可能产生各种不利影响。对原籍国的不利影响主要体现在人才流失、削弱本国跨国企业国际竞争力、社会保障基金隐性损失和社会保障便携性损失等方面。对东道国产生的不利影响可能体现在非法劳工问题、社会倾销问题和对社会保障运营管理秩序的扰动等方面。

由此可见，劳动者及其关联人员的跨国就业和流动，会在社会保障领域引发所有与之相关的主体之间的利益变动和冲突。这种利益冲突通常以社会保障法律（适用）冲突的形式表现出来。因此，社会保障法律冲突问题的处理，既关系到跨国劳动者个人的切身利益，也关系到雇主企业和相关国家利益的维护。

二 研究意义

研究解决社会保障国际冲突问题的意义重大。从实践层面来看，首先，经济全球化于中国有益，人力资源自由流动是经济全球化的客观需要，要推动经济全球化发展，就必须要解决由社会保障制度冲突形成的限制劳动者自由流动的障碍，保护跨国劳动者在社会保障领域的正当权益。

其次，中国作为发展中大国，一方面派出了大量劳动力，另一方面目前国内的境外劳动者数量也在不断增长。处理好社会保障领域的利益冲突和法律冲突问题，对于维护中国的国家利益，树立良好的国际形象及推动"一带一路"建设高质量发展具有重要影响。

最后，社会保障法律冲突问题是世界各国共同面对的问题，加强社会保障国际协调与合作，有利于国与国之间平等合作关系的建立和经贸投资关系的健康发展，有利于各国人民之间的平等互利、友好往来。

研究和解决社会保障国际冲突问题，同样具有突出的学术理论层面的价值。

其一，社会保障国际冲突、协调与合作是完善社会保障法绕不开的话题。中国社会保障立法本身起步较晚，对涉外社会保障法律制度更甚少涉及。这个领域的研究对改进中国社会保障制度、完善社会保障立法所具有的意义自不待言。

其二，中国学术界对涉外社会保障制度问题、国际社会保障协调与合作条约法律问题等领域的理论研究，总体上非常薄弱。因此可以说，社会保障国际冲突、协调与合作基本法律问题的研究，对于完善中国社会保障理论体系，特别是促成中国社会保障法学理论体系趋于完备有着重要价值。

第二节 研究综述

一 国内研究状况

回溯至十年前去考察的话，不论是社会保障学界还是法学界，涉外社会保障或社会保障国际冲突与合作等问题少有人关注，相关研究文献极其稀少。随着跨国劳动就业现象日趋增多甚至常态化，海内外劳工社会保障权益保护问题慢慢凸显出来，这一领域才逐渐引起国内学者的关注。

其中，有部分学者从历史视角观察社会保障国际化和全球化的发展历程，并尝试探讨其对中国的影响。刘涛通过分析社会保障全球化合作的形成与发展过程，认为全球正在形成一个独立的、自我形塑的、不受民族国家权力支配影响的全球社会保障的本体层面，国际政府和非政府组织、国际社会、跨国组织和超国家联合体正在合力构筑全球社会保障的理念和模式。① 谢勇才通过梳理社会保障国际合作的发展历程，总结

---

① 刘涛：《世界社会中的不平等 我们是否需要一个全球的社会保障》，《社会保障研究（北京）》2013年第18卷第2期。

出探索时期、发展时期和成熟时期三个阶段。探索时期始于20世纪初，止于第二次世界大战结束；发展时期自第二次世界大战结束到20世纪末；21世纪以来则是社会保障国际合作的成熟阶段。① 对此，种及灵的观点有些不同，他认为这一合作历程可以粗略分为三个阶段：萌芽期、发展期和成熟期。社会保障国际合作的萌芽期始于19世纪，止于第一次世界大战；发展期的时间跨度为1918年至第二次世界大战；成熟期是从第二次世界大战结束至今。②

历史视角是从古到今的观察，最终将学者们的关注引导到了对现当代社会保障国际合作路径、制度和机制的考察，注意到世界各国均在探索社会保障国际合作的途径，包括国际立法、跨国问题的协调解决、国际援助等方式。有学者关注到国际组织，特别是国际劳工组织在本领域的实践行动及其贡献和影响，发现国际组织帮助世界各国形成了一些对社会保障国际合作各个领域均具有指导意义并构成社会保障国际合作基础的准则，如邓剑分析研究了国际劳工组织主持制定的一系列致力于保障移民劳工的公约，撰文介绍公约确立的移民劳工社会保障的目标与共同准则，其中两个目标为平等待遇与既得权保护；适用于所有移民劳工社会保障的五个共同准则包括：普遍与灵活的参保方法、计算方法与福利标准的统一化、主权国家自主执行、关于劳动保险金给付的中止、拒绝和撤回的统一规定，以及受益人的诉权原则等。③

由于欧盟在应对社会保障国际冲突、协调与合作领域取得了堪称世界范围内最耀眼的成绩，所以在有关本领域的研究中，欧盟占了最多的篇幅。欧盟在协调处理劳动者自由流动与社会保障权利保护方面已经有超过50年的历史。1958年欧洲共同体（简称"欧共体"）就颁布了协调成员国社会保障关系的第3/58号条例以及实施该条例的第4/58号

---

① 谢勇才：《星星之火，何以燎原——论社会保障国际合作的兴起与发展》，《华中农业大学学报》（社会科学版）2018年第2期。
② 种及灵：《论社会保障的国际合作》，《法学》2000年第9期。
③ 邓剑：《国际劳工标准中移民劳工社会保障的一般原则》，《金融会计》2013年第4期。

条例（均于 1959 年 1 月 1 日生效）。在这 50 多年当中，欧盟的社会保障国际协调立法在深度和广度上都在不断拓展。关信平、吴伟东、郭秀云、李靖堃等学者就欧盟针对跨国劳工社会保障权益进行国际协调的法律体系进行研究，指出这个法律体系是由《巴黎条约》和《里斯本条约》等作为基本法律、以"海外社会保障协调法令"即劳工社会保障权益国际协调领域的条例和相应的实施条例等作为核心法律，外加一些判例法作为补充法律所共同组成的。[①] 李凌云、郭秀云、郭欣、郭佶胤等人就欧盟劳工社会保障协调机制进行深入分析，总结指出欧盟海外劳工社会保障权益国际协调的核心包括五项基本原则，即非歧视原则、唯一国原则、工作地原则、积聚原则和福利可输出原则，这些原则已能较好发挥其保障流动劳动者社会保障权益的功能。[②] 董克用、王丹等学者研究发现欧盟针对不同的福利项目设计了不同的具体协调处理方式。例如，对于养老保险，欧盟采取的是暂时冻结、分别支付、比例支付、最后接管等具体操作方式，[③] 另外，欧盟还一直在致力于促成成员国之间通过协调力争使各国养老保险制度渐进式趋同。[④] 国家间医疗保险、失业保险等福利项目的协调机制，则适用累计计算的具体操作方式；就医疗保险险种而言，还有以非现金津贴与现金津贴进行补偿的形式。谢勇才就欧盟海外劳工社会保障待遇发放程序制度做了分析研究，总结概括为如下五个阶段或环节：第一，当事人提出申请；第二，最后就业地所

[①] 关信平、吴伟东：《共同体内劳动力转移就业的社会保障覆盖——欧盟的经验》，《人口与经济》2008 年第 2 期；郭秀云：《利益博弈与政策协调——基于欧盟社保政策适应性的研究》，《学习与实践》2010 年第 9 期；李靖堃：《从经济自由到社会公正——欧盟对自由流动劳动者社会保障的法律协调》，《欧洲研究》2012 年第 1 期。

[②] 李凌云：《欧盟社会保障法律冲突的协调机制》，《上海劳动保障》2003 年第 20 期；郭秀云：《劳动力转移就业与社会保障多边合作机制研究——借鉴欧盟政策设计及其启示》，《现代经济探讨》2010 年第 3 期；郭欣：《欧盟成员国社会保障协调问题研究》，硕士学位论文，复旦大学，2008 年；郭佶胤：《欧盟流动劳动者社保权益协调机制研究及其经验借鉴》，硕士学位论文，华东理工大学，2015 年。

[③] 董克用、王丹：《欧盟社会保障制度国家间协调机制及其启示》，《经济社会体制比较》2008 年第 4 期。

[④] 王晓东：《从"社会保障对接条例"到"开放性协调治理"——欧盟养老保险区域一体化经验及启示》，《现代经济探讨》2013 年第 12 期。

在国汇总信息;第三,各参保国家分配养老金支付数额;第四,各参保国家比较支付程序;第五,各参保国家发放养老金。①

在重点研究欧盟之外,发展中国家协调处理国与国之间在因劳动者自由流动引起的社会保障冲突问题上的制度和政策实践也获得了学界的关注。有学者研究指出,东盟与东盟成员国在跨国就业者社会保障权益保护政策的制定和执行中做了很大努力,部分成员国就跨国就业者社会保障权益的保护制定了自己的国内政策,东盟各国之间针对跨国就业者社会保障冲突问题签署了双边协议和多边协议;但由于东盟内部还缺少协调各国社会保障体系差异的制度机制,跨国就业者在跨国流动过程中可能会面临社会保障双重缺失之类的困境。② 有学者研究了菲律宾的实践经验发现,因劳动力输出收益在国家经济中占有重要地位,菲律宾政府自20世纪70年代末就开始关注和重视社会保障国际合作问题,以防跨国劳动者的社会保障权益受损。菲律宾在此领域的实践很有特色:其一,积极寻求与既有菲律宾劳工输入且有谈判意愿的国家进行社会保障双边谈判;其二,高度重视国际劳工标准并将其作为劳动与社会保障立法的重要参照标准;其三,单方面设立自愿性保险计划和海外劳工福利基金等。通过如上措施,菲律宾政府成功地与诸多发达国家(地区)签署了社会保障双边协定,在社会保障国际合作领域取得了较大成效。③ 印度是本领域另一个引起较多学者关注的国家。印度政府通过修订社会保障法律,将外籍劳动者强制纳入本国社会保障制度范围等措施,迫使他国与其谈判,成功与许多发达国家和地区缔结了社会保障双边协定,不仅有效维护了众多海外印度劳工的社会保障权益,而且增强

---

① 谢勇才:《欧盟海外劳工社会保障权益国际协调的实践及其启示》,《探索》2018年第5期。
② 吴伟东、吴杏思:《东盟内部跨国就业者社会保障研究》,《广西社会科学》2016年第12期。
③ 谢勇才:《菲律宾社会保障国际合作的主要实践及其启示》,《人口学刊》2018年第40卷第3期。

了跨国企业的国际竞争力,甚至拓展了劳动者的境外就业空间。①

研究外国制度和实践,最终是为中国提供经验和借鉴。多位学者就中国的具体国情和社会保障国际化进展做出回顾分析。有学者依据中国在全球化进程中的发展趋势,将中国社会保障国际化进程划分为三个阶段:其一,1978—2000年为博采众长走向国际化时期;其二,2001—2011年为挑战与发展时期;其三,2012—2018年为贡献社会保障国际化之中国方案的时期。②李运华、殷玉如、王延中等学者则着重分析指出中国社会保障国际协调与合作发展过程中还存在多方面的问题或不足:其中,在政策制定方面,包括社会保险国际合作立法进程过于缓慢、虽与多国签订了双边协议但社会保险国际合作的险种单一;在政策执行方面,存在跨国劳动者待遇资格确认问题、待遇纠纷处理程序问题,以及缺乏对流动劳动者在国内继续缴纳社会保险费等情况的跟踪调查;等等。③

关于上述诸多问题的成因,谢勇才等研究认为主要有七个方面:政府的重视程度不高、往来的劳动者数量不对称、没有充分利用利益杠杆、法制规范不健全、不重视国际劳工标准、配套设施不足以及跨国劳动者的社会保障权益保护意识淡薄。为解决上述问题,谢勇才认为政府应当采取一系列措施,在发挥主导作用、充分利用利益杠杆、加强立法工作、重视国际劳工标准、完善配套设施以及增强跨国劳动者的社会保障权益保护意识等方面来完善中国社会保障双边合作,以有效地维护跨国劳动者的社会保障权益。④也有学者基于中国跨国劳动者的社会保障

---

① 谢勇才、丁建定:《印度海外劳工社会保障权益国际协调的实践与启示》,《中国人口科学》2018年第1期。

② 贾玉娇:《中国改革开放进程中的社会保障国际化:1978—2018——基于人类命运共同体分析范式的考察》,《东岳论丛》2018年第39卷第2期。

③ 李运华、殷玉如:《中国社会保障国际协调与合作发展研究探讨》,《广西经济管理干部学院学报》2015年第27卷第3期;闫丽仙:《跨国劳动力流动和社会保障国际合作问题探索》,硕士学位论文,对外经济贸易大学,2009年;王延中:《社会保障国际合作值得关注》,《中国社会科学院院报》2008年7月31日。

④ 谢勇才、王茂福:《中国社会保障双边合作的主要困境及对策研究》,《中国软科学》2018年第7期。

权益受损严重、跨国企业的国际竞争力遭到削弱、社会保障国际合作是全球性趋势等,认为中国应该于21世纪开始启动社会保障国际合作,且在此基础上提出推进社会保障国际化的建议,认为社会保障国际化应该立足国情,吸收和借鉴他国的有益做法;通过社会保障国际化,补齐社会保障政策设计的短板和不足,从而缩小与国际先进的社会保障制度的差距。[1] 有学者认为中国展开社会保障国际合作的目的应该定位于:进一步提升原籍国跨国企业的国际竞争力、维持社会保障基金的财务平衡以及减少人才流失等。[2] 另外,也包括在保持中国现有的社会保障制度体系优越性的前提下,推动中国社会保障体系的改革和发展,与国际通行做法接轨。[3] 翁仁木具体研究了国际上解决跨国劳动力养老保险权益可携性问题的方式和可借鉴的国际经验,认为全球不同国家已经对跨国劳动力的养老保险在多边或双边层次上展开合作,解决好养老保险权益可携性问题将可以实现劳动力输出国、输入国和劳动者之间的三赢。中国作为一个劳动力资源大国,劳动力跨国流动的规模将不断扩大,也需要高度重视跨国养老权益的保护。[4]

二 国外研究状况

就有关社会保障国际协调与合作方面的理论研究而言,国际与国内学术界呈现出很大反差。这一领域可谓是国际社会保障学术研究中的持续性热点,尤其是在欧洲地区。国外学者的研究主要集中在移民工人的流动性、社会保障福利及社会保障权益的便携性、社会保障国际合作的政策文件、合作效果评估等方面。

---

[1] 邓大松、杨晶:《社会保障国际化:研究缘起、典型样态与路径选择》,《东岳论丛》2018年第39卷第2期。
[2] 谢勇才:《中国社会保障国际合作:何以可能?何以可为?》,《华中科技大学学报》(社会科学版)2018年第32卷第5期。
[3] 谢勇才:《论社会保障国际合作的实现条件及其重要意义》,《东岳论丛》2018年第39卷第2期。
[4] 翁仁木:《解决跨国劳动力养老保险权益可携性问题的国际经验借鉴》,《西北人口》2010年第6期。

Remeur Cécile 就欧盟范围内劳动力的流动性进行研究，得出的结论是目前由于各成员国国家社会保障系统受到欧盟协调的影响，人员的自由流动已不会受到过多阻碍。① 欧盟官方出版物办公室专门为欧盟内的流动劳动者提供了应对社会保障变动的指南，预防劳动者在从一个会员国迁移到另一个会员国中时失去部分或全部社会保障权利。② Cremers Jan 探讨了劳动者在多个跨境工作活动的情况下适应新规则的复杂性，指出目前欧盟的社会保障协议存在一些问题并给出建议。③ Riba Jacques Jean 同样发现了目前欧盟协调协议中的问题，④ 认为：在技术层面上，只要相关国家的立法没有得到明显的调整，多边协调总是会带来复杂的问题，应对程序进行简化和进一步协调；另外，无论雇用来自哪个成员国的劳工，劳工都理所当然地应该享有平等的社会权利。然而，经验表明，跨国工人及其家属在实际流动中都会遇到社会保障方面的困难，因此欧盟应做出进一步的规划。

部分学者对不同国家内部与跨国工人相关的社会保障福利进行研究。比如，国际劳工组织发表的一份报告回顾乌克兰国家移民政策（尤其是劳工移民政策）的发展历史，发现虽然乌克兰把协调社会保障制度用来保护移民的社会保障权利作为国家移民政策的优先事项之一，但是乌克兰移民的社会保障水平仍然很低，主要是由于非正规劳动力迁移存在问题、现有协调工具存在缺陷、行政机制不足以及缺乏能力建设方面的人力和财政资源等。⑤ 该报告进一步提出了改进建议，

---

① Remeur Cécile, "Welfare Benefits and Intra-EU Mobility", *Library Briefing*, Vol. 24, No. 9, 2013.
② Publications Office of the European Union, "The Community Provisions on Social Security: Your Rights when Moving within the European Union", 2004.
③ Cremers Jan, "EU Coordination of National Social Security in Multiple Cross Border Situations", *Marmara Journal of European Studies*, Vol. 19, No. 2, 2011.
④ Riba Jacques Jean, "The Experience of the European Economic Community in Social Security for Migrant Workers (1958-1967)", *International Social Security Review*, Vol. 21, No. 3, 2010.
⑤ International Labour Organization, "Ensuring Social Security Benefits for Ukrainian Migrant Workers: Policy Development and Future Challenges", 2012.

如与乌克兰跨国工人的主要目的国进一步谈判、加强乌克兰各部门之间以及和其他国家联络机构之间的数据交换合作等。Frank Lothar 通过调查德国养老保险制度下的移民工人信息供给,发现德国的跨国工人对援助和信息的需求各不相同,而德国通过将保险分为三个部门——工薪阶层养老保险、矿工养老保险和工薪雇员养老保险,以及为每个部门建立联络机构,便于向不同的目标群体有针对性地提供相关信息。① 还有学者对卢森堡和爱尔兰国家中的移民获得社会保障与医疗的情况进行研究,发现爱尔兰的移民政策和社会保障政策之间的联系有限,目前的移民和社会保障政策也存在某些模糊之处,导致爱尔兰的移民获得社会保障和医疗的机会有限。② 而卢森堡政府尽其全力推动签署关于社会保障协调规则的双边协定,以保证对移徙工人及其家庭提供最全面的保护。③

　　社会保障权益的便携性问题,一直是国际学术界的绝对研究热点,相关研究报告和论文数量很多。学者们从便携性的定义开始,就其重要性、国际应对政策、劳动力流动的主要类型等方面来进行探索。Cruz A. 认为社会保障权益的"便携性"是指国际移民工人的社会保障各项目待遇能够在不同国家、同一国家的不同地点之间(空间便携性)、不同工作之间以及家庭成员之间(社会便携性)自由转移和保存的能力,使国际移民工人的社会保障权益不受空间和工作变动的影响。④ Sabates-Wheeler、Koettl 和 Avato 强调了社会保障便携性的重要性,若没有便携

---

① Frank Lothar, "The Provision of Information to Migrant Workers under the Pension Insurance System of the Federal Republic of Germany", *International Social Security Review*, Vol. 36, No. 3, 2010.

② Quinn Emma, Gusciute Egle, Barrett Alan, et al., *Migrant Access to Social Security and Healthcare: Policies and Practice in Ireland*, Report Prepared for the European Commission Directorate-General Home Affairs and Published by the ESRI, 2014.

③ A Research Report by European Migration Network, *Migrant Access to Social Security and Healthcare: Policies and Practice*, 2013.

④ Cruz A., *Portability of Benefit Rights in Response to External and Internal Labour Mobility: The Philippine Experience* (Conference paper, ISSA 13th Regional Conference for Asia and the Pacific, Kuwait, 8–10 March), Geneva, International Social Security Association, 2004.

性，跨国流动劳工就有可能遭受严重的经济损失，① 尤其是对具有储蓄性质的长期福利项目，如养老金和医疗保险。② 跨国流动劳工维持其社会保障权益的能力很大程度上受各国对公民身份、居住地和就业状况的不同定义的影响。移民劳工在原籍国的年龄、性别等规定可能与东道国的规定不一致，因此他们通常无法参与东道国的社会保障项目，也无法享受保障福利。③ 但如今已有许多国家为这一问题提供了解决方案。

国际社会现有的应对跨国流动劳工社会保障权益问题的政策工具主要是国际社会保障协定，包括单边、双边和多边协定。单边协定是东道国制定的适用于所有跨国流动劳工的政策，无论其居住地、公民身份和原籍如何。例如巴巴多斯的社会保障立法，该项立法不以是否拥有工作许可证为由排斥跨国流动劳工。④ 双边协定是指两国之间为协调社会保障权益供给等事项而签署的协议。通常情况下，一个东道国会与该国移民或流动人口量最多的国家签署双边协定。例如，截至2014年，美国已经与高收入国家（集中在欧洲）签署了25项双边社会保障协议。多边协定通常是由在同一区域的一组国家共同达成的，如加勒比共同体互惠协议、南方共同市场国际协议体系或欧盟条例 ECNo.883/2004，987/2009 等。⑤ 签订双边和多边社会保障协定的目的是提高国际流动人口对

---

① Sabates-Wheeler R., Koettl J., Avato J., "Social Security for Migrants: A global Overview of Portability Arrangements", in R. Sabates-Wheeler and R. Feldman (eds.), Social Protection and Migration: Claiming Rights beyond Borders. London, Palgrave Macmillan, 2011.

② Avato J., Koettl J., Sabates-Wheeler R., "Social Security Regimes, Global Estimates, and good Practices: The Status of Social Protection for Internationalmigrants", *World Development*, Vol. 38, No. 4, 2010.

③ International Labour Office, "World Social Security Report 2010/11: Providing Coverage in Times of Crisis and Beyond", 2010b.

④ Williams A., *Social Security for Migrant Workers: The Barbados Experience* (Conference paper, ISSA Technical Seminar in the English-speaking Caribbean, Hamilton, 18-20 May), Geneva, International Social Security Association, 2008.

⑤ Holzmann R., Koettl J., "Portability of Pension, Health, and other Social Benefits: Facts, Concepts, and Issues", in CESifo Economic Studies, Advance Access, 13 January, 2014; Jousten A., "The Retirement of the Migrant Labour Force: Pension Portability and Beyond", in CESifo Economic Studies, Advance Access, 28 January, 2014.

社会保障权利的可及性和便携性。双边社会保障协定通常取消参与社会保障项目的国籍或居住地限制，并且规定两国社会保障机构之间的合作规则。这些机构的任务是协调流动劳工在两国积累的社会保障项目缴款期限，然后规范其所获得权益待遇的转移和支付。然而，这些协议通常只涉及长期缴款福利项目，如养老金、残疾和遗属补助金。医疗保险福利和全部由税收提供的福利补贴（如社会援助或产妇津贴）通常不能携带和转移。① Holzmann、Koettl 和 Chernetsky 估计了获得社会保障权益迁移的流动劳工的数量，并总结出跨国流动劳工的社会保障状况的四种情形：（1）在原籍国和东道国之间的双边或多边社会保障协定保护下的迁移，其社会保障福利也可正常携带转移；（2）在原籍国和东道国之间没有双边协定的情况下可以获得的社会保障福利迁移；（3）长期福利（如养老金等）不可迁移，只能获得一些不可转移的短期福利（如医疗保健）；（4）在东道国没有正式工作且很难获得社会保障权益的移民。② 根据这几位学者的数据，居住在非洲、亚洲或拉丁美洲的有证和无证移民中，约有 2/3 可以获得社会保障福利（原籍国和东道国之间）没有双边协定；而在欧洲、大洋洲和北美洲的移民中，由于这些地区的国家签署了双边协定，这一数据为 48%—65%；在欧洲和北美洲，（原籍国和东道国之间）尚未签署此类协定就能获得社会保障的人约占 35%（大洋洲略高）。而第四种由于无正式身份或正式工作而无法获得社会保障权益的人，在欧洲占比为 16%，在北美洲和大洋洲则是 100%。

如果要进一步区分社会保障权益流动类型，可以分为三个类型：其一，从北到北的流动（发达国家之间的流动）。通常他们更容易获得社

---

① Sabates-Wheeler R., *Social Security for Migrants: Trends, Best Practice and Ways forward* (Project on Examining the Existing Knowledge of Social Security Coverage working paper, No. 12), Geneva, International Social Security Association, 2009.

② Holzmann R., Koettl J., Chernetsky T., *Portability Regimes of Pension and Healthcare Benefits for International migrants: An Analysis of Issues and good Practices* (Social Protection Discussion paper, No. 0519), Washington, DC, World Bank, 2005.

会保障权益,例如欧盟成员国拥有较全面的社会保障迁移制度,因此社会保障便携性很高。现在只有很小一部分欧盟公民认为缺乏便携性是迁移到另一个欧盟成员国的障碍。① 欧盟允许跨国流动人员迁移大部分的现金福利,包括养老金、工伤保险、死亡津贴等。但失业保险金只能转移6个月的现金福利,而医疗保险也仅可接受紧急医疗保障(很少有协定允许医疗保险转移)。Jousten 研究了欧盟流动劳动力养老金的便携性,主要集中在多边协议签署国的公民在欧洲内的便携性,少部分研究双边协议基础上欧盟向非欧盟国家的转移便携性。② 总的来说,许多学者认为,社会保障福利的可及性和便携性是影响劳动力国际流动的重要因素。③ 然而,一些研究者注意到,跨国流动人员迁移到不同的国家,其所获得的社会保障权益可能提高也可能降低,这取决于不同国家的经济水平和社会福利水平。例如劳工从收入较低、福利水平较低的东欧成员国,流动到更富裕、福利水平更高的西欧成员国,总体上都会有所受益。④ 其二,从南到北的流动(发展中国家至发达国家的流动)。这种类型的流动的国家间更有可能存在的是双边协定,但这些也是短暂性的居多。⑤ 社会保障南北流动的一个重要案例是菲律宾的海外劳工福利管理局(Overseas Workers Welfare Administration, OWWA),它为移民者提供保护,并提供从原籍国到东道国的社会保障空间转移服务。Ruiz

---

① D'Addio A. C., Cavalleri M. C., "Labour Mobility and the Portability of Social Rights in the EU", CESifo Economic Studies, Advance Access, 2014.

② Jousten A., "The Retirement of the Migrant Labour Force: Pension Portability and Beyond", in CESifo Economic Studies, Advance Access, 2014.

③ MacAuslan I., Sabates-Wheeler R., "Structures of Access to Social Provision for Migrants", in R. Sabates-Wheeler and R. Feldman (eds.), *Social Protection and Migration: Claiming Rights beyond Borders*, London, Palgrave Macmillan, 2011.

④ Meyer T., Bridgen P., Andow C., "Free Movement? The Impact of Legislation, Benefit Generosity and Wages on the Pensions of European Migrants", *Population, Space and Place*, Vol. 19, No. 6, 2013.

⑤ Holzmann R., Pouget Y., "Social Protection for Temporary Migrant Workers: Conceptual Framework, Country Inventory, Assessment and Guidance" (Study prepared for the Global Forum of Migration and Development), Washington, DC, World Bank; Marseille, Center for Mediterranean Integration, 2010.

描述了这种制度化的海外移民工人福利基金的作用。① OWWA 除了为国际主要的社会保障项目服务，还特别设置了自己的专门服务，例如"遣返服务、重返社会准备、社会文化和体育发展，以及特定国家的特色项目等"。一些发达国家，如澳大利亚、加拿大、新西兰和美国，都有专门针对来自发展中国家的季节性工人的社会保障安排。如澳大利亚的临时移徙者，可以在离开时以一次性付款的形式申请养恤。② 其三，从南至南的流动（发展中国家之间的流动）。南方共同市场（巴西、阿根廷、巴拉圭和乌拉圭）2008 年引入了国际协定制度，以管理在四个成员国中的一个或几个国家中工作的个人的养老金申请。但这一制度不是一个标准的社会保障协议（即各方就社会保障方案的协调达成一致），而是行政协调，以促进养老金福利的处理。③ 在加勒比地区，移徙者可以获得自 1996 年以来在《加勒比共同体社会保障协定》多边框架内建立的社会保障条款，然而，该协议只适用于那些没有完成从国家计划中获得福利所需的最低服务年限的国家的工人，不包括长期居住的移民工人。在非洲，社会保障权利可移植性得到保障的例子很少。Fish 调查了南非移徙家庭工人的社会保障权利和实践。她指出，尽管南部非洲发展共同体（南共体）《社会保障守则》设想采取区域办法进行跨界社会安全安排，但几乎完全没有双边和多边措施来实现权利的可携带性。④

在政策文件研究方面，各方对于欧盟制定的条例进行解释性研究的

---

① Ruiz N. G., *Managing migration: Lessons from the Philippines* (Migration and Development Brief, No. 6), Washington, DC, World Bank, 2008.

② Holzmann R., Pouget Y., "Social Protection for Temporary Migrant Workers: Conceptual Framework, Country Inventory, Assessment and Guidance (Study Prepared for the Global Forum of Migration and Development)", Washington, D. C., World Bank, Marseille, Center for Mediterranean Integration, 2010.

③ Pasadilla G., Abella M., *Social Protection for Migrant Workers in ASEAN* (CESifo working paper, No. 3914), Munich, CESifo Group Munich, 2012.

④ Fish J., "Rights across Borders: Policies, Protections and Practices for Migrant Domestic Workers in South Africa", in D. duToit (ed.), *Exploited, Undervalued and Essential: Domestic Workers and the Realisation of Their Rights*, Pretoria University Law Press, 2013.

数量最多。比如,国际劳工组织对欧共体第 883/2004 号条例及第 987/2009 号条例进行解释性报告,对不同福利死亡补助金、病残津贴、养老金和遗属养老金等特殊规定进行了解释。① L. Jaime Fuster 认为第 1612/68 号条例和法院的决定是欧盟不同部门承诺废除社区内基于国籍的歧视性政策的一个例子。② Schoukens Paul 对欧盟社会保障法进行研究,他认为面对如今的挑战,欧盟应通过发展欧洲社会权利支柱,更明确地界定社会保护最低标准。③ 此外,国际社会保障协会发行了关于向移民劳工提供社会保障的手册,指出社会保障制度可能在应对移民流动带来的挑战方面发挥重要作用;例如,通过改善融合,并寻求逐步扩大对国际劳工的覆盖范围,从而使他们的工作正规化,提供具体保障措施,以应对社会倾销或移徙的类似影响工资水平停滞或下降的风险。④

在对于社会保障国际合作的评估方面,Holzmann Robert 等根据三个标准,即个人的公平性、国家财政的公平性,以及国家和流动劳动者的效率,分别对奥地利—土耳其、德国—土耳其、比利时—摩洛哥和法国—摩洛哥的双边社会保障协议进行述评。⑤ 结果表明,被调查的双边

---

① ILO Decent Work Technical Support Team and Country Office for Central and Eastern Europe, *Coordination of Social Security Systems in the European Union: An Explanatory Report on EC Regulation No. 883/2004 and its Implementing Regulation No. 987/2009*, International Labour Organization, 2010.

② L. Jaime Fuster, "Council Regulation 1612/68: A Significant Step in Promoting the Right of Freedom of Movement within the EEC", 11 B. C. Int'l & Comp. L. Rev. 127, Vol. 11, No. 1, 1988.

③ Schoukens Paul, *EU Social Security Law: The Hidden "Social" Model*, Inaugural Address, Delivered at Tilburg University on Friday, February 19, 2016.

④ Brimblecombe Simon, *Handbook on the Extension of Social Security Coverage to Migrant Workers*, International Social Security Association, 2014.

⑤ Holzmann Robert, Fuchs Michael, Elitok Secil Pacaci, and Dale Pamela, "Assessing Benefit Portability for International Migrant Workers: A Review of the Austria-Turkey Bilateral Social Security Agreement", Social Protection & labor Discussion Paper, No. 1602, 2016; Holzmann Robert, "Bilateral Social Security Agreements and Pensions Portability: A Study of Four Migrant Corridors Between EU and non-EU Countries", *International Social Security Review*, Vol. 69, No. 3-4, 2016; Holzmann Robert, "Do Bilateral Social Security Agreements Deliver on the Portability of Pensions and Health Care Benefits? A Summary Policy Paper on Four Migration Corridors Between EU and Non-EU Member States", IZA Policy Paper, No. 111, 2016; Holzmann Robert, Fuchs Michael, Elitok Secil Pacaci, and Pamela Dale, "Assessing Benefit Portability for International Migrant Workers: A Review of the Germany-Turkey Bilateral Social Security Agreement", Social Protection & Labor Discussion Paper, No. 1606, 2016.

协定工作总体上在个体公平性方面表现得相当好,财政公平的结果会受到概念和经验差距的影响。围绕信息和信息交换自动化的一些流程问题已得到重视,并逐渐得到解决。Panhuys Clara 等对 9 个双边社会保障协定、15 个国家的移徙劳动力获得社会保护的情况进行更深入的法律分析,研究发现这些双边协议存在不足,并呼吁决策者批准和适用相关的国际劳工标准,缔结多边和双边社会保障协定,采取单方面措施加强跨国流动工人获得社会保护的机会,让社会伙伴参与设计和实施跨国流动工人的社会保护,采取行动解决移徙工人及其家庭在享受社会保障权利方面面临的实际障碍。①

Aguila Emma 和 Carney Terry 则在美国和墨西哥之间没有签署社会保障双边协定的情况下,审查了墨西哥老年移工返回墨西哥获得养老金和医疗保险福利的情况以及就业状况,他们发现,在美国居住不到一年的回返移民与非移民享有同等水平的社会保障福利。而在美国居住了至少一年的移民不太可能享受公共医疗保险或社会保障福利,而且他们在老年时更容易陷入贫困。这些结果为美国和墨西哥关于制定回国移民社会保障的双边社会保障协议提供了参考。②

Hatsukano Naomi、Pasadilla、Zheng Yijun、Tamagno Edward 等对东盟地区的社会保障合作进行研究,得出下列结论:(1)东盟内部流动劳动力在现实中获得的社会保障权利与原则上应该获得的权利存在较大差距;(2)尽管大多数东盟成员国没有直接将东盟内部流动劳动力排除在社会保障方案的范围之外,但对社会保障方案施加的一些限制正在阻碍东盟内部流动劳动力获得社会保障;(3)东盟成员国之间尚未签

---

① Panhuys Clara van Kazi-Aoul, Samia, Binette Geneviève, *Migrant Access to Social Protection under Bilateral Labour Agreements: A Review of 120 Countries and Nine Bilateral Arrangements*, International Labour Organization, 2017.

② Aguila Emma, "Zissimopoulos Julie, Retirement and Health Benefits for Mexican Migrant Workers Returning from the United States", *International Social Security Review*, Vol. 66, No. 2, 2013; Carney Terry, "Securing Social Security For Migrant Workers: Orthodox Approaches Or An Alternative (Regional/Political) Path For Southern Africa?", 18 Afr. J. Int'l & Comp. L, Vol. 24, No. 45, 2010.

署任何双边或多边社会保障协定；（4）任何东盟成员国的任何社会保障制度都不包括无证件的东盟内部流动劳动力。因此东盟目前的社会保障合作存在较大缺失，应改善流动劳动者的支持环境，以提高东盟生产力、竞争力和社会福利。[①]

Fernandes Denzil 发现虽然社会保障已被联合国和国际劳工组织确认为人类的基本需求，然而，各国政府实施的大多数社会保障措施并没有惠及社会中最脆弱的群体。他通过对印度果阿邦社会保障机制的研究，发现了社会网络在发展非正式社会保障中发挥的关键作用，并能够为脆弱群体提供帮助。[②]

第三节 研究思路和方法

一 研究思路

本书以中国社会保障实践中现实存在的突出问题——应对社会保障国际冲突的立法缺位，制度供给严重不足，由此导致国民个人、关联企业和国家在社会保障上的正当利益频繁受损为导向，旨在为构建一个符合中国利益需要同时合乎国际社会共同原则的社会保障国际协调与合作制度体系提供理论支持和制度选择。

本书研究的逻辑进路，可简明扼要地表述为：（中国社会保障实践中存在的）现实问题的分析和把握→国际经验的发掘和借鉴→立法政

[①] Hatsukano Naomi, "Improving the Regulatory and Support Environment for Migrant Workers for Greater Productivity, Competitiveness, and Social Welfare in ASEAN", *ERIA Discussion Paper Series*, 2015; Pasadilla, O. Gloria, "Social Security for Migrant Labour in the Greater Mekong Sub-region", *ARTNeT Working Paper Series*, No. 122, 2013; Zheng Yijun, *Strengthening Protection for Intra-ASEAN Migrant Workers' Rights to Social Security: A Perspective from the Post-2015 ASEAN Vision*, JAMM06 Master Thesis, Faculty of Law Lund University, 2016; Tamagno Edward, "Strengthening Social Protection for ASEAN Migrant Workers through Social Security Agreements", ILO Working Papers, No. 10, 2007.

[②] Fernandes Denzil, "Social Networks as a Social Security Mechanism For Migrant Labour: Evidence From Construction Industry In Goa", *Indian Development Review*, Vol. 9, No. 1, 2011.

策的确立→总体制度架构设计→具体制度的选择。

二 研究方法

首先，为掌握中国社会保障实践中存在的与国际社会保障冲突和合作相关的实际问题，我们采用了类似社会学田野调查、访谈等实证调研方法，了解掌握中国公民、在华就业的外国人、相关企业和国家在涉外社会保障领域的利益保护和利益受损的现实状况和原因。在此过程中产生了多份调研报告并受到地方政府主管部门的重视，包括《外国人来华就业管制政策研究》《在华合法就业外籍人士社会保障法律制度问题研究》《云浮市历史滞留越南妇女现状及其衍生问题的管理对策》等。

其次，本书采用文本研究、比较法研究、法制史研究等方法，深度考察社会保障国际冲突的起因和引发的社会效应，分析、总结国际组织和典型国家应对社会保障国际法律冲突的有效路径、典型立法和立法经验。特别值得一提的是，鉴于欧盟及其成员国在社会保障国际冲突与合作领域取得的成就和国家影响，课题组两次派出成员赴欧盟国家收集立法、政策和学术文献资料，为有效运用文本研究方法进行深度研究提供了充分的文献支持。同时，也产出了《欧盟社会保障国际合作基本实践及其经验借鉴初探》《欧盟跨境劳动力社会保障协调机制的理论诠释与实践借鉴》等颇有分量的中期项目成果。

再次，在回顾、检视中国社会保障国际冲突与合作领域既有立法的基础上，借鉴宪法、人权法、国际法等学科的理论成果，综合运用法哲学方法、法律社会学方法、法律经济分析等研究方法，探讨中国在此领域应采取的态度和立场，据此确定中国的相关立法和缔约政策。在《香港澳门台湾居民在内地（大陆）参加社会保险暂行办法》的立法论证过程中，课题负责人以此间阶段性研究成果为基础提出的修改论证意见得到部分采纳。

最后，以上述立法政策为向导，综合运用法律解释学方法、比较法研究等方法，来构建中国社会保障国际冲突、协调与合作领域的总体制度架构和可采取的具体制度规范。

第四节 主要内容和理论创新

一 主要内容

(一) 社会保障国际冲突的起因和效应

社会保障国际冲突,本书中特指从一国(原籍国)迁徙到另一国(东道国)就业的跨国劳动者在社会保障领域适用法律时所面临的两个或多个国家之间的法律冲突。社会保障国际冲突在起因上与经济全球化及其引发的国际经济移民大潮密切相关。经济全球化客观上要求包括劳动力资源在内的所有生产要素在全球范围内自由流动和配置。作为经济全球化的伴生现象,国际移民尤其是国际经济移民蓬勃兴起。所谓国际经济移民,通常是指为了找到工作或寻求更好的工作机会和工作条件而跨国迁移的人,因此也经常被称为国际劳工移民、移民劳工、海外劳工、外籍劳工等,本书统一称为"跨国劳动者",并将其界定为:系为自己谋取职业工作机会以便获得劳动报酬而从一国迁徙到另一国的雇佣劳动者或自雇劳动者。

经济全球化要求劳动力自由流动,但劳动者在流动过程中却面临壁垒,其中最重要的一种就是社会保障制度壁垒。跨国劳动者从一国(原籍国)迁徙到另一国(东道国)工作时,面临着来自社会保障领域的两大障碍:其一,跨国劳动者在原就业地所在国家获得的社会保障福利是否会受到损失;其二,跨国劳动者到了新工作地所在国能否获得社会保障领域的平等待遇。

世界范围内的实际情况是,由于各国社会保障制度不尽相同甚至差别极大,跨国劳动者在获得社会保障平等待遇和既得权益保护两大方面经常陷入困境,此即社会保障国际冲突所造成的困境。

社会保障国际冲突,以法律适用冲突的形式表现出来,背后隐含着相关主体之间的利益冲突，亦即社会保障国际冲突对社会保障领域各方利益主体，都可能带来冲击和损失。

首先，跨国劳动者自身最先受到影响。劳动者遭受的损害，包括社会保障双重缴费、社会保障覆盖双重缺失、社会保障便携性损失以及社会保障待遇支付便利化问题等方面。其中，社会保障双重缴费是指跨国劳动者被原籍国和东道国的社会保障制度同时覆盖，在仅领取一份工资或报酬的情况下，既要向原籍国又要向东道国缴纳社会保障税（费）；社会保障覆盖双重缺失是指跨国劳动者既没有被原籍国社会保障制度覆盖，同时又无法参与东道国的社会保障制度，从而造成福利损失；社会保障便携性损失是指社会保障在随跨国劳动者流动的过程中，出现社会保障转移障碍或者在转移的过程中造成了不必要的利益损耗。现实中跨国劳动者还有可能遭受人格尊严和社会地位降级等其他正当社会权益损失。

其次，社会保障领域国际冲突有可能削弱跨国企业（雇主）的国际竞争力，对企业产生诸多不利影响，包括双重缴费负担、社会保障管理成本增加、不当行为违法成本问题等方面。

最后，社会保障领域国际冲突，对原籍国和东道国也可能产生不利影响。对原籍国的不利影响主要体现在人才流失、削弱本国跨国企业国际竞争力、社会保障基金隐性损失和社会保障利益流失等方面。对东道国的不利影响，可能体现在非法劳工问题、社会倾销问题和对社会保障运营管理秩序的干扰等方面。

(二) 世界范围内应对社会保障国际冲突的制度路径和法律实践经验

社会保障国际冲突发生以后，身处其中的跨国劳动者个人几乎是无能为力的；单个国家，比如原籍国或东道国，凭一己之力也难以解决。国际社会的探索和世界各国的实践经验表明，只有通过社会保障领域的国际协调与合作，才有可能解决国际劳工移民所遭遇的社会保障国际冲突问题。

所谓社会保障国际协调与合作，是指设立一种机制，促使不同国家的社会保障制度能够共同努力以实现相互认可的目标，在相互尊重对方社会保障制度规则的前提下，有效维护跨国劳动者及其家属的社会保障权益。

迄今为止探索出来的基本路径主要有两条：一是通过缔结全球性或区域性的国际公约，各国加入国际公约以解决不同法律制度之间的冲突。二是通过国家间签订社会保障条约、协定来合作处理签约国之间的社会保障法律冲突，保护跨境劳动者的社会保障权益。

在第一条路径下，国际组织的地位和作用不可忽视，甚至是难以替代的。其中，国际劳工组织主持制定国际劳工公约，其中包括十几份社会保障公约，就是典型的范例。通过这种方式制定国际公约，一定程度上相当于制定国际统一实体法。但由于各国利益和立场差异巨大，推动不易，贯彻实施，更为不易。例如，国际劳工组织体系下的社会保障国际公约，得到各国普遍批准的并不太多，有些公约甚至仅获得两三个国家批准。如此一来，第二条路径即国家间通过双边协定以协调合作的方式解决社会保障法律冲突问题，遂成为最普遍、最重要的解决方式。

在立法实践层面，世界范围内有很多国家都根据本国的具体国情做了积极探索，取得了不错的成效，在上述两种路径下都积累了比较丰富的经验。其中，欧盟及其成员国创设的以"协调"为特色的社会保障国际合作机制可谓成效显著；美国在社会保障国际冲突与合作领域的立法和政策实践也颇为成功。在发展中国家，印度、菲律宾两国的立法和条约实践给人留下了深刻印象。印度政府强势主导社会保障国际协调合作的方式、菲律宾的国际国内双轨制模式都值得借鉴。

（三）中国关于社会保障国际冲突的既有制度及其不足

中国的社会保障法制化进程起步较晚，与社会主义市场经济相适应的现代意义上的社会保障制度自1992年开始建制，但直到2010年，《中华人民共和国社会保险法》才颁布实施。尽管数十年来中国在社会保障领域取得的成就巨大，但社会保障法制化发展速度明显滞后，涉外社会保障立法和社会保障国际协调合作等法律制度尤其落后。

课题组对中国与社会保障国际冲突与合作相关的法律制度进行梳理，宪法层面与社会保障相关的条文有如下几个。其一，第32条规定："中华人民共和国保护在中国境内的外国人的合法权利和利益，在中国境内的外国人必须遵守中华人民共和国的法律。"其二，第33条第3款规定："国家尊重和保障人权。"其三，第42条规定："中华人民共和国公民有劳动的权利和义务。"其四，第45条规定："中华人民共和国公民在年老、疾病或者丧失劳动能力的情况下，有从国家和社会获得物质帮助的权利。国家发展为公民享受这些权利所需要的社会保险、社会救济和医疗卫生事业。"

在法律层面，中国暂无专门的单行法来规制与跨国劳动者相关的法律关系。但现行法律中多部法律与出境或入境劳动者的劳动和社会保障权益有些关联，在发生涉外社会保障纠纷时可能被援引，包括《劳动法》《劳动合同法》《社会保险法》《涉外民事关系法律适用法》《民事诉讼法》《仲裁法》《劳动争议调解仲裁法》等法律中的一些条款。

在行政法规层面，与跨国劳动者社会保障事务关系密切的行政法规有《对外劳务合作管理条例》《中华人民共和国公民出境入境管理法实施细则》《中华人民共和国船员条例》《对外承包工程管理条例》等。其中，《对外劳务合作管理条例》被认为是目前为止规范劳务输出、保护出境劳动者权利的"基本法"。

中国有关跨国劳动者社会保障事务的主要制度规范，实际上来自中央政府劳动与社会保障行政主管部门的部门规章（或政策文件）。比较重要的有《外国人在中国就业管理规定》《在中国境内就业的外国人参加社会保险暂行办法》。

在社会保障双边协定方面，中国在21世纪初分别与德国、韩国签订了《中华人民共和国与德意志联邦共和国社会保险协定》《中华人民共和国与大韩民国互免养老保险缴费临时措施协议》。这是中国在社会保障国际冲突国家间协调与合作领域的突破。此后，中国社会保障双边谈判缔约有了较快发展。截至2021年，中国已经与德国、韩国、丹麦、芬兰、瑞士、加拿大、荷兰、法国、西班牙、卢森堡、日本、塞尔维亚共计12个国家签订了社会保障双边协定，并正在与以美国为代表的15个经贸往来密切国家（地区）进行社会保障双边谈判。

总结中国关于社会保障国际冲突、协调与合作相关的既有制度，包括国内立法和双边协定，存在以下四个方面的不足：其一，立法政策不明确，也缺少立法规划和整体制度设计。其二，立法上的空白较多，规则比较零碎，体系性差。其三，现有的一些制度，其位阶或效力层级过低。其四，从已缔结的社会保障双边协定来看，存在社会保障协定数量过少、覆盖人群有限、覆盖项目有限、合作方式较为单一等问题。另外，也未能充分发挥相关国际组织和国际公约的作用，这与中国跨国劳动者权利保护需求是不匹配的。

（四）中国应对社会保障国际冲突的立法（缔约）政策

立法政策研究的目标是要明确社会保障国际冲突与合作这一特定领域的立法（或对外缔结条约）应该遵循的基本理念、价值目标和基本原则。

首先，在社会保障国际冲突协调与合作领域，立法和缔约应该以人权平等、经济自由、社会公正、人道主义等为基本理念。

其次，中国社会保障国际冲突协调与合作领域的立法和缔约，追求实现的价值目标应当包括如下三个方面：一是保障跨国劳动者权益；二是争取和维护本国正当经济利益；三是促进经济全球化发展和国际交流。

最后，中国在社会保障国际协调与合作领域进行立法和缔约时遵循的基本原则应该包括如下五个方面。第一，福利资格准入原则，即坚持以国籍主义和属地主义两条具体原则作为跨国劳动者社会保障准入标准。第二，社会贡献原则，即参保资格与其对保障项目所做贡献相联结。第三，平等待遇原则，或称非歧视原则，也称国民待遇原则，跨国劳动者在社会保障领域应当享有与东道国本国国民同等的待遇。第四，既得权保护原则，即防止因跨国就业导致劳工已经取得和正在取得的权利受损。第五，互惠原则，即双方在对等基础上相互给予优惠待遇或国民待遇。

（五）中国应对社会保障国际冲突的制度选择

在分析研究国际组织及世界各国典型立法的基础上，本书总结、提炼出处理社会保障国际冲突和合作的11项具有普遍性的制度，供中国立法时借鉴和参考。

第一，社会保障资格确认制度，指国家或类似的公权力主体通过立法或缔约设置一定的准入条件，用以确定全部或特定社会保障项目覆盖主体，以便履行其社会保障责任的制度。

第二，缴费免除制度，即国际劳工移民从一国跨境进入另一国就业而引发社会保障双重覆盖并由此产生双重缴费（税）义务时，其中一国（通常为东道国）依法免除其社会保障缴费义务的制度。

第三，参保期限累计制度，即指跨国劳动者在向参保国申请社会保障待遇时，该国在审核申领者是否符合必要的参保期限条件时，需要累加计算劳动者在各国的参保时间，以便尽量满足待遇支付的最低期限要求。

第四，比例支付制度，是指在将跨国劳动者的参保期限累加后，各国按其参保时间与法定最低参保年限的比例分摊支付其应得的社会保障待遇。其核心要义可概括为"参保期限累加，待遇分段计发"。

第五，福利便携性制度，意味着当跨国劳动者符合社会保障福利待遇领取资格并请求申领时，不论其是否现居就业地国或待遇支付经办机构所在国，均可保证实际获得或享有其应得福利待遇的制度。

第六，缴费返还制度，即当跨国的移民劳动者离开其就业地所属国家（简称"就业地国"）前往另一国家或返回原籍国时，由于各种原因不能在就业地国当地享有或受领社会保障待遇并且不能依参保期限累计规则保障其应得权益的，可以向就业地国请求返还此前工作期间因履行参保与缴费义务而缴纳的社会保障税费的制度。

第七，福利重叠处理制度，或称待遇复计处理制度，是针对重复计发社会保障福利待遇的（事前）预防和（事后）处置制度，以维护劳动者社会保障待遇的公平和公正。

第八，冲突法规范，也称为法律适用规范，是指明对某种涉外民事法律关系应适用何国法律的规范，是国际私法的核心内容。冲突法规范并不直接规定当事人的权利义务，仅指明当事人权利义务关系应该适用哪个国家的实体法规则来调整和处理。

第九，行政协作制度，特指签订社会保障双边或多边协定的各缔约国政府及其职能部门基于条约义务在行政过程相互协调和合作，确保协定的顺利实施，有效维护跨国劳动者社会保障权益的各种制度安排。

第十，诉权保护制度，即相关国家（尤指东道国）通过立法赋予跨国劳动者诉诸该国法院请求司法保护的诉讼法制度。

第十一，国家间双边协定争议解决制度，特指社会保障双边协定在执行过程当中，缔约各方就协定条款的理解和执行有不同意见时，如何解决国家之间争议的制度安排。

二 本书的主要理论创新

由于中国涉外社会保障立法及国际协调合作法制化相对落后，同时，中国法学界及社会保障学界就应对社会保障国际法律冲突尚未有系统研究，而本书在内容上全方位涵盖了社会保障国际冲突、协调与合作领域的基本问题，在体系性、完备性和研究深度上超越了本领域以往的学术研究成果，在多个层面均具有填补理论空白的意义，尤其是在如下三个方面提供了系统性的创新学术成果。

（一）结合经济事实与法律规范层面的分析，构建起关于社会保障国际冲突、协调与合作的理论解析框架

在经济事实层面，经济全球化实际上即私有制基础上的市场经济的全球化，它内在地要求包括劳动力在内的所有生产要素在全球范围内自由流动和配置，由此引发并推动了持续的大规模的国际劳工移民，即劳动者跨国就业和自由流动。这种经济层面的变迁是现当代社会保障国际

冲突普遍发生的事实基础和起因。

在法律规范层面，现当代以来的国际人权法将"人人享有社会保障"宣告为基本人权。在人权法的引领下，各国宪法亦将社会保障权列为公民应当享有的宪定基本权利之一。与此对应，人权公约下的成员国或宪法意义上的国家（政府或公权力主体）对公民甚至所有人负有实现其社会保障权利的义务或责任。由于一个国家的能力总是有限的，普遍权利与有限能力的矛盾，使得各国国民与国家之间的社会保障权利义务关系呈现高度紧张的状态。为缓解矛盾，各国在社会保障立法中引入"国籍原则"和"社会贡献原则"（表现在具体社保制度层面即"社会保障资格确认制度"），旨在限缩社会保障权利人范围、减轻国家所承担的义务。

当经济全球化驱动的国际劳工移民浪潮到来时，普遍人权与国家有限能力的矛盾在跨国劳动者这一特殊主体身上更显尖锐。这种矛盾，在法理层面上主要表现为社会保障国籍原则与贡献原则的错位和冲突；在具体制度层面上表现为跨国劳动者在享有社会保障权利和承担社会保障义务时面临法律适用上的冲突困境，即从一国（原籍国）迁徙到另一国（东道国）就业的跨国劳动者在社会保障领域适用法律时面临着两个或多个国家之间的法律冲突，可能导致其遭遇社会保障福利损失。这种法律冲突的背后，实际上隐含着包括劳动者、雇主和国家在内的多方主体之间的利益冲突。迄今为止的实践经验表明，冲突中的任何一方主体都难以独自解决问题，唯有通过社会保障国际协调与合作，才有可能解决劳动者跨国就业带来的社会保障冲突困境。

此即本书结合经济事实层面与法律规范层面的分析而形成的关于社会保障国际冲突、协调与合作的理论解析框架，在社会保障法研究领域是具有原创性的学术成果。

（二）完整提出并论证中国在社会保障国际冲突与合作领域应采取的立法（和缔约）政策

立法政策问题，是关系到特定领域全部立法的方向性、全局性问题。立法政策表现在成文立法的文字上，通常是规定某部法律的立法宗旨（包括基本理念与价值目标）和基本原则的那些条文；在宪法或某些法典性质的立法中，更经常体现在序言之类的文字中。对于一些调整对象范围较具体、较狭窄的成文立法，立法政策也有可能不在条文上显现而是隐身于幕后，如隐身于立法草案说明文字中。但不管是以何种形式体现，都少不了立法政策，而且它必须先于成文法条款得到明确。因为没有明确的立法政策做指导，立法者就难以作立法规划、确定制度框架、拟订具体条文。

具体到社会保障国际冲突、协调与合作领域，中国在此前没有真正意义上的立法，也就无立法政策可言。本书通过研究，首创性地完整提出并详细论证了该领域未来立法或对外缔结条约应该坚持的基本理念、价值目标和遵循的基本原则。首先，基本理念应当是包括人权平等、经济自由、社会公正、人道主义在内的四大理念。其次，本领域立法和缔约应当追求如下三个方面的价值目标之实现：一是保障跨国劳动者权益；二是争取和维护本国正当经济利益；三是促进经济全球化发展和国际交流。最后，中国处理社会保障国际冲突、协调与合作问题应该遵循的基本原则有五项：第一，福利资格准入原则；第二，社会贡献原则；第三，平等待遇原则（或称非歧视原则）；第四，既得权保护原则；第五，各国对等互惠原则。

（三）系统地提出并阐明处理社会保障国际冲突与合作的各基本制度及其体系

立法政策明确之后，就是制度架构的设计和具体制度规则的拟订。本书在运用文本研究方法详细分析社会保障国际冲突与合作领域的国际法与（各国）国内法文本的基础上，总结、归纳、提炼出用于应对社会保障国际冲突和进行国家间或超国家层面的协调与合作的11项基本制度，在社会保障法学术领域称得上首开先河。

这11项制度，基本囊括了在社会保障国际冲突、协调与合作领域被世界各国和国际组织广泛采用且已被证明行之有效的所有普遍性规则。这些基本制度中，有可以单独采用作为应对社会保障国际冲突之法律工具或政策手段的（如中国目前已经签订的十几份社会保障协定，主要内容都是协定双方互免缴费，即采用了第二项"缴费免除制度"）；但更多情形下，它们是结合在一起甚至作为一个有机的整体被付诸实践的。换言之，它不仅仅是一个工具箱，更是一个体系化的制度设计，足以包括中国在内的后发国家未来在本领域开展立法或对外谈判签订社会保障国际合作条约或协定时借鉴和选择利用。

第 一 章
社会保障领域国际冲突的起因

第一节　经济全球化与国际经济移民的兴盛

一　经济全球化的演进

加拿大学者马歇尔·麦克卢汉（Marshall McLuhan）早在1962年就开始使用"全球化"这一术语。美国著名学者兹比格涅夫·布热津斯基（Zbigniew Brzezinski）于1969年在《两代人之间的美国》一书中正式提出"全球化"的概念，据以阐明世界出现了一个新的社会模式即"地球村"模式或全球化社会，全球化预示着世界在人类历史上首次变成了一个具有单一的社会与文化背景的世界。在此之后关于"全球化"的论述颇多，但不同学术背景的人做出的解读大不相同。比如，政治学家眼中的全球化是世界政治经济新格局在全球范围内的生成，社会学背景的学者看到的主要是文化的全球融合和全球性问题的产生。[①]

"全球化"体现在经济领域，即经济全球化（Economic Globalization）。"经济全球化"的概念，最早是由美国经济学家西奥多·莱维特（Theodore Levitt）于1985年提出的，用以形容此前20年国际经济

---

①　岳长龄：《西方全球化理论面面观》，《战略与管理》1995年第6期。

的巨大变化，即商品、服务、资本和技术在世界性生产、消费和投资领域中的扩散（现象或过程）。① 此后，经济学者从各种不同角度来定义和使用经济全球化的概念。有从生产要素配置角度提出全球化就是资源在全球范围内的自由流动和配置；有从体制和经济运行形式角度认为全球化的本质就是自由经济，就是市场经济的世界化或全球市场经济化；有从市场角度提出经济全球化的本质就是全球范围内的市场一体化；也有人从生产关系角度认为全球化就是资本主义的全球化或资本主义的全球扩张。包括经济合作与发展组织（Organization for Economic Co-operation and Development，OECD）、国际货币基金组织（International Monetary Fund，IMF）以及联合国贸易和发展会议（United Nations Conference on Trade and Development，UNCTAD）等在内的国际经济组织都曾试图予"经济全球化"以定义，但至今没有定论。现今国际学术界比较普遍接受的，是国际货币基金组织于1997年5月发表的一份报告中做出的界定：全球化是指跨国商品与服务交易及国际资本流动规模和形式的增加，以及技术的广泛迅速传播使世界各国经济的相互依赖性增强。

虽然经济全球化作为学术概念到20世纪80年代才开始出现并逐渐为人们所熟知，但作为人类社会经济生活领域中客观存在的历史趋势可谓起源已久，且早已对世界各国和各民族人民的利益产生了深远影响。经济全球化的演进过程，可以追溯到15世纪开始的环球探险与拓殖时代，概括起来可分为如下三个阶段。

第一阶段是从15世纪初期到19世纪70年代。随着地理大发现以及第一次科技革命的推动，以英国为主导的欧洲老牌资本主义国家对相对落后的亚洲、非洲和美洲国家进行资本扩张，资本主义生产和消费的世界市场雏形初步形成。这一阶段的经济全球化是单向度的运动过程，是以欧洲为中心的西方资本主义国家积极推动的，而落后的亚非拉国家被动接受，这一阶段的经济全球化是严重不平等的经济全球化。

---

① 江时学：《何为"全球化"》，《学术动态》1997年第12期。

第二阶段是从19世纪80年代至20世纪70年代。第二次科技革命推动经济全球化进入快速发展时期，美国、日本等新兴资本主义国家迅速发展，资本主义制度在世界范围内确立。这一阶段的经济全球化是以美国为首的主要发达国家推动的，实现了资本、资源、技术和管理的全球化配置，资本和劳动力在全球范围大规模流动。一种新的全球化经济组织——跨国公司也在这一时期崛起，资本主义生产、销售、管理等一系列经济活动在全球范围内实施。同时，建立了以布雷顿森林体系为基础的国际金融秩序和以关税贸易总协定为基础的国际贸易秩序，世界经济迈向体系化、制度化。

第三阶段是从20世纪70年代至今。以信息与网络技术主导的第三次科技革命为资本、信息和资源的高速通达和跨区域互联提供了可能，国与国之间的距离不断被拉近，互动也更加频繁。同时，随着社会主义国家转轨市场经济，市场经济的主导地位逐渐确立，整个世界市场按照市场原则分配资源、资金、技术和人才，全球化进程锐不可当。时至今日，经济全球化已不仅仅只是一种发展趋势，更是一种现实存在着的客观事实。在经济生活领域，世界性的分工体系和生产网络业已形成，各国成为世界性商品生产链的一个环节。贸易自由化覆盖了世界上大部分国家和地区，贸易内容从传统的商品贸易扩大到技术、金融等服务贸易领域，全球商品与服务贸易、国际资本流动、跨国公司、跨国并购都达到空前规模。值得指出的是，一般经济学学者（如美国经济学家西奥多·莱维特）论述中的"经济全球化"，其概念所指即20世纪70年代以来的第三阶段的全球化。

透过经济全球化由微而著、由趋势到事实的发展过程，可以看出经济全球化具有很强的必然性和客观性。它的这种必然性和客观性源于社会生产力发展和科学技术进步为其提供了基本动力，资本逻辑和技术逻辑则成为经济全球化演进的主要内涵。经济全球化是生产高度社会化的表现形式，反映的是人类社会经济发展的必然规律。

从另一面看，经济全球化又不只是纯粹的客观事实，而是多种主客观因素共同影响的结果,可以说,它是一种包含着主观性因素的客观存在。确切地说,它是不同主体基于各自利益进行选择、博弈的过程和结果,但主要表达了资本的逻辑以及发达国家的意志。① 其实质是近代以来在资本主义私有制基础上的市场经济思想和体制的实现与扩张。西方发达资本主义国家及其资本家阶级是经济全球化的倡导者、推动者和主宰者,发展中国家、落后地区和世界范围内的劳动者阶级在一定意义上是经济全球化的被动接受者。

然而,无论是积极推动、主导经济全球化,还是消极或者被动接受全球化,当下的客观现实是大家都在全球化的列车上了,因此,可以说对于所有的人或者国家而言,"'全球化'都是世界不可逃脱的命运,是无法逆转的过程"②。

关于经济全球化的具体表现,学术界有过多种列举或归纳,包括贸易(含货物贸易、服务贸易、技术贸易)自由化、生产国际化、资本(投资与金融)全球化、科技全球化、信息全球化等。质言之,举凡商品、技术、服务、货币、资本、信息、劳动力等各种生产要素皆可跨国跨地区地流动,使得世界经济日益整合为一个有机联系的整体。

上述各生产要素中,"劳动力"是非常重要的一种。劳动力市场是市场经济体制下各要素市场之一,经济全球化当然包含劳动力市场的全球化,亦即劳动力作为生产要素可以跨国跨地区地自由流动。③ 由此,经济全球化催生出人类历史上空前规模的跨国劳动者(又称国际经济移民或国际劳工移民)队伍。

---

① 李运华:《经济全球化的事实与逻辑之再认识——兼论发展中国家因应全球化的策略》,《湖北经济学院学报》2006年第1期。

② [英]齐格蒙特·鲍曼:《全球化——人类的后果》,郭国良、许建华译,商务印书馆2001年版,第1页。

③ 国际经济学者普遍认为生产要素在国际范围内的流动表现为两种类型:一是仅生产要素本身流动,其所有者不改变其居住国;二是所有者与其拥有的生产要素一起跨国界流动。前者的典型范例如商品和资本的流动,后者的代表是劳动力要素的流动。后面这种流动会引发许多与福利社会相关的问题。参见[以]阿萨夫·拉辛、埃夫拉伊姆·沙卡《劳动力、资本和金融要素的国际流动》,康以同译,中国金融出版社2002年版,第3页。

二　国际经济移民的兴盛

（一）移民

"国际经济移民"（或国际劳工移民）属于"移民"下面的分类概念，要阐释清楚，还得从"移民"说起。

何谓移民？这并不是一个容易被清晰界定的对象。联合国将在常住国以外旅居或滞留一年及以上的人定义为移民，大多数国家采用了联合国的这个定义，① 尽管如此界定的移民，实为国际移民。

从人类发展历程来看，移民并不是新现象，其历史十分久远，可以追溯到起源于东非大裂谷的人类先祖走出非洲。生活在公元前150万年到公元前5000年之间的直立人及智人最先从东非大裂谷迁徙到欧洲，之后又迁入其他大陆，可谓人类史上的第一波大移民。人类史早期的其他重要移民事件，包括古希腊人的殖民、古罗马人在本土外的扩张、古代两河流域诸王国及古印度帝国疆域内的大规模人口迁移等。相对晚一些的重大移民事件，则包括18世纪开始的涉及来自西非1200万黑人的奴隶贸易、亚洲国家（中国、印度、日本等）涌入欧美各大国种植园的农业劳工移民、欧洲列强（英、法、荷兰、西班牙、葡萄牙等国）人口向南北美洲大陆的殖民人口迁移，以及从19世纪50年代到20世纪30年代以到新兴工业强国美国找工作为目的的国际劳工移民（其间仅在纽约港口接受移民检查登记的就达1200多万人）。

进入现当代以后，在经济全球化急速发展的带动下，也包括受到价值规律、便利的交通和通信、多元文化的融合等因素的影响，全球出现了更大规模的人口迁移。根据国际移民组织（International Organization for Migration，IOM）2018年发布的《世界移民报告2018》，截至2015年，国内移民和国际移民加总计算的全球移民人数达10亿人口，占世界总人口的比例超过13%，而且这个数量还在逐年增加。当代世界的移民，无论是在规模、类别、结构上，还是从其持续性、涉及的社会层

---

① ［美］哈立德·科泽：《国际移民》，吴周放译，译林出版社2015年版，第14页。

面、覆盖的地理空间以及历史影响的广泛性等方面看，都是人类历史上前所未有的。①

（二）国际移民

移民，包括国内移民和国际移民。在工业社会以前，移民主要表现为区域性的，其时国际移民的概念是模糊的。在当今许多国家，国内移民通常表现为大量农村人口向城市流动，这种情况在中国和印度十分显著。据统计，中国城镇工人中有一半是来自农村的移民。根据国际移民组织的文献资料，截至2013年，中国由农民转变而来的移民工人就多达2.69亿。② 国际社会保障协会的数据表明，截至2014年，在原籍国边界内流动的国内移民已经占到世界总人口的10%以上，而其中的40%是亚洲国家的居民。

进入工业社会以后，随着近代民族国家的兴起，移民区分为国内移民和国际移民，国际移民在概念上也日益清晰——联合国将在常住国以外滞留至少一年的人定义为（国际）移民。伴随市场经济在全球范围内的扩张，国际移民日益成为世界政治、经济与文化交流的主角之一，目前已占到全球移民总数的四分之一以上，而且增长十分迅速。据联合国经济社会理事会关于国际移民的调查资料，仅1980—2005年的25年间，国际移民的数量就翻了不止一番，从9980万人增长到2亿人，其中在21世纪的头五年即增加了2500万人。③

从移民历史观察，大规模的国际移民潮，经常与世界范围内发生的重大国际政治变革相伴随。比如，第二次世界大战后，欧洲、北美及澳大利亚需要大量劳动力维持迅速繁荣起来的战后经济导致的大规模移民；1947年印巴分治后数以百万计的印度教徒及伊斯兰教教徒的迁移；以色列建国后犹太人和巴勒斯坦人的迁移；20世纪90年代苏联解体后大量俄罗斯人（1300万以上）和其他民族人口向各自主体民族国家的

---

① 梁茂信：《世界近现代史视阈下的移民概念与含义》，《史学月刊》2016年第8期。
② 国际移民组织：《世界移民报告2018》，2018年，https：//publications.iom.int/system/files/pdf/wmr_2018_ch.pdf.
③ ［美］哈立德·科泽：《国际移民》，吴周放译，译林出版社2015年版，第5页。

回迁；等等。

进入 20 世纪六七十年代以后，国际移民与经济全球化之间有着最为密切的联系。国际移民组织《世界移民报告 2018》提供的数据资料反映出全球移民的最新趋势：伴随经济全球化的迅猛发展，国际移民数量大幅上升，截至 2015 年，全球国际移民人数超过 2.44 亿，较 1990 年增长了近 60%。国际移民的迁移方向也提供了有力的佐证："1990 年以前，大多数国际移民生活在发展中国家；而今天大多数国际移民生活在发达国家，且比例正在增长。1998—2000 年，发展中国家的移民从五千两百万增加到六千五百万，与之相比，发达国家的移民则从四千八百万增至一亿一千万。2000 年，欧洲移民约六千万，亚洲四千四百万，北美洲四千一百万，非洲一千六百万，而拉丁美洲和澳大利亚总共才六百万。2000 年约百分之二十的移民（三千五百万）生活在美国。"[1]

在上述超过 2 亿的国际移民人口中，有占比超过 60% 的人（2017 年数据）被定性或分类为"国际经济移民"。这种类型移民的日益兴盛，更直接表明当代大规模的国际人口迁移是经济全球化的重要产物和显著特征，成为观察全球化不断强化的最有力指标。

（三）国际经济移民（跨国劳动者）

为深入研究移民问题，国际学术界会基于不同的标准对移民做不同的定性和分类，如国内移民和国际移民、合法移民和非法移民。国际移民也包含多种不同类型。关于国际移民的一种非常重要的分类，是根据移民的原因分为国际政治移民（包括难民）、国际经济移民和其他原因的国际移民（基于诸如跨国婚姻、家庭团聚甚至教育、旅游等原因产生的移民）。

国际经济移民，在不同背景或语境的专业文献中有很多种不同的称谓，比较常见的称谓包括国际劳工移民、跨国劳动者、劳动力移民、移民劳工、移民工人、移徙工人、海外劳工、外籍劳工、外籍劳动者、客

---

[1] ［美］哈立德·科泽：《国际移民》，吴周放译，译林出版社 2015 年版，第 5 页。

居工人等。① 通常是指为了找到工作或寻求更好的工作机会和工作条件而跨国迁移的人。据国际劳工组织2018年发布的《全球移民工人评估研究报告》，2017年全球约有1.64亿国际经济移民，占国际移民存量的63.6%（相比2013年增长了9.3%），占全球劳工的4.7%。

国际经济移民是经济全球化的重要产物和特征表现，前文已详细叙述。另外，国际经济移民不仅是全球化带来的结果，也是全球化向前发展的强大推动力。从世界经济层面来看，国际经济移民在全球经济发展中具有不可忽视的重要地位。大规模的跨国人口迁移推动了全球资本和劳动力的再分配，加强了国际间的交流和融合。从要素经济层面来看，国际经济移民是资本（包括人力资本）、技术在全球范围内进行配置的实现形式，有效地促进了资本与技术的全球化进程，为经济全球化提供了必要的劳动力资源和人力基础。

值得指出的是，国际经济移民不论是在原籍国还是东道国的经济（尤其是涉外经济）发展中都扮演了重要的角色。一方面，对原籍国来说，在国外工作的移民所赚取收入的相当一部分汇回国内后成为重要的收入来源和稀缺的外汇资源，以尼泊尔、菲律宾为例，甚至超过各国国内生产总值的10%；如果这些移民未来返乡，通常又是宝贵的技术和人才资源。另一方面，对东道国而言，国际经济移民在劳动力资源市场中发挥越来越重要的作用，其劳动力参与率（70.0%）通常高于就业地所属国家非国际移民劳工的劳动力参与率（61.6%）；因为他们往往更年轻、更具创业精神，为东道国经济、社会带来一定的积极影响，能在一定程度上弥补东道国短缺的专业技能和能力，甚至可能有助于恢复东道国的人口活力。

本书是研究社会保障领域国际冲突、协调与合作中的法律问题的，这些问题归属的对象主体即国际经济移民。换言之，本书即是关于国际经济移民这一特定主体因跨国就业所引发的国家间社会保障利益和制度

---

① 迄今为止，国内各界对这些称谓都甚感陌生。"在外劳务人员"，或"外派劳务人员"，可能是在中国国内流传较广的一种称谓，但它与国际社会流行的前述称谓并不等价，因为中国国内使用"在外劳务人员"或"外派劳务人员"时仅指出境工作的中国劳工，通常没有把入境工作的外国劳工包含在内的意思。

上的冲突、协调与合作的各种问题的研究。

考虑到国内社会各界（尤其是学术界和法律界）在习惯用词或专业术语上与国际社会的差异，本书确定在以下行文中统一使用"国际经济移民"的替代称谓"跨国劳动者"（或国际劳工移民），用以指称国际经济移民或其等价概念，如国际劳工移民、跨国劳工移民、移民劳工、移民工人、外籍劳工、外籍劳动者等。与此同时，参考国际劳工组织1975年《移民工人公约（补充条款）》（第143号公约）第11条第1款关于"移民劳工"的定义，① 以及欧洲理事会成员国于1977年订立的《关于移民工人法律地位的欧洲公约》第1条第1款关于"移民工人"的定义，② 就"跨国劳动者"（国际经济移民）这一本书中的核心概念做如下界定。跨国劳动者，或国际劳工移民（International Labour Migration），系为自己谋取职业工作机会并获得劳动报酬而从一国迁徙到另一国的雇佣劳动者或自雇劳动者。

第二节　社会保障：普遍人权之理想和国家责任之现实

一　作为普遍人权和宪定基本权利的社会保障权

（一）国际人权法上的社会保障权

何谓社会保障，国内学术界并无完全统一的定义。社会保障学界通说认为，是国家通过立法并依法采取强制手段对国民收入进行再分配，对暂时或永久失去劳动能力及因各种原因造成生活困难的社会成员提供

---

① 国际劳工组织1975年《移民工人公约（补充条款）》（第143号公约）第11条第1款原文如下：在本公约本部分范围内，"移民劳工"一词系指仅为个人目的从一国移往另一国以便获得一个就业机会的人员；该定义包括一切作为移民工人被正常接受的人员。

② 1977年《关于移民工人法律地位的欧洲公约》第1条第1款原文如下：本公约所称"移民工人"一词，系指订约一方的公民经订约另一方允许，在该国领土上居住并获得有薪职业。

基本生活保障和基本医疗服务的各种正式制度的总称。社会保障制度通过分散个人的生老病死的风险或者降低个人陷入贫困的风险，以保障劳动力再生产、社会安定和经济有序进行。[①]

本书所研究的对象问题决定了我们更多是在国际学术语境中使用"社会保障"这一术语，故直接采用国际社会保障协会（International Social Security Association，ISSA）在其协会章程（第1条）中就"社会保障"所做的定义。[②] 社会保障，意指任何依法建立的制度或计划，或其他任何强制性安排，以现金或实物的形式在下列情况下提供保护：就业事故、职业病、失业、生育、疾病、残疾、老年、退休、遗属或死亡，并且包括除其他外儿童及家庭成员津贴、卫生保健津贴、预防、康复及长期护理等保护措施。社会保障可以包括社会保险、社会救助、互助津贴制度、公积金以及根据各国法律或实践构成一个国家社会保障制度一部分的其他安排。

从世界范围内社会保障发展的历史过程来看，社会保障起源于英国的济贫制度，但在英国济贫法时代，获得或享有社会保障恐怕还不能说是人民或公民的一种权利，更谈不上一般人权。社会保障作为法权出现，最早大致可以追溯到19世纪80年代的德国。1883—1889年德国先后颁布了关于疾病、工伤和养老三部社会保险法律，标志着社会保障从济贫式的施舍、恩赐，发展成为公民的一项法定权利，但这一时期的社会保障权还只是停留在普通法权的层面。

20世纪前半叶是人类历史上一个血与火的年代，革命与战争频繁爆发，尤其是两次世界大战让人类付出了巨大的代价。惨痛的教训促成

---

① 李珍主编：《社会保障理论》，中国劳动社会保障出版社2017年第4版，第4页。
② 国际社会保障协会（International Social Security Association，ISSA）是一个非营利性的国际组织，由管理社会保障的一个或多个方面的机构、政府部门、代理机构或其他实体组成。协会成立于1927年，汇聚了各国社会保障管理和经办机构，目前在150个国家有370家会员机构。协会为会员提供信息、研究、专家咨询和平台服务，其目标是"在国际范围内进行合作，主要是通过自身技术的和管理的改善，促进和发展世界各地的社会保障，以便在社会正义的基础上提高全体人口的社会经济条件"。参见《国际社会保障协会章程》第1条和第2条，https：//ww1.issa.int/。

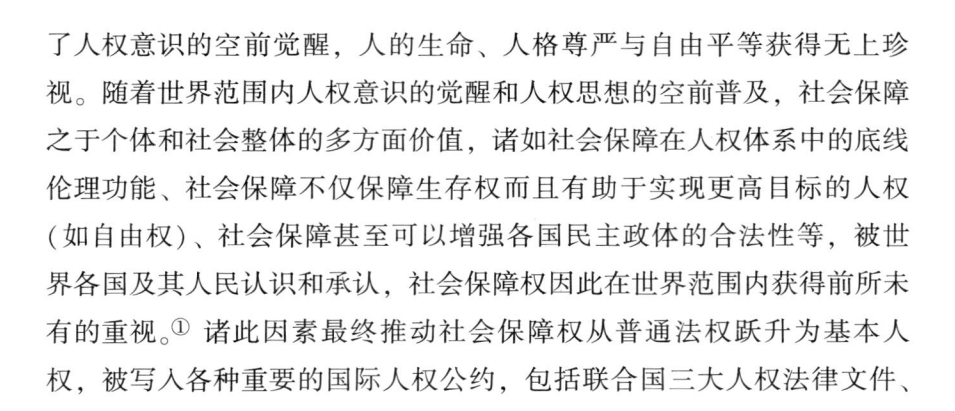

了人权意识的空前觉醒，人的生命、人格尊严与自由平等获得无上珍视。随着世界范围内人权意识的觉醒和人权思想的空前普及，社会保障之于个体和社会整体的多方面价值，诸如社会保障在人权体系中的底线伦理功能、社会保障不仅保障生存权而且有助于实现更高目标的人权（如自由权）、社会保障甚至可以增强各国民主政体的合法性等，被世界各国及其人民认识和承认，社会保障权因此在世界范围内获得前所未有的重视。① 诸此因素最终推动社会保障权从普通法权跃升为基本人权，被写入各种重要的国际人权公约，包括联合国三大人权法律文件、欧洲和美洲等几大主要区域性人权公约以及国际劳工组织公约等。

1948 年联合国《世界人权宣言》第 22 条宣告 "人既为社会之一员，自有权享受社会保障"，国家和国际社会有义务充分利用一切有利条件，确保社会中的每一个人享有这种权利。第 25 条补充阐明了部分具体的社会保障权利。继《世界人权宣言》之后，联合国《经济、社会及文化权利国际公约》第 9 条规定："本公约缔约各国承认人人有权享受社会保障，包括社会保险。" 后来产生的《美洲人权宣言》《欧洲社会宪章》《欧盟基本权利宪章》（系欧盟宪法第二部分）以及《东盟宪章》等重要的区域性国际法文件都对社会保障权做了明确宣示和规定。

国际劳工组织作为劳工保护领域的专门国际组织，在《国际劳工组织章程》中即宣示其宗旨之一是推动实现社会保障权利。② 国际劳工组织成立以后一直致力于社会保障事业，把扩大社会保障措施、实现人人享有社会保障作为核心任务。在国际劳工组织的主持下，制定了十几项关于社会保障的国际公约和建议书，如 1952 年《社会保障（最低标准）公约》（第 102 号公约）、1962 年《本国与外国人社会保障同等待遇公约》（第 118 号公约）、1982 年《维护社会保障权利公约》（第 157 号公约）、1983 年《维护社会保障权利建议书》（第 167 号公约）等。

---

① 李运华：《社会保障权原论》，《江西社会科学》2006 年第 5 期。
② *Constitution of the International Labour Organization*, supra note 117, Preamble.

此外，国际劳工组织还有多达50多项法律文件涉及劳工社会保障权利保护。

社会保障权被确认为国际人权法上的普遍人权，当然具有十分重要的意义。但是，仅仅通过国际人权法中确认社会保障权为人权，是具有一定局限的，具体体现在适用范围、约束力和强制力等方面。

首先，国际人权条约对于社会保障权的规定只能约束以正式程序批准或加入这些条约的缔约国，而对于没有批准和加入的国家则不具有约束力。

其次，从法律实践来看，即使是批准和加入国际人权条约的国家，也有很多在批准和加入时对所涉条约做了或多或少的保留，因而国际人权法中所确认的社会保障权对于做出保留的国家不具有拘束力。

最后，国际人权公约一般只是原则性的规定，具体实施方式和途径主要由缔约国自行决定，并且从法律效力来看，国际人权公约只是依赖平等的主权国家之间的条约义务来约束缔约国，强行性不足。因此，社会保障权虽获人权法确认为普遍人权，最终还须通过国内法的转化（即得到国内法的确认，尤其是宪法的确认）才能付诸实践。

（二）各国宪法中的社会保障权

宪法是一国法律体系的基础，也是一个社会共同体的价值基石；宪法又是每一个国家公法的核心，且居于整个法律规范体系的顶端。基本人权，顾名思义，是具有普遍性和基础性的权利。因此，作为基本人权的社会保障权，应该由宪法进行确认；作为社会基本制度的社会保障，同样应由宪法予以规范。因为人权保障乃是立宪主义和宪法的首要价值目标和最核心的原则，而国家基本制度由宪法规定亦早已成为制宪的通例。

1919年德国《魏玛宪法》第151条的出台，是社会保障权入宪的开端，标志着社会保障权正式取得宪法的承认，从而由普通法权跃升为宪定基本权利。自《魏玛宪法》以后，社会保障作为一种基本权利被

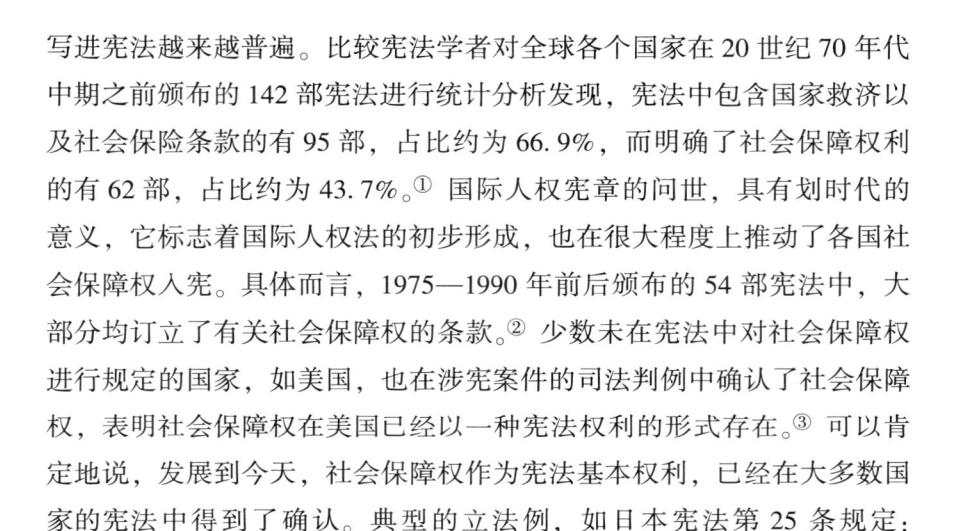

写进宪法越来越普遍。比较宪法学者对全球各个国家在20世纪70年代中期之前颁布的142部宪法进行统计分析发现,宪法中包含国家救济以及社会保险条款的有95部,占比约为66.9%,而明确了社会保障权利的有62部,占比约为43.7%。① 国际人权宪章的问世,具有划时代的意义,它标志着国际人权法的初步形成,也在很大程度上推动了各国社会保障权入宪。具体而言,1975—1990年前后颁布的54部宪法中,大部分均订立了有关社会保障权的条款。② 少数未在宪法中对社会保障权进行规定的国家,如美国,也在涉宪案件的司法判例中确认了社会保障权,表明社会保障权在美国已经以一种宪法权利的形式存在。③ 可以肯定地说,发展到今天,社会保障权作为宪法基本权利,已经在大多数国家的宪法中得到了确认。典型的立法例,如日本宪法第25条规定:"一切国民都享有维持最低限度的健康的和有文化的生活权利。国家必须在生活的一切方面努力提高和增进社会福利、生活保障以及公共卫生事业。"韩国宪法第34条规定:(一)全体国民均享有人所应有的生活权。(二)国家有义务努力扩大社会保障和社会福利……

社会保障权入宪、成为宪法基本权利之意义重大。首先,这意味着在权利性质和权利位阶上发生了重大跃升,表明社会保障权作为公民的基本权利——人之所以为人而必须具备的不可缺少、不可取代、不可转让的权利的地位——获得尊重和认可,而且是一国之内具有最高权威和最高效力的认可。其次,社会保障权入宪意味着它赋得了宪定基本权利的效力。所谓宪定基本权利之效力,学界通说是指基本权利的价值与具

---

① 〔荷〕亨利·范·马尔赛文等:《成文宪法的比较研究》,陈云生译,华夏出版社1987年版,第154—159页。
② 社会保障权成为国际基本人权的历史进程与社会保障入宪进程可以说是交替发生并互相推动的。国际人权法对社会保障作为基本人权的确认,集中体现在联合国人权公约、欧洲和美洲的区域性人权公约,以及与劳动和社会保障有最密切联系的国际劳工组织的公约等法律文本中。具体参见1948年联合国《世界人权宣言》第22条,1948年《美洲人权宣言》第16条,1966年联合国《经济、社会及文化权利国际公约》第9条,1996年修订的《欧洲社会宪章》第12、第13条,国际劳工组织1952年《社会保障(最低标准)公约》及1982年《维护社会保障权利公约》等。
③ 钟会兵:《作为宪法权利的社会保障权》,《学术论坛》2005年第10期。

体内容能够得到实现的一种力量，具体表现为基本权利对社会生活领域产生的拘束力，其目的在于保障宪法规定的人权价值得以实现。①

宪定基本权利效力之一，是其对国家权力的效力。基本权利具有直接拘束国家权力活动，包括立法、行政与司法等各领域的权力活动的效力，乃是现代宪法的普遍原则，也是宪法基本权利的最基本的功能。多国宪法就此设有明文规定，如德国《基本法》第1条第3款规定："以下基本权利，视为直接适用的法律，直接拘束立法、行政权力与司法。"20世纪90年代制定的俄罗斯宪法第18条规定："人和公民的权利与自由是直接有效的。它们规定着法律的意图、内容和适用、立法权和执行权、地方自治的活动并受到司法保证。"对基本权利"直接拘束国家权力"的解释，传统宪法学认为是限制与抵抗国家权力可能带来的侵害，以维护人的尊严和自由，即认为基本权利是防御权性质的主观公权。防御权功能是公民基本权利的一项权能，指公民得要求国家不侵犯基本权利所保障的利益，当国家侵犯该利益时，公民得直接依据基本权利的规定请求停止侵害。从基本权利最初产生与发展的内在需求与动力来看，确实如此。②

但是，随着社会生活的发展，现当代宪法学对此已有新的认识。基本权利对国家权力的效力，不再只是单一防御权性质的，而是兼具受益权功能。所谓受益权功能，是指公民基本权利所具有的请求国家作为某种行为，从而享受一定利益的功能。如果说防御权功能的目的是排除国家可能对基本权利进行的侵害，是要求国家不作为，体现的是"自由法治国"的理念；则受益权功能的目的是要求国家在公民基本权利的

---

① 基本权利效力之具体的拘束力，理论上分为三种类别：一是基本权利对国家权力的效力；二是基本权利对私人之间活动的效力；三是基本权利的放射效力。实践上有重大意义的主要是前两种。所谓放射效力，是用来区别基本权利在私人之间的法律关系上的效力与在私人之外的法律关系中的效力的概念。因实践意义不彰，只在宪法学说中偶有提及。参考韩大元《论基本权利效力》，《判解研究》2003年第1期。

② 美国学者路易斯·亨金指出："宪法中的权利条款仅仅保护其不受'国家行为'的侵犯，而将私人对他人权利的侵犯留给侵权法。"参见［美］路易斯·亨金等编《宪政与权利》，郑戈等译，生活·读书·新知三联书店1996年版，第15页。

实现中承担更为积极的角色，通过各种积极的作为去帮助基本权利的实现，所针对的是国家的作为义务，体现的是"社会法治国"的理念。[①]

社会保障权入宪后，成为宪法基本权利，也就赋得了只有基本权利才具有的"直接拘束国家权力活动"的效力及其双重功能。其意义在于，一方面，与完全通过一般立法来保障经济社会权利相比较，宪法规定通常是人们认为更可取的选择。一般立法可经立法机关简单多数通过即进行修改，宪法权利则处于牢固的地位。这即为出于政治权宜之计而克减经济社会权利提供了安全保障。另一方面，也为劳动者寻求国家采取更积极的手段来满足自己的利益诉求打开了机会之门——在这方面，法制史研究已然提供给我们这种例证：从世界范围内社会保障法制的发展历程可以观察到，早期面世的各国社会保障法令可说是孕育社会保障权的摇篮，推动了作为普通法权的社会保障权的诞生；但当社会保障权跃升为宪定基本权利后，其与社会保障法的关系便反转过来，即（作为宪定基本权利的）社会保障权反而成了推动社会保障立法和社会保障事业发展的根据和助推器。

宪定基本权利效力之二，是基本权利对私人之间活动的效力，即通常所谓基本权利之第三人效力——宪法基本权利得对第三者（国家与人民关系之外的第三者，亦即私人对私人间关系）发生拘束力。"基本权利之第三人效力理论"是以宪法结构中的基本权利具有的两重属性——既作为主观公权利，也作为客观法律秩序——为理论基础，[②] 在德国的宪政实践中逐步发展起来的。学术界对"基本权利之第三人效力理论"虽有争论，但肯定和支持这一理论已成为主流。[③] 因为它确实

[①] 张翔：《基本权利的受益权功能与国家的给付义务》，《中国法学》2006 年第 1 期。

[②] 基本权利之规定，固然是直接设定了一种主观公权利，但它是出自一种"价值理念"，目的在创造一个客观的"价值秩序"。

[③] 在对"基本权利之第三人效力理论"持肯定说的学者中，就基本权利对第三人发生拘束力的具体方式，又分裂为直接适用说与间接适用说两派：直接适用说认为，基本权利可以不通过一般条款或其他媒介而直接对私人之间的关系发挥效力；间接适用说则强调基本权利需要在尊重私法独立性的原则下、通过私法上的一般原则和不确定概念之解释等中介来使基本权利发挥效力。间接适用说通过德国宪法法院判例确认后成为现代德国宪法学界的通说。参见韩大元《论基本权利效力》，《判解研究》2003 年第 1 期。

能够解决私人领域中大量存在的侵犯基本权利的问题。尤其是随着社会结构的变迁,社会上拥有优势地位的团体和个人,对于其他居于劣势地位的"生存弱者",以"压倒性的实力"妨碍其基本权利、损害其尊严与自由等现象日趋严重(乃至丝毫不逊于国家权力之侵害)的问题。质言之,现代社会确实需要有条件地承认基本权利在私人之间的效力,以维护社会共同体的价值基础和社会团结。

准此而论,社会保障权成为宪定基本权利,便使其具有了因基本权利之第三人效力而直接或间接地适用于诸如雇员与雇主等私人主体之间的法律关系之可能性。这对于社会保障权之实现和保护,尤其是在因立法机关怠于立法而导致的社会保障法律缺位的情况下(中国目前状况就接近如此)保护社会保障权,更具有非比寻常的积极意义。①

二 社会保障权实现中的国家责任

社会保障学界所说的"国家责任"或"政府责任",依法学的理论逻辑和惯用术语(概念),应称之为"国家义务"或"政府义务"(本章尊重社会保障学界约定俗成的用语习惯,将国家责任与国家义务作为等价概念使用),都是指国家或政府在实现公民法定社会保障权利中依法应当履行或承担的作为(和不作为)义务。具体言之,国家的社会保障责任(义务)可以分为如下三个主要层面。

(一)在社会保障立法上的国家责任

社会保障权,是公民个人在面对生、老、病、死等风险却不能自保或难以自保时,需要依靠国家或社会给予经济援助以保障其基本生存能力和人所应有的尊严的权利。它具有主观公权利性质,需要国家积极作为(即主动采取行动以履行其保障职责)才能得以实现,正如联合国《经济、社会及文化权利国际公约》第2条规定的:"每一缔约国家承

---

① 李运华:《论社会保障权之宪法保障——以社会保障权宪法规范的完善为中心》,《江苏社会科学》2011年第6期。

担尽最大能力个别采取步骤或经由国际援助和合作,特别是经济和技术方面的援助和合作,采取步骤,以便用一切适当方法,尤其包括用立法方法,逐渐达到本公约中所承认的权利的充分实现。"

回顾人类社会历史,在绝大部分时间里,作为个体的人面对生、老、病、死或者贫穷与灾难时,能否生存下去基本上是个人自负其责的事情,充其量与其所属家庭或家族有一些连带关系,与其他社会成员、社会团体以及国家没有太多的干系,至少没有法律上的权利、义务与责任关系。到了当今时代,面对同样的生存困境,社会中的个体成员是否可以请求国家和(或)社会提供物质或者财政援助?被请求的主体是否必须满足他的要求?换言之,前者是否有这种权利?后者是否有这种义务?如果没有国家公权力(机构)通过立法就此作出强制性规定,面临生存风险的个体成员的期望或请求是完全可能落空的。由此可见,在社会保障领域,国家的首要责任就是通过立法(含制定公共政策)建立制度,① 赋予社会中的个体成员以权利,同时强制要求国家和社会等相关主体承担对应的财政给付或物质帮助义务,才能够使社会保障从人权理想变成生活现实。

从法制史看,19世纪末,德国先后颁布《疾病保险法》《工伤保险法》《伤残和养老保险法》三部社会保险法令,赋予社会保障以"法权"的形态,使社会保障不再只是一种慈善恩惠或道德援助,而成为了公民的一种被确认的法定权利。② 从法理上说,"权利是主观的法律,法律是客观的权利"。一般民众的社会保障诉求在未被国家立法确认之前,只能称之为一种权利主张,充其量只能算作"应然的权利",只有当国家完成社会保障立法时,它才真正具备了权利的品格。

德国最初的社会保障立法实施后取得了良好的社会效果,其他欧美

---

① 本章所谓"立法",是广义的立法,按国际社会保障法律界的通行用法,包括所有通过严格意义上的立法和公共政策为社会保障制定的规则制度。参考国际劳工组织1962年《本国与外国人社会保障同等待遇公约》第1条规定:(a)"立法"一词包括任何社会保障规则以及法律和条例。

② 李运华:《社会保障权原论》,《江西社会科学》2006年第5期。

国家开始效仿，社会保障立法遂得以快速推广。先是美国于1935年颁布了全世界首部综合性的《社会保障法》；接着是英国根据1942年发表的《贝弗里奇报告》关于建立社会保障制度体系的建议，启动全面的社会保障立法，先后颁布了《家庭救助法》《国民保险法》《国民救济法》《社会保障法》等一系列法律，保障英国公民享有全面的社会保障权利。此后，社会保障法先是在欧美发达国家，继而在世界范围内各个国家蓬勃发展。20世纪60年代后，社会保障权被写入国际人权法和各国宪法，进一步推动了社会保障立法进程。据统计，到20世纪结束的时候，全球绝大部分国家和地区均制定了自己的社会保障法律。①

通过立法建立社会保障制度，就是国家在履行其对公民所应负的社会保障法律义务的第一步，同时，也是国家在履行上引联合国《经济、社会及文化权利国际公约》第2条所规定的国际法义务，即"每一缔约国家承担尽最大能力……尤其包括用立法方法，逐渐达到本公约中所承认的权利的充分实现"。

（二）在社会保障法律实施中的国家责任

立法和政策出台之后，其有效实施就是关键。只有通过法律实施，社会保障立法中所预期的目标才能实现。法律的有效实施，有赖国家和社会等多方面主体的协调配合，但国家仍然在其中起着关键性的作用，是最主要的责任承担者。

国家在社会保障实施上的责任，概括地说，是在法律已经明确的框架体系内，依法对社会保障提供财政给付、监督管理等多方面的支持，确保社会保障制度的可持续发展，从而公平、公正地实现公民的社会保障权。由于社会保障的具体实施是由国家的专门机构来负责执行，因此，国家责任还需要在不同层级政府、不同部门之间进行划分，明确各级各部门责任，使社会保障制度运行朝着共同的方向前进。社会保障实施上的国家责任，分而述之，主要包括财政责任和行政责任。

---

① 史探径：《世界社会保障立法的起源和发展》，《外国法译评》1999年第2期。

首先，国家必须承担财政责任。社会保障权或社会保障制度的目标，必须通过一系列的财政经济手段来实现。国家（政府）的首要责任是依法为社会保障提供稳定的财政支持，包括直接对行政相对人给付金钱和实物、为社会保障资金的筹集提供政策支持，以及在资金筹集和运作过程中提供服务等。国际劳工组织主持制定的1952年《社会保障（最低标准）公约》（第102号公约）第71条第3款规定："会员国应对按照本公约规定提供应当提供的津贴承担总责，并应采取为达此目的而需要的一切措施；在适宜情况下，它应保证定期并无论如何在对为应付意外事故拨发的津贴、保险金或税收作出任何变动之前对财政平衡状态进行必要的精算研究和计算。"此条款中的"应当提供的津贴"，乃国际社会保障界通用术语，等同于中国社会保障制度上的"社会保障待遇"，第102号公约于此清楚表明"提供应当提供的津贴"应由国家承担总体责任。

在现代市场经济条件下，社会保障的国家财政责任具有有限性、基础性、兜底性、法定性等特征。有限性体现为社会保障的缴费责任通常由国家、雇主和个人等多元主体共同承担；基础性表现在社会保障的功能是满足公民的基本生活需求；兜底性是指国家必须为社会保障制度承担财政上的兜底性责任；法定性意谓国家的社会保障财政责任是法定的，必须依法履行义务。

其次，国家必须承担行政责任，即通常所说的管理和监督责任。社会保障涉及的利益主体多元，权利义务关系复杂，过程长且环节多，在经办、管理和监督等方面会涉及很多行政或管理主体。并且，随着社会保障覆盖面扩张、保障项目增加、社会保障基金规模扩大，社会保障行政监管责任会更趋繁重。国际劳工组织1952年《社会保障（最低标准）公约》（第102号公约）第72条第2款规定："会员国应对与实施本公约有关的机构和服务设施的良好经营承担总责。"即不管有多少主体参与社会保障管理过程，国家应对社会保障管理概括地承担起总体责任。

(三) 在社会保障权益司法保护上的国家责任

从权利最终实现的角度说，除了上述"在社会保障立法和政策制定上的国家责任"和"在社会保障立法和政策实施中的国家责任"，国家的社会保障责任（义务）还应该包括司法救济责任。正如法谚所说，无救济则无权利，民众的社会保障权利，理应受到司法保护。联合国经济、社会和文化权利委员会认为，"在多数情况下，其他措施如果不以司法补救措施辅助或补充，可能没有效果""适当的法律程序上的保护和正当的法律手续是所有人权所必不可少的因素。"[①]

关于国家应当如何为受益人之社会保障权益提供司法保护，国际劳工组织 1952 年《社会保障（最低标准）公约》（第 102 号公约）第 70 条就此作出的如下规定为成员国所广泛接受，堪称典型立法例：(1) 每个提出要求者对拒发津贴应享有上诉权，对质量或数额有申诉权。(2) 在实施本公约时，向立法机关负责的一个政府部门被授权掌管医疗事务时，本条第 1 款规定的上诉权可代之以对拒绝给予医疗或对医疗质量的申诉权，由有关当局予以调查。(3) 某项要求已由为处理社会保障问题而建立的特别法庭解决且有受保护人出席时，不再需要有上诉权。

随着各国劳动诉讼与仲裁制度、民事诉讼制度尤其是行政诉讼（甚至宪法诉讼）制度的完善，社会保障权利司法救济制度日趋进步，但是目前在包括中国在内的很多国家中还不能说已经全无障碍。只是司法救济问题属于与实体法有别的程序法的研究对象，具有相对独立性和专门性，本书着重于实体法问题的研究，不拟展开详论。

三 普遍人权理想与国家责任能力之间的落差

社会保障权作为一项普遍的基本人权，意味着人人都该享有；社会保障权入宪之后成为宪法基本权利，论理其应该是获得了更强有力的实现保障。但是，现实却是时至今日仍然有很多人尚未实现这一基本权

[①] 杨宇冠：《联合国人权公约机构与经典要义》，中国人民公安大学出版社 2005 年版，第 88 页。

利。根据国际劳工组织发布的《世界社会保护报告2014》，只有27%的世界人口能够获得全面的社会保障，还有73%的人口享受不到或者只能部分享受到社会保障项目的福利。究其原因在于社会保障权虽然被宣告为基本人权或被确认为宪法基本权利，但实际生活中人人享有社会保障的目标至今仍具有一定理想性，因为在现实生活中人们的社会保障权最终还是要靠以国家（政府）为主的义务主体承担起责任才能真正得以实现，而国家履行义务的能力在任何时候都是有限的。人人享有社会保障的理想与国家责任能力不足的矛盾是始终存在的。这种矛盾在跨国劳工移民这一类特殊群体身上表现得更加突出。

第三节　国际劳工移民（跨国劳动者）的社会保障冲突困境

一　社会保障权利义务之锚：国籍原则和社会贡献原则

社会保障被确认为宪定的基本权利，甚至是国际人权法上人人享有的普遍人权，其落地实现却必须依赖国家责任。然而，国家承担责任或履行义务的能力与人的需求的无限性相比始终是不足的。那么，该如何解决人权理想的无限性与国家责任能力的有限性之间的矛盾呢？纵览当今世界各国社会保障立法，可以发现，迄今为止的各国社会保障制度都是构建在公民权原则（国籍原则）与社会贡献原则的双重基础之上的，这两条原则堪称各国社会保障制度的基石。通过这两条原则，界定了个体成员的社会保障权利和与之对应的国家义务。因此，可以形象地说，两条原则实为社会保障领域的权利和义务之锚。①

---

① 本书称公民权原则（国籍原则）与社会贡献原则为社会保障领域的权利和义务之锚，是根据它们在限定权利人权利和对应的国家义务上发挥的功能而言的，并没有把它们视为社会保障法律领域最重要原则的意思。实际上若论社会保障（法律）领域的原则的话，社会保障人权原则、社会团结原则、社会公正原则都是基本的原则，甚至是更具优先性的原则。

(一) 社会保障上的国籍原则

虽然国际人权法律文件中关于社会保障权乃至所有基本人权的主体，使用的是"人"的称谓，意指所有生而为人的自然人，就如联合国大会通过的《世界人权宣言》第 22 条所称："人既为社会之一员，自有权享受社会保障，并有权享受个人尊严及人格自由发展所必需之经济、社会和文化各种权利之实现；此种实现之促成端赖国家措施与国际合作并当依各国之机构与资源量力为之。"又如联合国《经济、社会及文化权利国际公约》第 9 条规定："本公约缔约各国承认人人有权享受社会保障，包括社会保险。"

但是查阅相关国家的国内立法，包括宪法和一般法律，关于社会保障的权益主体基本上都是使用的"公民"或"国民"的概念。《中华人民共和国宪法》第 45 条规定："中华人民共和国公民在年老、疾病或者丧失劳动能力的情况下，有从国家和社会获得物质帮助的权利。国家发展为公民享受这些权利所需要的社会保险、社会救济和医疗卫生事业。国家和社会保障残废军人的生活，抚恤烈士家属，优待军人家属。国家和社会帮助安排盲、聋、哑和其他有残疾的公民的劳动、生活和教育。"《中华人民共和国社会保险法》第 1 条规定："为了规范社会保险关系，维护公民参加社会保险和享受社会保险待遇的合法权益，使公民共享发展成果，促进社会和谐稳定，根据宪法，制定本法。"日本宪法第 25 条规定："一切国民都享有维持最低限度的健康的和有文化的生活权利。国家必须在生活的一切方面努力提高和增进社会福利、生活保障以及公共卫生事业。"匈牙利宪法第 70 条规定："……匈牙利共和国公民对福利保障拥有权利，在老年、生病、残疾、孤寡和非自身错误导致的失业情况下有权要求生存所需保障。"

由此可见，世界各国虽然签署或加入了联合国人权公约，尊重公约将社会保障权宣示甚至确认为人人得享的基本人权，但转化为国内法以备实施时却普遍将社会保障权的主体限定在"公民"或"国民"的范围内。

在各国国籍立法中，享有一国国籍者为公民，是故，公民权原则亦即国籍原则。其基本含义是，各国政府以国籍为准据向具有本国国籍的国民提供社会保障服务，原则上也只向具有本国国籍的国民承担社会保障责任。之所以发生社会保障权利主体从国际人权法上的"人人"到国内法上的"公民"或"国民"的转换，最主要的原因即承担社会保障权实现上的义务或责任的主体迄今为止是主权国家，而每一个国家（即便是地球上最富有和强大的国家）的实际能力是有限的。如果说前文所述的不同国家的宪法立法例为"正例"的话，那么，《欧洲共同体条约》第48条则正好提供了一个"反例"，该条规定："劳动者自由流动意味着在各成员国的劳动者之间取消在就业、报酬和其他劳动条件方面的以国籍为理由的一切歧视。"

由此，社会保障上的国籍原则便成为锚定社会保障权利和义务的第一原则。这条原则表现为具体制度，即社会保障参保资格确认制度；从国家的视角看，即社会保障覆盖面或覆盖范围的规定。通过国籍原则及其具体制度，一方面确定了何人享有社会保障权利，另一方面限缩了国家责任的范围。①

（二）社会保障上的贡献原则

人们或国民的社会保障权利，有赖国家承担责任以兑现之。所谓"国家承担责任"，名义上是国家得出钱出力、提供资源，满足人民社会保障需求。然则国家的财力、物力等资源又从哪儿来呢？正如俗语所言，"羊毛出在羊身上"。国家的财政与资源要从社会、从国民身上获取。其具体方式，即社会保障的筹资方式，或者是缴税，或者是缴费。

---

① 值得在此引申论及的，是经常出现在很多国家社会保障制度中的"居住（地）原则"或"（常住）居民原则"或其他身份标准。从立法目的和制度功能的角度说，它们是国籍原则的变种、备品或替代物（但欧盟层面的社会保障协调立法中的"居住地原则"是个例外，它在功能上恰好是作为"国籍原则"的对立面出现的）。"居住地原则"在社会保障领域有多种应用场景，但其最常见的用法是当一个国家在社会保障上不是实行统一制度时，国家之下的地方政府（最典型者如联邦制下的州政府）仿效国家的做法，以"居住地原则"替换"国籍原则"来达到限缩自己担负的社会保障责任之目的，类似中国的户籍在社会保障上发挥的功能。

国际劳工组织1952年《社会保障（最低标准）公约》（第102号公约）第71条第1款规定："根据本公约提供的津贴所需的费用和管理这些津贴所需的费用应通过交保险费或税收或两者兼有的方式共同承担以避免给收入微薄的人带来困难，并考虑会员国和受保护的各类人员的经济状况。"这一条款明确了社会保障的财政资源从何而来，也表明社会保障权利主体资格的赋得与缴费或缴税义务的承担可谓同一事物的一体两面，在逻辑上是同时发生的。

人们缴纳社会保障税费，然后享有社会保障服务，即社会保障权利与社会保障义务对应原则，本书称之为社会贡献原则。从功能上说，社会贡献原则，一方面提供了国家承担社会保障义务的物质基础；另一方面也设置了社会保障的准入条件，甚至可以说它是在国籍原则的基础上进一步限缩了赋得社会保障主体资格的人的范围，即将国家对之负有社会保障责任的权益主体限缩到为社会保障做出社会贡献（缴税或缴费）的国民或公民。符合社会贡献原则的最普遍的主体，就是处在就业状态的劳动者（从广义上，含雇员和自雇劳动者）。他们不但是广义的社会财富创造者，而且是直接为社会保障基金缴费的（最主要的）贡献人。

社会保障国际公约普遍地将雇员（其替代称谓包括"职工""工人"等）作为规则指向的基本权利义务主体，其原因盖出于此。比如，欧洲理事会成员国于1950年11月4日签署了《欧洲人权公约》后，为进一步保障公民的社会、经济权利，由咨询议会和部长委员会通力合作制定了《欧洲社会宪章》，并于1961年10月18日在意大利都灵举行的欧洲理事会成员国会议上通过。《欧洲社会宪章》在宣示社会保障领域的基本权利时，普遍使用"All workers"作为社会保障相关权利的资格主体，其典型如宪章第12条：All workers and their dependents have the right to social security.（所有工作者及依靠他们生活的人有权享有社会保障）。在各国社会保障国内立法上也是如此，如泰国《社会保障法》第33条规定："本法涵盖的任何雇员都应是受保人。"越南《劳动法》第12章（章名"社会保障"，是集中规定越南社会保障领域权利义务关系的专章）第 140 条规定：（1）国家制定有关社会保障的政策，逐步扩大和改善工人的物质保障，帮助工人及其家属在遇到生病、生育、退休、死亡、职业事故和职业病、失业、灾害和其他困难时，能够得到稳定的生活。（2）强制的或自愿的社会保险形式，应当适用于企业的各类受益人，以保证工人能从适当的社会保障中得到益处。

除了上述直接指明雇员为社会保障上的基本权利义务主体的方式外，社会保障制度上的社会贡献原则，还经常以（针对流动劳动力的社会保障管辖权视角的）"工作地原则"体现出来。例如，欧盟社会保障协调法令通过建立"工作地原则"，规定在欧盟内流动的劳动者只需要接受一个成员国的社会保障计划的覆盖。所谓"工作地原则"，自然是以实际发生了受雇劳动的事实为前提的，而有受雇劳动就有财富创造，甚至有直接缴纳社会保障税费（而且缴费的条件和比例、受益权和受益的数量通常是与工资相联系的，移民劳工常常是社会保障制度的终生净缴费者），亦即有社会贡献。

当然，由于社会保障乃基本人权的人权法观念已深入人心并产生巨大的牵引作用，在理解社会保障上的贡献原则时不能绝对化，需要注意如下三点。其一，此所谓社会贡献需做广义的理解，包括但不限于缴费或缴税，比如，在人口老龄化和生育率日趋低下的社会环境中，妇女生育孩子或高技术移民入籍即可能被视为做出了社会贡献。其二，社会贡献的主体，亦可能从直接贡献者个人扩展至包含直接贡献者个人在内的家庭，从而使"家属""受抚养人""遗属""遗孀"等得以正当地归入社会保障受益人，获得社会保障待遇。其三，贡献原则固然意味着社会保障权利与社会保障义务的对应关系，但绝不能解读为贡献与权利的对等关系，甚至恰恰相反，贡献与权利的不对等才是社会保障之所以是社会保障而非财产交易关系的关键特征。对此，前引国际劳工组织1952 年《社会保障（最低标准）公约》（第 102 号公约）第 71 条第 2款是最好的诠释（甚至给出了"必须低于 50%"的严格的数量标准）。该条款规定："由受保护的雇员所承担的保险金的总数应不超过为保护雇员本人及其妻子儿女而拨给的财源总数的百分之五十。为查明这一条件是否履行，可将会员国遵照本公约提供的全部津贴放在一起计算，家庭津贴和工伤津贴（如有专门机构拨付）可不计在内。"

二 社会保障国际冲突的产生与国际协调合作的兴起

综上所述，社会保障已被国际法和各国宪法确认为人的基本权利，其真正实现却必须依赖特定国家履行义务，而国家的义务能力总是有限的。普遍权利与有限能力的矛盾，在各国国民与政府之间的国内社会保障关系上就已经凸显出来，并由此引出社会保障上的国籍（公民权）原则与社会贡献原则。到了跨国移民劳动者这一特殊主体身上，普遍人权与国家有限能力的矛盾更显尖锐，导致社会保障国际冲突陷阱的出现——跨国劳动者受困其中，深受其害，却难以自力解决其问题。

跨国劳动者面临的社会保障冲突困境，在现象层面是国与国之间社会保障法律规范和（或）政策设计不一致造成的；但更深层次的观察表明，它经常与两个及两个以上国家在社会保障国籍原则与贡献原则上的矛盾或错位配置相关联。其具体表现形式众多，举其最为典型者如下。

第一种典型情境：跨国劳动者 A 从原籍国到了某个以国籍作为参加该国（东道国）社会保障资格条件的国家（例如瑞士，该国社会保障法有规定：参加养老、工伤以及遗属年金计划的劳工必须具有本国国籍），A 不具有东道国国籍，自然无法获得东道国（如瑞士）的社会保障参保资格。同时，由于 A 背井离乡，长期未履行其原籍国社会保障制度规定的相关义务（亦即有违贡献原则），A 可能同样不能被其原籍国的社会保障制度覆盖，丧失在原籍国原本取得过的社会保障资格和待遇。如此，A 将得不到任何一国社会保障制度的保护。这种情况称之为社会保障覆盖双重缺失，指跨国劳动者既没有被原籍国社会保障制度覆盖，同时又无法参加东道国的社会保障制度，从而造成福利损失。

第二种典型情境：任职于跨国公司的甲国国籍劳动者 B 受公司派遣到乙国工作，往返于甲、乙两个国家。依甲国的社会保障法律规定，B 作为本国公民和公司雇员，应该参加本国社会保险，缴纳社会保险费。同时，由于 B 在乙国工作，依乙国的社会保障法律规定，在其国内工作的所有劳动者必须参加乙国的社会保险并缴纳保险税（费）。对于跨国劳动者 B（及其雇主企业）来说，面临着社会保障双重参保、双重缴费的局面。这对于工薪劳动者（及其雇主企业）而言，将是不堪承受的沉重负担。而且双重缴费未必能确保跨国劳动者 B 可以获得双重的社会保障待遇，相反地，B 可能遇到两国各种各样的待遇领取限制条件，最终导致承担缴费义务却不能享受对应福利待遇的结果。比如，因为跨国劳工的特点是流动性强，经常要往返于不同的国家，在一个国家工作期限往往达不到享有各国社会保障待遇的最低缴费年限，因而不能申领和享受待遇。

本书将以跨国劳动者为主体在两国社会保障领域所面临的这种制度矛盾和困境称为"社会保障国际冲突"，并对其做如下界定。社会保障国际冲突（International Conflicts of Social Security Law），是指从一国（原籍国）迁徙到另一国（东道国）就业的跨国劳动者在社会保障领域适用法律时所面临的两个或多个国家之间的法律冲突。① 这种法律冲突的背后，显然隐含着相关主体之间的利益冲突，只有通过社会保障领域的国际协调与合作，才有可能解决跨国劳动者所遭遇的社会保障国际冲突困境。

所谓社会保障领域的国际协调与合作，通称"社会保障国际协调与合作"，在本书中也经常简称为"社会保障国际合作"。根据国际社会迄今累积的实践经验尤其是欧盟的经验，并参考诸如国际劳工组织、国际社会保障协会等国际组织相关法律文件的规定，本书就"社会保

---

① 原籍国是指劳动者从一个国家流出，即跨出国门就业以谋求更好就业机会和更高收入，即劳务输出国。东道国是指劳动者流动到该国内以寻求就业机会和获取更高收入，即劳务输入国。

障国际协调与合作"这一课题研究中的核心概念做如下界定。社会保障国际协调与合作（International Coordination and Cooperation of Social Security），或称社会保障国际合作（International Cooperation of Social Security），是指创设一种机制使得不同国家的社会保障制度能够共同努力实现相互认可的目标，在相互尊重对方社会保障制度规则的前提下，有效维护跨国劳动者（及其家属等关联人员）的社会保障权益。

于此须特别说明的是，在本书中，"社会保障国际协调与合作"与"社会保障国际合作"，原则上是作为等价概念即可以相互替代的概念来界定和使用的，原因是在各国及国际组织的立法文本和法律实践中均不易确切地区分哪些规则或行为属于"国际协调"，哪些又是属于"国际合作"。只有在涉及欧盟及其成员国的立法和实践时，情况有些例外。因为欧盟在尊重各成员国政府主导本国社会保障制度和各国具体国情的基础上，由欧盟这一超国家政治实体直接制定了很多社会保障方面的共同法律原则和规则来协调处理跨国劳动者引发的社会保障冲突问题。在这种情况下，"（社会保障）国际协调"有了区别于"（社会保障）国际合作"的含义，前者用于实指欧盟层面的规则、机制和实践，后者指向成员国之间的合作规范及其实践。欧盟的"社会保障国际协调"立法规范已相当完善且实践上卓有成效，以至于理论界有观点认为：目前绝大多数社会保障双边协议都是在欧盟成员国之间签订的，但是，对于欧盟国家国民来说，由于成员国之间的双边协议已被欧共体 1408/71 法规取代，使这些规定大都成了多余的摆设。①

---

① ［美］罗兰德·斯哥等编：《地球村的社会保障——全球化和社会保障面临的挑战》，华迎放等译，中国劳动社会保障出版社 2004 年版，第 209 页。

第二章
社会保障领域国际冲突的利益效应

第一节 对跨国劳动者的社会影响

一 社会保障权益受损

在世界社会保障发展史上享有盛誉的英国经济学家威廉·贝弗里奇（William Beveridge）在1942年就曾预言："社会保险将成为影响劳动力流动的一个重要因素。假设人们为找到用武之地从一个国家迁移到另一个国家再次成为可能，那么人们就会渴望各国之间在社会保险方面制订互惠安排以促进这种流动。也就是说，人们渴望通过这种安排，使他们在流动时可以避免社会保障方面的损失，并准许他们将在先前国家获得的保障权益部分地带到另一个国家。这个问题在不久的将来就会显现出来。"①

全球化背景下，劳动者及其社会保障权益跨国界流动已成必然之势，然而这种跨国界流动的过程并不容易，甚至难以避免地产生各种冲突，造成跨国劳动者社会保障权益受损，具体表现在社会保障双重缴费、社会保障覆盖双重缺失、社会保障便携性障碍与损失，以及社会保

---

① ［英］威廉·贝弗里奇：《贝弗里奇报告——社会保险和相关服务》，劳动和社会保障部社会保障研究所组织翻译，中国劳动社会保障出版社2004年版，第16页。

障待遇支付便利化问题等方面。

(一) 社会保障双重缴费

囿于社会保障制度的国籍原则和属地管理特性,跨国劳动者易遭受社会保障双重缴费问题困扰。社会保障双重缴费,是指跨国劳动者在领取一份工资的情况下,被原籍国和东道国的社会保障制度同时覆盖,既要向原籍国缴纳社会保障税(费),又要向东道国缴纳社会保障税(费)。这无疑会给跨国劳动者带来较大的缴税(费)负担和福利损失。无论是在以欧盟、美国为代表的发达地区(或国家),还是以印度、菲律宾为代表的发展中国家,跨国劳动者都不同程度地遭遇了社会保障双重缴费问题。① 以印度为例,印度《劳工退休基金及杂项规定法案》(*Employees Provident Fund and Miscellaneous Prvisions Act*,EPF,1952)规定,符合条件的企业外派员工被纳入本国的社会保障制度,需要按规定缴纳员工公积金、养老金和存款保险金等费用,同时外籍员工也被纳入本国社会保障计划中。持工作签证前往欧盟的外派员工被强制纳入社会保障体系之中,这样外派员工不但需要向印度缴纳社会保障费用,而且需要向派驻地的欧盟相关成员国缴纳社会保障费用,比如印度外派员工在法国工作,还需要缴纳相当于月薪总额22.5%的社会保障税,② 企业外派员工面临沉重的缴税(费)负担。

(二) 社会保障覆盖双重缺失

社会保障覆盖双重缺失,是指跨国劳动者既没有被原籍国社会保障制度覆盖,同时又无法参加东道国的社会保障制度,处于"两不管"的尴尬境况,这种境况无疑会使跨国劳动者遭遇巨大的福利损失。

---

① 谢勇才、丁建定:《印度海外劳工社会保障权益国际协调的实践与启示》,《中国人口科学》2018年第1期;谢勇才:《菲律宾社会保障国际合作的主要实践及其启示》,《人口学刊》2018年第3期。

② Deeparghya Mukherjee, Rupa Chanda, *Investment and Migration Linkages between India and the EU*, CARIM-India RR 16, Robert Schuman Centre for Advanced Studies, San Domenico di Fiesole (FI): European University Institute, 2012.

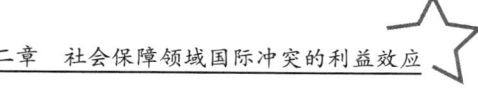

比如，波斯湾地区的国家明确将外来跨国劳动者排除在其社会保障制度覆盖范围之外，即实行严格的国籍原则，迁移至波斯湾地区国家就业的跨国劳动者无法享有与该地区本国国民一样的社会保障待遇；如果这些跨国劳动者的原籍国在社会保障参保资格问题上实行的是工作地原则，即受雇工作的劳动者才能加入原籍国社会保障体系，那么流动到波斯湾地区国家就业的跨国劳动者其社会保障福利便处于两边都不管的"真空"状态。①

与波斯湾国家相似，实行严格的国籍原则的国家还不少，即便是欧盟成员国中也有些国家不给予跨国劳动者申请福利的权利，"如果跨国劳动者提出这方面的要求，还会危及到他们在该国的居留权，显然，跨国劳动者在这些国家备受歧视。以丹麦为例，在丹麦居住三年以上的跨国劳动者才勉强有资格领取社会救助；居住时间稍短的跨国劳动者是否能领取社会救助，需由当地政府根据公共事务部的相关规定来决定；如果在丹麦居住不足三年的跨国劳动者申请社会救助，那么该申请者有可能会被驱逐出境"②。

需要说明的是，阻碍跨国劳动者获得社会保障的因素，不仅仅是国籍原则或单一的其他某种因素，还有很多种，包括政治障碍、技术层面的因素（如身份信息与财产状况数据的可得性），甚至社会保障概念、术语和程序的跨国差异等。跨国劳动者本身所具有的一些职业特点，诸如在东道国经济中的职业生涯短暂，工作变动频繁；常活跃于非正规部门；与作为家属的家庭成员分离；往往不太受制于典型假设的雇主/雇员关系（而许多社会保障制度恰是以其为基础而建立的）等，也是影响因素。

（三）社会保障便携性障碍与损失

社会保障便携性，是指跨国劳动者在不同的社会保障制度系统之间

---

① Rachel Sabates-Wheeler, Johannes Koettl, "Social Protection for Migrants: The Challenges of Delivery in the Context of Changing Migration Flows", *International Social Security Review*, Vol. 63, No. 3-4, 2010, pp. 115-144.

② [美] 罗兰德·斯哥等编：《地球村的社会保障——全球化和社会保障面临的挑战》，华迎放等译，中国劳动社会保障出版社2004年版，第203页。

保持、维护和转移既得社会保障权益的能力。① 社会保障便携性损失，是指在劳动者跨国流动的过程中，遭遇社会保障转移障碍，或者虽然允许其社会保障转移，但在转移的过程中造成了不必要的权益损失等。

一方面，跨国劳动者的社会保障是否可以顺利转移，直接关系到社会保障便携性问题。由于原籍国和东道国的社会保障制度各成体系，而且很多国家与地区的法律都规定社会保障待遇只能支付给本国境内的劳动者，如法国。有些国家不允许他国公民在境外申领本国的某些社会福利，例如，无法国国籍的人就不能在境外申请法国的养老金。

然而很多移民劳工不但跨国工作，甚至会相继在多个国家就业，②而且就业地与居住地也经常不一致，这会导致很多跨国劳动者在申请享受社会保障待遇时，因社会保障缺乏便携性而造成不必要的利益损失。

另一方面，社会保障便携性损失还体现在即使社会保障可以实现转移，但在转移过程中容易出现不必要的权益损失。囿于社会保障制度的属地管理特性，各个国家社会保障参保条件、领取资格等存在巨大差异，有些国家规定了比较高的社会保障待遇领取门槛，比如日本厚生年金保险法规定必须达到25年以上的缴纳年限才能有资格享受，而韩国的老龄年金缴费年限也必须达到15年以上参保人才能获得领取资格，③英国基本养老金根据个人国民保险缴费纪录发放，参保人只有缴费满10年才有领取养老金资格。那么，如果跨国劳动者因离开东道国而达不到相关领取要求，有可能会无法获得或丧失已经取得的领取资格，这无疑会给跨国劳动者本该享有的养老、医疗等社会保障待遇带来不必要的权益损失。

（四）社会保障待遇支付便利化问题

社会保障待遇支付便利化问题，是指跨国劳动者在申请享受社会保

---

① Robert Holzmann, Michael Fuchs, Seçil Paçacı Elitok, and Pamela Dale, "Assessing Benefit Portability for International Migrant Workers: A Review of the Austria-Turkey Bilateral Social Security Agreement", *Social Protection & Labor*, No. 1602, 2016, pp. 1–55.

② Jan Cremers, "EU Coordination of National Social Security in Multiple Cross Border Situations", *Marmara Journal of European Studies*, Vol. 19, No. 2, 2011, pp. 31–53.

③ 陈五洲、陈方:《跨国劳动者与社会保障的国际合作》,《理论界》2006年第6期。

障待遇时，因各种程序和手续障碍，无法顺利领取社会保障津贴，包括造成不必要的权益损耗。社会保障待遇支付便利化问题主要体现在经办程序复杂和汇兑损益两个方面。

在经办程序方面，由于各个国家和地区的社会保障相关法律法规不同，导致支付经办程序存在较大差异，跨国劳动者往往需要经过非常复杂、烦琐的流程才可以获得社会保障待遇支付。以中国为例，人力资源和社会保障部发布的《关于实施中德社会保险协定的通知》规定，中方在德人员办理免缴"两费"《证明》需要经过提出申请、加盖所在单位印章、社会保险经办机构审核并加盖印章、人社部社保中心审核、出具或不出具《证明》并说明原因、申请者持《证明》向德国社会保障机构申请免除缴费等共计 8 项程序，免除缴费经办程序比较复杂、烦琐，严重影响跨国劳动者社会保障待遇支付便利性，增加其办事成本。

在汇兑损益方面，外汇汇率的波动也会对跨国劳动者的社会保障待遇支付产生影响。由于各个国家和地区所使用的货币不尽相同，当跨国劳动者选择在东道国就业而在原籍国退休时，其社会保障待遇有可能因受外汇汇率波动而产生意料之外的损失。以英国和欧盟为例，自英国前首相卡梅伦于 2013 年 1 月 23 日首次提出脱欧公投以来，经过多轮谈判和一番拉锯战，欧盟于 2020 年 1 月 31 日正式批准了英国脱欧，英国作为世界第五大经济体，其脱欧对英国和欧盟乃至世界经济、社会等产生了深远影响。据汇率风险管理咨询公司 FireApps 2016 年 7 月发布的报告，英国退出欧盟后，货币市场产生了波动，可能对跨国劳动者的社会保障待遇支付便利性产生不利影响。

二 其他正当社会权益损失

《世界人权宣言》宣示："人皆生而自由，在尊严及权利上均各平等；人人有权享受平等保护和免受歧视。"《经济、社会及文化权利国际公约》除了在第 9 条规定人人享有社会保障权利外，还于第 11—12 条规定：人人有权为他自己和家庭获得相当的生活水准，人人享有免于饥饿的基本权利,缔约国应创造保证人人在患病时能得到医疗照顾的条件。对于跨国劳动者而言也同样应该享有人的尊严和社会权利。然而,现实中社会保障领域国际冲突不仅有可能对跨国劳动者社会保障权益造成损失,而且有可能带来其他正当社会权益的损失。这种损失主要体现在人格尊严和社会地位降等、社会融入障碍两个方面。

(一) 人格尊严和社会地位降等

跨国劳动者为获得更好的就业机会和获取更高的收入,选择走出国门,向经济发展水平较高、工资水平较高的国家和地区转移流动。随着经济全球化的快速推进,跨国劳动者的规模越发庞大,流动也越发频繁。大量跨国劳动者进入东道国,势必会对东道国原本稳定的就业市场带来一定冲击或至少增加一些不稳定因素,有可能挤占东道国本国国民的就业机会,导致失业率攀升。另外,大量跨国劳动者的不断流入,也有可能挤占原本就稀缺的社会保险资源,给本国国民造成养老、医疗等方面的福利损失。因而,很多国家包括发达国家的国民将跨国劳动者视为一种威胁,而且很多跨国劳动者基本属于中低技术劳工,技术熟练度低,再加上语言障碍、种族问题和东道国政府严苛的移民政策等因素,致使跨国劳动者容易遭受歧视和社会排斥。

有学者研究发现,许多跨国劳动者尤其是妇女和非正规工人并没有被纳入东道国的社会保障计划中,这些跨国劳动者在东道国的社会地位极其低下。[1] 以东盟为例,东盟跨国劳动者在东盟成员国是受保护程度最低的群体之一,这些工人往往是最恶劣形式虐待和剥削的受害者,往往会遭受不平等待遇。比如,在马来西亚,外籍劳工往往被排除在残疾、遗属生活困难补助的社会保障计划之外;在泰国,非正规部门就业的外籍劳工往往没有被纳入强制性社会保障方案范围之内,他们的医疗福利等无法得到保障。[2]

---

[1] Ginneken Wouter Van, "Social Protection for Migrant Workers: National and International Policy Challenges", *European Journal of Social Security*, No. 15, 2013, pp. 209-221.

[2] Zheng Yijun, *Strengthening Protection for Intra-ASEAN Migrant Workers' Rights to Social Security: A Perspective from the Post-2015 ASEAN Vision*, Lund: Lund University Press, 2016, pp. 1-82.

由此可见，如果不能通过某种双边或多边的制度安排，将跨国劳动者纳入其实际工作地的社会保障系统，其人格尊严受损和社会地位降低等是很难避免发生的社会问题，国际社会所谓普遍人权或体面劳动都因之成为空谈。反之，若能将跨国劳动者纳入东道国社会保障计划中，则是对跨国劳动者人格、身份的一种认可，显然有助于增强跨国劳动者的社会归属感，有利于提高跨国劳动者的经济地位和社会地位。

（二）社会融入障碍

所谓社会融入障碍，是指跨国劳动者从原籍国流动到东道国以便获得更好的工作机会和更高的经济收入，但囿于两个国家经济、社会、文化、风俗习惯、语言等较大差异，再加上有些东道国比如日本、俄罗斯等国家执行严苛的移民政策，提高了跨国劳动者的准入门槛，致使跨国劳动者在融入当地社会的过程中面临重重障碍，如果原籍国和东道国没有签署社会保障双边协定，跨国劳动者没有被东道国纳入本国社会保障计划中，那么跨国劳动者就无法享受社会保险、社会救助、社会福利和公共服务，一旦出现工伤事故或患病等突发状况，将无法及时获得工伤事故赔偿和医疗康复等服务，这无疑会加重跨国劳动者的社会融入难度。而且如果跨国劳动者想要享受社会保障和公共服务，则必须额外花钱购买，无疑会增加跨国劳动者的生活成本，使本就拮据的生活雪上加霜，显然不利于跨国劳动者快速融入当地社会。如前文所述，原籍国和东道国通过签署社会保障双边协定，将跨国劳动者纳入本国社会保障计划，是对跨国劳动者公民身份的一种认可，这显然有助于增强跨国劳动者的社会归属感，减少跨国劳动者的社会融入障碍，有利于跨国劳动者更快地融入当地社会。

第二节　对跨国企业（雇主）的社会影响

一　双重缴费负担问题

很多国家的缴费类社会保障项目，如养老保险、医疗保险，在制度设计上都是源于19世纪80年代德国俾斯麦型社会保障模式的做法，即由雇主与劳动者双方共同承担保险项目的缴费义务。跨国企业（雇主）在向海外拓展业务的过程中，需要委派大量员工进入东道国开展工作，在这个过程中会面临与跨国劳动者一样的社会保障双重缴费问题，即跨国企业（雇主）不但需要按照原籍国法律规定为跨国劳动者缴纳社会保障税或社会保障费，而且还需要在东道国法律框架下为跨国劳动者缴纳社会保障税费，因为国际上通行的社会保障税费缴纳义务一般以境内就业为准据，凡在东道国境内的跨国企业（雇主）和跨国劳动者必须承担纳税义务。

举例来说，印度相关法律规定跨国企业（雇主）必须参加本国社会保障制度，为跨国劳动者缴纳社会保障费用，当印度跨国企业（雇主）在国外（如欧盟）开展业务时，同样会被纳入欧盟成员国的社会保障计划中，需要在成员国（比如法国）缴纳相当数量的社会保障税，如此必然会压缩印度跨国企业（雇主）的利润空间，削弱印度跨国企业（雇主）的国际竞争力。与此类同，一个美国跨国企业（雇主）在巴西开展业务，同样可能需要在美国和巴西两国分别缴纳相当数量的社会保障费用。

社会保障筹资是跨国企业劳动力成本的一部分，企业可能会因缴纳社会保险费而不得不提高产品的价格、维持利润空间。如果双重缴费，则可能会加倍增加跨国企业（雇主）的生产运营成本，给跨国企业（雇主）带来沉重的缴税（费）负担，从而压缩跨国企业（雇主）的利润空间，可能会削弱跨国企业（雇主）的国际竞争力，甚至影响跨国企业（雇主）的可持续发展。当然，企业也可能做出另外一种选择，即它可以通过降低职工的实际工资，把社会保险费转嫁到职工身上。倘若如此，已经面临双重缴费负担的跨国劳动者会陷入无法承受之困境。

二 社会保障管理成本问题

如前文所述，跨国企业（雇主）是经济全球化的重要推动力量，跨国企业（雇主）亦是社会保障标准和政策的重要推广者。然而，原籍国和东道国社会保障制度的差异,对跨国企业(雇主)寻求在全球范围内优化配置生产要素和规避法律风险的目的均会产生种种障碍。跨国企业(雇主)在开展海外业务的过程中需要面对各国社会保障标准和政策的差异,需要花费大量时间和精力去了解原籍国和东道国社会保障政策的差异,需要计算不同的社会保障缴费比例和制定不同的社会保障应对政策,这些因素无疑会增加跨国企业(雇主)的核算成本,给跨国企业(雇主)带来较大的成本负担。

以欧盟社会保障税负为例,欧盟成员国的(丹麦除外)社会保障税均由雇主和雇员共同负担。例如,在西班牙,公司必须为每位员工缴纳社会保障税,2015年,西班牙雇主实际税负达到29.9%,为所有欧盟国家中最高,法国达到27.5%,意大利达到24.3%,德国达到16.2%,而荷兰和丹麦等国家雇主实际税负在所有欧盟国家相对较低,分别只有8.9%和0.9%。[①] 由此可见,欧盟内部各个国家雇主的社会保障实际税负差异较大。而社会保障税负差异只是欧盟整体社会保障制度差异中的一小部分,欧盟成员国内部社会保障制度存在着较大差异,必然增加跨国企业(雇主)的核算和管理成本,一定程度上也会削弱跨国企业(雇主)的国际竞争力。

三 不当行为违法成本问题

跨国企业(雇主)通常是从事国际化生产和经营活动的巨型企业,其战略目标是以国际市场为导向的,其最大目的是追求全球利润最大化。出于追求利润最大化,有些跨国企业(雇主)利用其经济强势地位、跨国经营优势和便利等特点,在东道国实施避税甚至偷税漏税等行为,表现在社会保障领域就是跨国企业(雇主)采取各种手段少缴或者不缴应缴纳的社会保障税费。比如,有些跨国企业(雇主)采取策略规避向东道国税务机构或社会保障机构进行纳税或缴费申报,或者采取伪造、变造记账凭证,虚报跨国劳动者社会保障缴费基数,在多个跨国子公司之

---

① 刘曼:《欧盟社会保障税对就业的影响》,硕士学位论文,河北大学,2017年。

间转移利润或成本等手段，达到少缴或不缴社会保障应缴税费的目的。

跨国企业（雇主）的这类违规违法行为，尽管属于一种或然性行为，但对东道国来说，不仅有损其利益，而且会扰乱正常的经济和社会秩序。很多国家和地区都对跨国企业（雇主）偷税避税之类违规违法行为制定了严厉的处罚措施。一旦发生跨国企业（雇主）偷税避税等违法行为，就可能面临东道国的高额强制性罚款。对于跨国企业（雇主）而言，东道国的这种惩罚性措施既有损跨国企业（雇主）的国际形象和商誉，同时这种高额罚款作为违法成本，会计上也将计入成本。跨国企业（雇主）生产运营成本的增加，自然会在一定程度上压缩跨国企业（雇主）的利润空间，削弱跨国企业（雇主）的国际竞争力。

第三节　对原籍国利益的影响

一　人才流失

在全球化催生的跨国劳工移民浪潮中，人才流失问题一直以来是很多发展中国家面临的共同难题。与移民相关的国际组织通过跟踪研究发现，对于移民输出国特别是那些发展中经济体而言，大量受过大专教育的人口外流将会引起教育、投资和人力资本的损失，从而必然减慢发展中国家的经济增长。国际社会保障协会《关于扩大社会保障覆盖以惠及移民工人手册》所报告的数据表明："在阿富汗、波斯尼亚和黑塞哥维那、柬埔寨、刚果共和国、危地马拉、新西兰、葡萄牙和越南这些国家，受过大专教育的 25 岁或以上年龄的人口向经合组织国家的移民率高于 20%；在巴巴多斯、加纳、黎巴嫩和利比里亚，则高于 40%；而在加勒比地区，超过一半受过大专教育的成年人移民是很典型的。"[①]

---

① International Society Protection Association, *Handbook on the Extension of Social Security Coverage to Migrant Workers*, April 1, 2015, https://ww1.issa.int/sites/default/files/documents/publications/2-handbook-extension-migrants-26562.pdf.

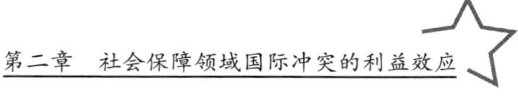

随着劳动者的跨国流动日益频繁和活跃，跨国劳动者的数量与日俱增。根据国际社会保障协会发布的报告，全球移民流动劳工人数从2013年的1.5亿人增加到2019年的1.69亿人，占全球劳工比例近4.9%。跨国劳动者在东道国参加工作并向社会保障基金缴纳税费多年，原籍国和东道国之间有无保护移民劳工社会保障权益的制度安排，对他们的利益影响甚巨。举例来说，德国与摩洛哥签订了社会保障双边协定，一个摩洛哥人在德国缴纳多年养老保险税（费），达到养老金领取资格后，无论其居住在德国还是返回摩洛哥，都有权同本国国民享受同等待遇，所领养老金并不会遭受扣除。但对于未与德国签署社会保障双边协定的阿尔及利亚人来说，养老金会遭受不同程度的扣减损失。①

如果原籍国和东道国没有签署社会保障双边协定，那么跨国劳动者无法自由转移社会保障权益，一旦返回原籍国，可能面临不必要的权益损失。20世纪90年代发生在智利和英国之间的移民事件就是一个典型的例子。20世纪90年代之前，智利国内政局动荡，经济社会发展受阻，很多智利国民以政治难民身份跨国流入其他国家寻找就业机会。其中有相当数量的移民劳工流入英国。1991年，智利政局稳定，在西方经济不景气的情况下，智利经济发展势头较好，很多在英国的智利人期望回国，但基于英国养老保险制度规定"男性缴费满11年，女性缴费满10年，可享受最低养老金"，不少智利人担心养老金利益受损最终放弃归国。②

诸多事实证明，如果社会保障缺乏便携性，势必会影响跨国劳动者尤其是中高端优秀人才的回流意愿，这样会使原籍国丧失更多的人力资本和投资资本，造成严重的人才流失，影响原籍国的经济发展。

二 削弱本国跨国企业国际竞争力

前文述及，受益于经济全球化的发展，资本等生产要素得以在全球

---

① 翁仁木：《解决跨国劳动力养老保险权益可携性问题的国际经验借鉴》，《西北人口》2010年第6期。

② [美] 罗兰德·斯哥等编：《地球村的社会保障——全球化和社会保障面临的挑战》，华迎放等译，中国劳动社会保障出版社2004年版，第208页。

范围内自由流动和优化配置，各国有越来越多的企业进军国际市场，将业务扩展到海外，成为业务遍及全球的跨国企业。反过来，跨国企业又是当前经济全球化的重要推动力量，而且是国际经济、国际贸易、科技普及中最活跃、最有影响力的全球化助推力量。

然而，劳动力在跨国流动过程中可能遭遇的社会保障国际冲突，对于劳动力输出国的跨国企业而言会产生削弱其竞争力的效果。因为跨国企业会面临双重缴费负担、社会保障管理成本增加等问题。一方面，劳动力输出国（原籍国）的跨国企业在拓展业务的过程中，会面临与本国跨国劳动者一样的社会保障双重缴费问题，即不但需要按照原籍国法律相关要求为跨国劳动者缴纳社会保障税（费），而且需要按照东道国法律规定为跨国劳动者缴纳社会保障税（费），沉重的缴税（费）负担会使跨境经营的生产运营成本显著增加，其提供的产品和服务可能在价格上失去竞争力。另一方面，原籍国和东道国社会保障制度的差异，对本国跨国企业优化配置资源和规避东道国异质文化传统可能引发的风险与法律制度上的障碍的目标产生种种阻碍。

在当今世界，国家之间的竞争固然是全方位的，但其中最重要的还是经济实力上的比拼。一个国家的经济竞争力最终又寄托在本国企业身上，双重缴税（费）负担连同高昂的社会保障管理成本，会让原籍国企业在竞争世界市场时遭遇挫折，最终会影响到原籍国的国家利益。

三　社会保障基金隐性损失

数量庞大的劳动者跨国就业、奔赴东道国工作，通常都被要求依照东道国法律缴纳社会保障税（费）。囿于社会保障之属地管理特性，跨国劳动者在国外就业期间不大可能被原籍国社会保障制度覆盖，即不可能向原籍国社会保障基金做出财务贡献。很多跨国劳动者出于"落叶归根"的传统观念，职业生涯结束后往往会选择返回原籍国。未来若跨国劳动者（尤其是退休时）选择回流其原籍国而社会保障利益又不能合法地随之转移的话，则意味着其社会保障待遇需要全部或部分由原籍国来负担。以巴基斯坦、斯里兰卡、孟加拉国等国为例，在与劳动力输入国之间未签署社会保障双边协定（以解决社会保障可转移性和便携性）的情况下，很多国家（原籍国）为满足回流本国的跨国劳动者的社会保障需要，单边性地建立一个针对跨国劳动者的专门福利基金，为跨国劳动者及其家属提供死亡、残障等保险待遇。

这种情况对原籍国来说是非常不利并且很不公平的，因为跨国劳动者的社会保障缴税（费）成了东道国的净收入，而原籍国在没有获得跨国劳动者的社会保障缴税（费）的情况下，却需要承担跨国劳动者的社会保障待遇支付。尤其是养老、医疗这种长期社会保障项目，跨国劳动者随着年龄的增加，养老与医疗需求也会逐步递增，这势必会增加原籍国的社会保障待遇支付额度，原籍国社会保障待遇支付面临较大的负担，其社会保障基金面临隐性经济利益损失。

可见，如果不能通过制度化的途径就跨国劳动者的社会保障权益转移做出规定，那么劳动力输出国（原籍国）将面临日益增加的巨大的社会保障支付压力。

第四节 对东道国利益的影响

一 非法劳工问题

东道国出于保护本国就业、提升本国劳动力技术水平的考虑，大多鼓励外资企雇用本地员工、对外籍劳工实施招工比例、工程、最低工资标准等限制性措施。在这种情况下，跨国劳动者尤其是中低技术水平的移民劳工在东道国的处境堪忧。他们的知识、技术水平偏低，只能从事建筑业和制造业等传统行业的低技术工作，经济收入相对较低。

此外，在没有原籍国和东道国双边社会保障协定覆盖的情况下，跨国劳动者即使参加工作地所在的东道国社会保障计划并缴税（费）多年，但受制于有些东道国签证的期限短和续签困难等因素，跨国劳动者往往无法达到东道国社会保障待遇领取条件，造成缴税（费）负担重与无法享受待遇的不公平窘况。因此，很多跨国劳动者为了逃避社会保障缴税（费），往往选择非正规就业。一些跨国劳动者甚至铤而走险，通过非法移民等手段来规避缴纳社会保障缴税（费），这部分跨国劳动者往往成为非法劳工。这势必会给东道国的社会治安和社会保障管理带来很大挑战。

以东盟为例，东盟成员国的大多数跨国劳动者是低技能工人，他们大都未接受过正规的职业技能培训。2014年一项针对在泰国工作的450名柬埔寨工人的研究表明，450名工人中只有2人上过柬埔寨职业培训学校，只有13%的工人具有柬埔寨服装厂工作经验，其余大多是农民。受访工人中的绝大多数受雇于建筑业、渔业、家政等行业，工作环境艰苦，再加上等待时间长、成本高等因素，很多移民工人不选择官方招聘渠道工作，从而成为非法劳工。[①]

国际社会的经验表明，社会保障双边协定可能是东道国解决非法劳工问题比较有效的手段。[②] 假如原籍国和东道国之间能通过签署双边协定为移民劳工提供社会保障覆盖甚至解决其社会保障利益的可携性障碍，跨国劳动者逃避社会保障缴税（费）的意愿和动机将大大降低，还能够促使他们自觉通过正规部门就业，同时也能减少非法劳工的数量，当然也有利于降低东道国社会治安管理和社会保障管理的压力。

二 社会倾销问题

"社会倾销"，是指国家通过降低社会福利和劳动就业保障水平增长幅度或防止该领域水平的上升等手段，以降低劳动力成本，从而提高本国经济的竞争力。社会倾销往往发生在后发的低收入国家，它们通过

---

① Naomi Hatsukano, "Improving the Regulatory and Support Environment for Migrant Workers for Greater Productivity, Competitiveness, and Social Welfare in ASEAN", *ERIA Discussion Paper Series*, 2015, pp. 2-6.

② Mariano Sana, Douglas S. Massey, "Seeking Social Security: An Alternative Motivation for Mexico-US Migration", *International Migration*, Vol. 38, No. 5, 2000, pp. 3-24.

降低劳动力成本来获得竞争优势，将廉价的产品出口到高收入国家，廉价产品和低成本竞争优势的一个主要代价就是降低该国劳动者的社会保障标准，劳动者的社会保障权益没有得到有效保护。

有关社会倾销问题的争论由来已久。早在欧洲经济共同体时期就引起很大关注，一种主流观点认为，只要各成员国之间有关社会福利标准和工作条件方面未能协调一致，那么相互之间的经济竞争就是一种扭曲的竞争。《罗马条约》（Treaty of Rome）第 117 款在一定程度上反映了人们对此问题的忧虑和担心。该款指出，必须"促进工人工作条件的改善和生活标准的提高，以便使各国在这两方面条件改善的过程中能够保持一致"。也就是说，应遵循"向高标准看齐"的原则。①

时至今日，越来越多的高收入国家担心，低收入国家利用低成本竞争优势将低于市场正常价格的产品销往高收入国家，同时也将其社会问题"倾销"到高收入国家，其后果就是就业机会从高收入国家逐渐流向低收入国家，有可能导致其产业"空心化"和社会福利损失等一系列不良后果；另外，低收入国家通过降低劳动者社会保障标准获得低成本竞争优势这种行为，容易引起其他国家的效仿，最终导致高收入国家也不得不降低劳动者工资和其他利益以使其价格结构更具有竞争力。

社会倾销实际上是经济全球化发展不平衡的产物。经济全球化发展不平衡使得南北差距不断拉大，财富分配两极化严重，富人更富，穷人更穷，资本地位不断提高的同时劳动者地位不断下降。这无疑会对跨国劳动者的社会保障权益造成巨大损害。各国必须在全球化治理的背景下解决"社会倾销"问题，加强国家间社会保障领域的合作，保护跨国劳动者的社会保障权益。归根结底，只有通过加强社会保障领域的国际协调与合作，才能避免一些国家通过降低社会保障标准的策略来获取不正当竞争优势，顺利解决"社会倾销"问题。

---

① ［美］罗兰德·斯哥等编：《地球村的社会保障——全球化和社会保障面临的挑战》，华迎放等译，中国劳动社会保障出版社 2004 年版，第 56、57 页。

三 对社会保障运营管理秩序的干扰问题

跨国劳动者为东道国提供了大量的中低端廉价劳动力，有利于降低东道国劳动力市场价格，刺激东道国的经济发展。然而跨国劳动者的大量入境，也会给东道国经济、社会甚至政治领域带来巨大冲击，产生负面影响。单就对东道国社会保障体系而言，可能带来如下多方面的冲击或影响。

首先，进入东道国的跨国劳动者规模日益庞大，对东道国社会保障系统运营管理冲击很大。东道国社会保障制度是否有能力覆盖所有跨国劳动者，跨国劳动者如何参保缴费，如何领取社会保障待遇，这些都是东道国面临的难题，增加了社会保障管理的难度，也考验着东道国的管理智慧。

其次，跨国劳工移民潮一般以中低技术劳工为主，他们的知识、技术水平偏低，只能受雇于建筑业、制造业等传统行业，经济收入相当有限，一旦发生工伤事故或患病，将使本就拮据的生活雪上加霜，这无疑会给东道国带来工伤保险和医疗康复等服务的供给压力。

再次，随着劳务跨国流动的日益频繁，跨国劳动者有可能成为某些流行性疾病的主要传播群体，流行病的传播对东道国医疗服务、社会救助提出了严峻的挑战。

最后，大量跨国劳动者进入东道国，在一定程度上挤占了本国居民的就业资源，有可能导致东道国失业率不断攀升，对东道国失业保险等制度带来前所未有的压力。

诸如此类的问题在相当大程度上对东道国社会保障体系及其运营管理秩序造成很大扰动。这也是现在很多传统移民国家开始收紧移民政策、提高外国劳动者入境工作门槛的重要原因所在。

第三章

国际社会协调合作解决
国家间社会保障冲突的法律实践

第一节 发达地区（国家）的法律实践与经验

一 欧盟的制度实践

（一）欧盟社会保障协调合作领域主要立法形式

19世纪末以来，社会保障制度对促进欧盟各成员国经济发展发挥了重要作用，各成员国相继建立并发展出高度发达的社会保障制度。但由于政治体制、经济发展水平、社会文化和风俗习惯等存在较大差异，再加上社会保障制度本身的属地管理特性，导致跨国劳动者的社会保障权益无法在成员国之间自由流动，从而产生了协调处理成员国之间社会保障冲突关系的现实需要。

欧盟很早便意识到社会保障壁垒和冲突的存在，制定了一系列的法律法规来解决社会保障协调问题。比如，1951年由法国、联邦德国、意大利等6个西欧国家签订的《巴黎条约》除建立欧洲煤钢共同体外，还明确规定各成员国的社会保障制度不得妨碍煤钢两大部门的劳动者在各成员国之间的自由流动。经过半个多世纪的发展和完善，欧盟逐渐建立了包括基础法律、次级立法和判例法在内的一整套社会保障协调规范体系，为解决跨国劳动者社会保障协调问题提供了强大的法律依据和保障手段。

第一，基础法律。欧盟通过制定类似于国家宪法的基础法律来保障成员国之间的社会保障协调合作。基础法律具有至高无上的法律地位和法律效力，并成为其他法律法规的参照依据和根本标准。基础法律主要由各成员国采取签订条约的造法形式产生，如《欧洲煤钢共同体条约》《欧洲经济共同体条约》《里斯本条约》等。这些条约中的社会保障条款为欧盟成员国内的跨国劳动者社会保障协调提供了重要的法律基础，同时也为社会保障协调次级立法和具体规定提供了法律依据。如《欧洲煤钢共同体条约》第69条第4款明确规定："成员国禁止对移民工人在劳动报酬和劳动条件有任何歧视，但不妨碍有关移民工人的特别措施；特别是成员国要注意在关于社会安全的规定不致阻碍劳动力的跨国流动。"① 《欧洲经济共同体条约》第118条指出："在不影响本条约的其他规定的前提下以及按照本条约所规定的总目标，委员会的使命在于促进各个成员国在社会领域的密切合作，特别是在就业、职业培训和深造、社会保险、工伤和职业疾病、公共卫生、工会的权利以及雇主和劳动者之间的集体谈判等方面的合作。"②

第二，次级立法。对于欧盟成员国之间的社会保障协调合作问题，基础法律仅仅提供了制度框架和法律基础，只是原则性规定，不够细化，可操作性不强。有鉴于此，欧盟出台了许多次级立法，这些次级立法通常以条例（Regulations）的形式发布，提高了社会保障协调领域法律法规的实际可操作性。条例由欧盟理事会和欧洲议会共同通过或由欧盟委员会单独通过，具有普遍适用性。即条例直接适用于各成员国，当其生效后立即作为国内法在所有成员国生效，具有法律约束力，不需要成员

---

① 戴炳然：《欧洲共同体条约集》，复旦大学出版社1993年版，第42页。引自 Roberts S.，"'Our View Has Not Changed'：The UK's Response to the Proposal to Extend the Coordination of Social Security to Third Country Nationals"，*European Journal of Social Security*，Vol.2，No.2，2000，pp.189-204。

② 李凌云：《欧盟社会保障法律冲突的协调机制》，《上海劳动保障》2003年第20期。

第三章 国际社会协调合作解决国家间社会保障冲突的法律实践

国国内立法机关采取其他措施，如 1971 年第 1408/71 号关于适用于薪金雇员和自由执业者及其家属在共同体内流动的社会保障制度的条例（Regulation 1408/71 of the Council of the European Economic Communities）。在条例之外，次级立法还有一种重要的法源形式，即指令（Directives）。它由欧盟理事会和欧洲议会共同通过或由欧盟委员会单独通过。和条例相比，指令只有在被成员国转换成国内法的情况下才具有约束力，且经常具有方向性即仅适用于所指向的成员国，如 1978 年欧盟关于社会保障方面平等待遇的第 79/7 号指令（EU Directive 79/7/EEC）。

为了增强跨国劳动者社会保障权益的流动性，减少各成员国社会保障制度属地管理特性的阻碍，欧共体于 1958 年制定并出台了欧共体第 3/1958 号条例和欧共体第 4/1958 号条例。这些条例是社会保障协调领域最早的次级立法，也是最早的社会保障协调法令。这些条例将赚取薪酬的劳动者纳入协调范围，开始时适用范围相对较窄，经过多次修订，其协调范围逐步放宽，有效维护了成员国跨国劳动者的社会保障权益。为了解决新的现实问题，弥补之前条例的不足，20 世纪 70 年代初，欧盟理事会通过了第 1408/71 号条例和第 574/72 号实施条例，这些条例对社会保障协调的主要领域，包括主要原则、适用范围、保障项目、合作方式以及待遇支付等进行了明确界定，让社会保障协调的覆盖范围进一步扩大至那些不在本国居住的跨国劳动者和边境劳动者，而且基本涵盖了国际劳工组织第 102 号公约规定的九大项社会保障项目，即疾病、生育、残疾、老年、遗属、工伤和职业病、死亡、失业、家庭救济。第 1408/71 号条例和第 574/72 号实施条例大力推动了欧盟成员国之间的社会保障协调合作，在社会保障协调领域具有里程碑式的重要意义。它们于随后几十年中一直在欧盟社会保障协调领域发挥着重要作用，前后共经过多达 39 次修订。如此频繁的修订，使得这些条例日益繁杂，可操作性越来越差，执行成本却越来越高。为实现条例的简化和现代化，欧盟理事会于 2010 年出台了第 883/2004 号条例（2010 年 5 月 1 日生效，已取代 1971 年 10 月 1 日生效的第 1408/71 号条例）和第 987/2009 号实施条例。这让欧盟社会保障协调出现了较大程度的变化,① 新条例对覆盖人群和项目范围均有一定程度的扩展,如将覆盖人群扩展至第三国国民,将退休前救济等纳入项目范围,而且还强化了部分社会保障协调的一些主要原则,如非歧视原则、参保时间累计原则等。

第三,判例法。作为欧盟社会保障协调的补充法律,判例法起到了不可或缺的作用。随着欧盟跨国劳动者人数越来越多且流动越来越频繁,随之出现的问题也更加复杂,很多新问题依据现有的基础条约和次级立法难以有效应对和解决。欧盟法院(The Court of Justice of the European Union)在解决社会保障协调新问题方面发挥了非常关键的作用,欧盟法院不仅要监督欧盟各成员国实施基础条约和次级立法的情况,也要直接处理跨国劳动者社会保障权益方面的纠纷。欧盟法院对跨国劳动者社会保障权益纠纷的判决结果会成为此后处理同类案件的具有法律效力的判例法,并且对欧盟各成员国都具有法律约束力,各成员国都必须严格遵守。判例法作为一种有效补充,完善了欧盟社会保障协调法律规范体系,保障了跨国劳动者的社会保障权益,促进了欧盟各成员国之间的社会保障协调。

(二) 欧盟创设的社会保障协调合作机制

欧盟早在20世纪50年代就开启了经济一体化的进程,实现商品、资本、服务和人员在欧盟各成员国之间自由流动,是欧盟经济一体化的基本内容,也是欧盟建立"统一大市场"追求的政策目标。其中,人员尤其是劳动者的自由流动非常重要,但较之商品、资本、服务的自由流动也更加困难。

囿于社会保障制度的属地管理特性,各成员国的社会保障制度不尽相同,而且各成员国往往都设置了较多壁垒或条件以保护本国劳动者的社会保障权益,社会保障壁垒和制度障碍严重妨碍和制约了劳动者的自

---

① Paskalia V., "Co-ordination of Social Security in the European Union: An Overview of Recent Case Law", *Common Market Law Review*, Vol. 46, No. 4, 2009, pp. 1177-1218; Van Overmeiren F., *General Principles of Coordination of Social Security: Ruminating ad Infinitum*? EUSA 2009 Biennial Conference, 2009, pp. 1-41.

由流动。为打破社会保障壁垒和制度障碍，促进劳动者的自由流动，需要解决两大关键问题：一是跨国劳动者从某一成员国流动到另一成员国是否仍然能够获得平等的社会保障待遇；二是跨国劳动者从某一成员国获得的社会保障权益在流动到另一成员国后会不会丧失。

为了解决事关跨国劳动者切身利益的这两大关键问题，理论上说，欧盟有两种主要的路径可供选择，即统一（Harmonization，或称一体化）路径和协调（Coordination）路径。第一种解决途径，是采取统一的方式，即欧盟通过建立统一的社会保障制度和法律规范取代各成员国的社会保障制度和法律规范，实现跨国劳动者的自由流动。第二种解决途径，是采取协调的方式，即欧盟尊重和保留各成员国社会保障制度和法律规范，通过制定各成员国必须遵守的基本原则和规范，来减少个别成员国社会保障制度对跨国劳动者社会保障权益的不利影响。各成员国在遵守基本原则和规范的前提下，仍有权自主决定覆盖范围、保障项目、缴费标准和待遇支付等社会保障领域各方面的具体内容。

由于各成员国在社会保障领域坚持"本国内政"立场，不希望欧盟过多介入本国社会保障事务，欧盟权能也相对有限，种种因素导致欧盟难以介入各成员国的社会保障制度；再加上各成员国经济社会发展水平和社会保障水平具有巨大差异，建立统一的社会保障制度实在不易。因此，欧盟最终选择了协调的途径，即通过建立一个超越成员国的机制，加强各成员国社会保障协调，促进跨国劳动者在欧盟范围内的自由流动，此即欧盟社会保障协调合作机制。具体言之，即欧盟在尊重和保留各成员国社会保障制度和法律规范的基础上，通过基础法律、次级立法、判例法等法源形式，确定各成员国在涉外社会保障领域必须遵守的基本原则和规范，加强各成员国社会保障协调，以有效保护跨国劳动者的社会保障权益并促进跨国劳动者的自由流动。

（三）欧盟解决社会保障国际冲突的基本制度

如前文所述，欧盟经过激烈博弈最终采取了协调而非统一的方式，以谋求实现商品、资本、服务和人员在欧盟各成员国之间自由流动即欧盟经济一体化的政治目标。具体实践层面上，即制定各成员国必须遵守的基本原则和制度规范，用于协调处理各成员国社会保障制度上的国际冲突，保护自由流动的跨国劳动者的社会保障权益。

欧盟确立并要求成员国必须遵守的协调原则，主要包括"平等待遇原则""单一国家原则""聚积原则""社会保障待遇可输出原则"等，① 具体如下。

第一，"平等待遇原则"。又称不歧视国籍原则，是最基本且最重要的一项原则。第1408/71号条例第3条第1款对"平等待遇原则"进行了明确规定："在欧盟境内居住且适用本条例的个人享有与该国国民同等的福利和义务。""平等待遇原则"有效防止了欧盟成员国对跨国劳动者的歧视和不平等对待。这种歧视主要包括显性歧视和隐性歧视两种类型。② 显性歧视是指本国劳动者和跨国劳动者适用的社会保障法律要求不尽相同，跨国劳动者往往需要比本国劳动者缴纳更多的社会保障税（费）。隐性歧视是指虽然并没有明确的规定，但是跨国劳动者在福利待遇领取过程中会遭受一定程度的利益损失，比如有些国家的法律要求必须在本国居住一定年限才能申请领取某项社会保障待遇，而跨国劳动者由于流动性和不确定性大等原因较难满足这项要求，跨国劳动者无形之中遭遇到了不平等对待。"平等待遇原则"要求各成员国平等对待跨国劳动者，不得设置任何障碍损害跨国劳动者的社会保障权益，具有普惠性质。

第二，"单一国家原则"。"单一国家原则"是指对于跨国劳动者来说，同一时间内只能参加某一成员国的社会保障制度，不能同时被两个或多个成员国的社会保障制度覆盖。各成员国的社会保障制度差异较

---

① ［英］凯瑟琳·巴纳德：《欧盟劳动法》，付欣译，中国法制出版社2005年第2版，第322—329页。

② Nickless J., Siedl H., *Coordination of Social Security in the Council of Europe: Short Guide*, Council of Europe, 2004; Fick B., Flechas A., "Social Security for Migrant Workers: The EU, ILO and Treaty-based Regimes", *International Law: Revista Colombiana de Derecho Internacional*, No.9, 2007, pp.45-86.

大,有些成员国将拥有本国国籍作为参保资格,而有些成员国则将居住期限或者是否在本国就业作为参保条件,使得跨国劳动者可能面临社会保障双重缴费或者双重缺失的问题。"单一国家原则"可以确保跨国劳动者享受到社会保障待遇的权利。

第三,"聚积原则"。又称"期限累加原则",跨国劳动者由于具有较大的流动性和不确定性,往往会选择在多个国家参加工作并参与该国社会保障计划,而很多国家对社会保障缴费年限、资格条件等规定最低期限,只有达到最低期限才能获取待遇领取资格,然而很多跨国劳动者难以满足相关要求。因此,欧盟社会保障协调法令引入"期限累加原则"来解决这个问题。"期限累加原则"强调在审核跨国劳动者社会保障待遇领取资格时,必须将跨国劳动者在所有成员国工作与参保期限进行合并计算,以保障跨国劳动者获得足额社会保障待遇,避免社会保障利益损失。例如,第1408/71号条例规定"期限累加原则"广泛应用于养老、死亡抚恤、失业保险、疾病保险等社会保障项目。[①]

第四,"社会保障待遇可输出原则"。由于欧盟各成员国社会保障制度的属地管理特性,只有在本国居住的劳动者才有权申领社会保障待遇,离境后即不能领取。这样的规定容易损害跨国劳动者的社会保障权益。因此,欧盟社会保障协调法令通过引入"社会保障待遇可输出原则",要求各成员国保证跨国劳动者在离开该国时其社会保障权益不受损害,并且确保跨国劳动者在本国应该享有的福利待遇能够在他国全部获取。"社会保障待遇可输出原则"解决了跨国劳动者分时段分地区参保的权益保障问题。

上述原则被公认为是欧盟社会保障协调机制的基本支柱。除此之外,学术界有人认为欧盟社会保障协调机制还包括其他一些原则,如"工作地原则"。"工作地原则",强调将工作所在地作为跨国劳动者参加社会保障计划的依据,亦即欧盟采用"工作地原则"来解决跨国劳

---

① "Council Regulations (EEC) No. 1408/71", *The Law Relating to Social Security*, No. 9, 2001.

动者应该被哪国社会保障制度所覆盖的问题。对于那些在一段时间内频繁在两个或者多个国家跨境工作的跨国劳动者，欧盟也基于"工作地原则"做了具体规定，全面保障了跨国劳动者的社会保障权益。

在确认如上基本原则的基础上，作为这些原则的落实措施，欧盟还建立了"暂时冻结""分别支付""比例支付""最后接管"等一系列具体的操作规范，为解决跨国劳动者社会保障协调问题提供强有力的制度保障。

整体而言，欧盟创设的社会保障协调合作机制极具"协调"特色。无论是社会保障协调合作方面的立法成就，还是实践成效与经验，欧盟在全球范围内都是领先的，值得包括中国在内的国家参考借鉴。

二 美国的实践与经验

（一）美国涉及社会保障国际合作的国内立法和国际协定概况

无论是商品贸易、服务贸易，还是资本自由流动，在经济全球化所涉及的几乎所有领域，美国都扮演着推动者和引领者的角色。美国跨国公司的数量、规模、国外生产和销售额均居世界之首，劳动者跨国流动较其他各国更加频繁。可是，同样囿于社会保障制度的属地管辖特性，美国跨国劳动者和跨国企业等经常面临社会保障国际冲突所带来的双重缴费、双重覆盖缺失、便携性损失、竞争力下降和高昂的社会保障管理成本等问题。为有效解决这些问题，从而最大限度地减少美国跨国劳动者和跨国企业等的利益损失，美国政府积极推动了国内立法和签署社会保障双边协定的进程。

其一，在国内立法方面，为了推动美国的社会保障国际合作进程，有效保障美国跨国劳动者的社会保障权益，1977年美国国会通过了《社会保障法》修正案，在接受国会审议的前提下，美国政府被授予与其他国家签署社会保障双边协定的权利，该法案第233（E）条提出，政府要向国会提交社会保障双边协定文本和一份评估报告，评估报告的内容包括美国政府准确测算的受益人数以及双边协定对社会保障财政的影响程度,[①] 签署的双边协定待国会审议通过 60 天后方可生效。该项法案加速推动了美国与其他国家签署社会保障双边协定的进程。

其二,在签署社会保障双边协定方面,随着美国跨国企业投资规模日益扩大以及跨国劳动者流动日益频繁,美国跨国劳动者的社会保障权益遭受了不同程度的损失。这引起了美国政府的高度重视,美国政府开始积极寻求社会保障国际合作,先后与 15 个经贸往来密切的国家签署了《友好通商航海条约》或者《军事和经济关系条约》,[②] 这些条约均对美国跨国劳动者的社会保障问题做了一些规定,一定程度上维护了跨国劳动者的社会保障权益。但是,随着社会保障双重缴费、双重覆盖缺失以及待遇支付不便等问题日益严重地影响到跨国劳动者的社会保障权益,跨国企业的国际竞争力也因此削弱,原有的条约已难以应对这些矛盾和冲突。为此,美国开始与其他国家谈判订立专门的社会保障协定。1973 年美国首先与意大利签署了社会保障双边协定,真正拉开了美国开展社会保障国际合作的序幕。1973—2018 年,美国先后与意大利、英国、法国、日本、巴西等 28 个经贸往来密切的国家签署了社会保障双边协定,覆盖的范围包括养老、残障、遗属等社会保障项目,有力保障了美国跨国劳动者和跨国公司的社会保障权益。

(二) 美国制度实践的特色经验

美国政府积极推动国内涉外社会保障立法和签署社会保障双边协定,不但有效维护了绝大多数跨国劳动者的社会保障权益,而且强化巩固了与其他国家的经贸往来关系。美国在此领域的一些立法、协定与政

[①] Nuschler D., Siskin A., "Social Security Benefits for Noncitizens: Current Policy and Legislation", *Congressional Research Service*, Library of Congress, 2007.

[②] 与美国签署《友好通商航海条约》的 14 个国家分别为(括号内时间为签署年份/生效年份):意大利(1948/1949)、乌拉圭(1949/)、爱尔兰(1950/1950)、希腊(1951/1954)、以色列(1951/1954)、哥伦比亚(1951/)、丹麦(1951/)、日本(1953/1953)、联邦德国(1954/1956)、海地(1955/)、尼加拉瓜(1956/1958)、荷兰(1956/1957)、韩国(1956/1957)和巴基斯坦(1959/1961)。与美国签署《军事和经济关系条约》的国家是越南,条约签署年份和生效年份皆为 1961 年。

策实践极具特色,具体体现在以下几方面。

其一,采取多元化的方式促进社会保障国际合作。每个国家都关注并侧重于保护本国公民的社会保障权益,但在社会保障国际合作中应该根据实际情况合理协调,以多元化的合作方式来保障本国跨国劳动者的社会保障权益。因为跨国劳动者的情况各不相同,有的属于外派劳工,只是短期在某个国家工作,有的则是长期在某个国家工作,更有一些跨国劳动者经常往返于多个国家。美国在与其他国家开展社会保障国际合作时,通过采用社会保障参保时间累积计算、社会保障待遇按比例支付、社会保障费用返还以及互免缴费等多元方式或政策工具,尽可能拓宽跨国劳动者社会保障权益的保护范围。目前,中国签署的社会保障双边协定仅限于采取社会保障费用互免的方式,而较少涉及其他方式,美国的经验做法值得中国积极借鉴。

其二,优先加强与经贸往来关系密切国家的社会保障国际合作。社会保障国际合作往往需要经过漫长的谈判和协商才能达成一致,因此,依托本国优势,优先考虑加强与经贸往来关系密切国家的社会保障国际合作更容易成功,也更容易看到实际效果,能够在更大程度上保障本国跨国劳动者和跨国企业的社会保障权益。美国在海外的跨国劳动者人数众多,遍布全球 160 个国家和地区。美国政府在选取合作对象时主要考虑标准资经贸往来是否密切,选择经贸往来密切的国家,一方面可以增加谈判筹码,推动双边协定尽快达成;另一方面也尽可能覆盖大部分的跨国劳动者,尽可能保障大部分跨国劳动者和跨国企业的社会保障权益。截至 2018 年,美国虽然仅与 28 个国家签署了社会保障双边协定,但取得了很好的效果,覆盖了较大部分的跨国劳动者,有效保障了本国海外跨国劳动者和跨国企业的社会保障权益。

其三,充分发挥经贸政策在社会保障国际合作中的促进作用。自1948 年以来,美国政府先后与 15 个经贸往来密切的国家签署了《友好通商航海条约》或者《军事和经济关系条约》。这些经贸条约很早就触及社会保障国际合作的有关方面,为后来有效推动美国与其他国家签署社会保障双边协定铺垫了基础。劳动者出国工作本就是经贸合作的一个方面,加强经贸政策的引导有利于促进社会保障国际合作,有利于保障跨国劳动者的社会保障权益。

第二节 发展中国家的探索与经验

一 印度的探索与经验

(一) 印度涉及社会保障协调合作的国内立法和国际协定概况

作为新兴的发展中大国,印度一直把谋求大国地位作为国家的战略目标,早在印度独立前,国大党领导人贾瓦哈拉尔·尼赫鲁就提出印度要成为有声有色的大国。印度独立后,大国战略成为印度政府外交政策最突出的特色。为了实现这一目标,印度必须充分发挥本国的各种优势。作为人口数量居世界第二的国家,丰富且年轻的劳动力资源是印度的优势之一,加之印度在信息技术、卫生医疗和财务管理等领域的建设卓有成效,培养了一批又一批优秀的专业人才,获得了世界声誉。在诸此条件下,劳动者跨国工作遂成为印度推动经济发展和实现国家战略目标的重要方式。

但是,随着大量劳动力进入他国就业,印度跨国劳动者的社会保障权益受损情况越来越严重,为了妥善处理这一问题,印度于 2004 年设立海外印度人事务部 (Ministry of Overseas Indian Affairs, MOIA),专门负责海外印度人社区服务、对外移民和劳工保护等社会保障国际合作相关事宜。

在印度政府的积极推动下,2006 年印度与比利时达成共识,签署了该国有史以来第一份社会保障双边合作协定。2007 年,印度又启动了与法国在社会保障国际合作方面的谈判工作。[1] 为了保障当时在法国

---

[1] Liz Mathew, "India to Sign Bilateral Social Security Pact with France", *Silicon India News*, September 19, 2008.

就业的28万多名印度跨国劳动者的社会保障权益,印度政府充分利用本国巨大的消费市场和法国急欲开拓海外市场的需求(当时法国在印度市场占据的份额很低,仅有1.8%,法国迫切希望尽快开拓印度市场),推动印法两国谈判加速进行。2008年9月30日,两国正式签署了社会保障双边协定,协定自2011年7月1日开始生效。

为了促进印度与其他国家的社会保障协调合作,提升双边协定签署的成功率,印度政府开始对本国的社会保障法律法规进行修订和完善。2008年,印度对《雇员公积金计划》和《雇员养老金计划》进行修订,继续扩大社会保障覆盖范围,并且将他国劳动者在印度的社会保障权益问题纳入覆盖范围。① 自此以后,他国劳动者在印度就业必须缴纳社会保障费用,而不像从前可以自由选择。他国劳动者要想免除在印度缴纳社会保障费的义务,只有在两国签署社会保障双边协定的情况下才能实现。这无疑推动了其他国家与印度签署社会保障双边协定的进程。根据修订后的法律,在印度缴纳社会保障费的他国劳动者年满58岁或者身患残疾才能申请领取他们缴纳的雇员公积金费用,而与印度达成社会保障协定的国家的劳动者在离开印度时可以自由领取相关费用。② 这些国内法上的规定大幅促进了印度社会保障国际合作的发展,助推印度政府在很短时间内先后与全球19个国家达成一致,成功签署社会保障双边协定。

(二)印度的特色经验

印度政府充分利用经贸利益杠杆等优势,强化本国在社会保障协定双边谈判中的地位,强势主导推动社会保障国际合作进程,促进社会保障双边协定的顺利签署,有效维护了绝大多数跨国劳动者的社会保障权益。印度政府的实践经验颇具特色,值得借鉴,主要体现在以下几方面。

---

① Spiegel B., *Analysis of Member States' Bilateral Agreements on Social Security with Third Countries*, European Commission, December, 2010.

② Vikas Vasal, "Time for Indo-US Social Security Pact", *The Financial Express*, February 24, 2015.

其一，政府强势主导和推动社会保障国际协调合作。政府的积极态度对社会保障国际协调合作的发展起着至关重要的作用，由于从发展中国家进入发达国家就业的劳动者数量是从发达国家进入发展中国家的劳动者的数十倍，双方跨国劳动者数量和缴纳的社会保障费都相差极大，使得发达国家不太愿意，更不会主动与发展中国家开展社会保障国际合作。印度政府充分认识到社会保障协调合作的重要性和复杂性，并基于海外印度人数量众多、分布极广的现实，一直致力于推进社会保障的国际协调合作。印度政府于 2004 年成立了专门的机构负责社会保障国际合作事宜，充分利用本国优势，为谈判增加筹码。从 2006 年成功签署第一份社会保障双边协定至今，短短十几年时间就陆续与全球 19 个国家达成一致。在这个过程中，印度政府的强势主导作用功不可没。

其二，对外谈判订约宗旨很明确，即侧重原籍国角色和出境跨国劳动者保护。社会保障国际协调合作，从本质上来看是国家之间的利益博弈过程。由于发达国家在海外的劳动者数量远小于入境劳动者数量，从而占据了优势地位，使得发展中国家与之进行社会保障双边谈判费时费力。发展中国家必须侧重原籍国角色，从本国社会保障法律出发，将在本国就业的外籍劳动者强制纳入社会保障覆盖范围，以此来增加谈判底气和改变双方不平等地位。印度就是采取这样的强制措施，使得外籍劳动者的原籍国重视与印度的社会保障协调合作。除此之外，印度还抬高门槛，提升外籍劳动者领取社会保障待遇的条件要求，使得只有与印度签署社会保障双边协定的国家的公民才能免除相应的义务。同时，印度还致力于保护出境跨国劳动者的社会保障权益，因为印度是人口大国，劳务输出是其主要的经贸方式，加强对跨国劳动者的保护有利于稳定就业市场，提升劳动者以及跨国企业的国际竞争力。

其三，充分利用发展中大国独有的经贸利益杠杆。社会保障国际合作面临着较大的利益差异，跨国劳动者流动往来不均衡给谈判过程带来了巨大障碍，严重影响了谈判的顺利进行。而印度充分利用大量优质劳动力资源和巨大的潜在消费市场资源等发展中大国独有的优势，积极撬动利益杠杆，增强了发达国家与其开展社会保障协调合作的意愿，促进了社会保障双边协定的成功签署。在与法国的社会保障双边谈判中，印度政府就有效利用了法国想要在印度开辟海外市场的强烈意愿，同时，通过双方的经贸合作补平法国在对印社会保障双边协定中的利益损失，法国获得利益补偿，因此乐意与印度签署社会保障双边协定。印度的经验表明，积极发挥本国的优势，找到双方利益的平衡点是发展中国家与发达国家成功开展社会保障协调合作的关键所在。

二 菲律宾的探索与经验

（一）菲律宾的对外社会保障合作协定现况

菲律宾是全球劳务输出大国，政府将劳务输出作为国家经济发展战略的一个重要组成部分。菲律宾从中央到地方设立了一整套专门的组织和协调机构，形成了完整的劳动力跨境就业管理体系：在劳工和就业部，设有海外就业管理局、海外劳工福利管理局和培训中心（地方政府设立有相对应的机构）；在外交部，设有海外劳工法律协助办公室，驻外使领馆有劳工事务参赞和秘书。这些机构的主要任务是配合政府促进海外就业事务，招募和培训劳工，为境外就业人员提供法律咨询、律师辩护、汇款、贷款、救济等服务。[1]

随着菲律宾劳务输出规模的扩大，其跨国劳动者因社会保障国际冲突而遭遇的社会保障权益受损情况也随之增加。菲律宾政府高度重视这一问题，并且采取积极措施，加强对外社会保障合作。20 世纪 70 年代末，菲律宾政府就开始与跨国劳动者的主要就业国进行社会保障双边谈判，但由于双方跨国流动劳动者数量差异太大而遭到拒绝，谈判也屡屡失败。[2] 在

---

[1] 钱晓燕：《全球化背景下的中国劳动力跨境就业研究》，博士学位论文，南开大学，2009 年。

[2] Gonzalez J. L., "Domestic and International Policies Affecting the Protection of Philippine Migrant Labor: An Overview and Assessment", *Philippine Sociological Review*, Vol. 44, No. 1, 1996, pp. 162-177.

第三章 国际社会协调合作解决国家间社会保障冲突的法律实践

此之后,菲律宾政府充分利用本国人力资源在一些领域拥有出众的技能、能流利地使用英语而且适应能力较强的优势,① 并且积极采用国际劳工标准,尽力与国际接轨,② 增加了在社会保障双边协定谈判中的筹码,加快了对外社会保障合作进程。

通过不断努力,1980 年,菲律宾成功与奥地利签署了本国历史上第一份社会保障双边协定。之后,菲律宾又先后与英国、西班牙和法国签署了社会保障双边协定。从 1980 年至 2015 年,菲律宾先后与奥地利、英国、西班牙、法国、加拿大、比利时、荷兰、瑞士、希腊、以色列、葡萄牙、德国、瑞典以及日本等 15 个发达国家和地区签署了社会保障双边协定,并启动了与美国、意大利、澳大利亚以及韩国等国家的社会保障双边谈判进程。③

从社会保障协定覆盖的保险项目看,菲律宾签署的社会保障双边协定主要涉及老年、残障和遗属三项长期缴费型社会保障项目,因为这些项目可携性强,权责统一,便于开展。从国家分布来看,菲律宾主要与欧洲、北美洲以及亚洲的部分发达国家开展了对外社会保障合作。需要注意的是,有较多菲律宾跨国劳动者的海湾国家则迄今没有和菲律宾达成任何协议,这是由于海湾国家的社会保障制度明确提出外籍劳动者不在其保护范围。④

此外,还值得一提的是,在上述对外社会保障合作协定路径之外,菲律宾还为那些在国外无法获得社会保障的本国劳动者提供保护,主要包括设立海外劳动者自愿参加的保险计划以及出国劳动福利基金,为出

---

① Go Stella. P., "Fighting for the Rights of Migrant Workers: The Case of the Philippines", *Migration for Employment: Bilateral Agreements at a Crossroad*, 2004, pp. 187-202.
② Battistella G., Asis M., *Country Migration Report: The Philippines* 2013, Interna-tional Organization for Migration, 2013.
③ 谢勇才:《中国社会保障国际合作研究》,社会科学文献出版社 2018 年版,第 419—420 页。
④ Sabates-Wheeler R., Koettl J., "Social Protection for Migrants: The Challenges of Delivery in the Context of Changing Migration Flows", *International Social Security Review*, Vol. 63, No. 3, 2010, pp. 115-144.

国就业的劳动者及其家属提供具有托底性质的普惠性保护。①

(二) 菲律宾的特色经验

菲律宾政府充分利用本国人力资源技能、语言、适应能力方面的优势，并且力图与国际接轨，积极采用国际劳工标准，从而增强本国在社会保障双边谈判中的优势，推动社会保障双边协定的顺利签署，有效维护了绝大多数跨国劳动者的社会保障权益。菲律宾政府的实践经验颇具特色，主要体现在以下几方面。

其一，立足本国国情推动社会保障国际协调合作。在社会保障国际协调合作过程中，发展中国家往往处于不利地位。跨国劳动者的不对等往来使得发达国家可以收缴相当多的社会保障税（费），而签署社会保障双边协定意味着发达国家的利益有可能遭受不同程度的损失。作为既得利益者，发达国家更倾向于拒绝与发展中国家的谈判。菲律宾也同样面临这种情况，但菲律宾政府并未因此懈怠和放弃，而是立足本国国情，充分利用本国各种资源，全力挖掘自身优势，完善社会保障法律法规，以此来推动社会保障国际协调合作。起初，美国、日本等发达国家直接拒绝了菲律宾政府的诉求，相关谈判工作只能搁浅，随后菲律宾政府转变了思维、优化了策略，将目光由原来的本国劳动力主要就业国转为有合作意愿并有本国劳动力的国家，且充分利用本国广阔的市场和充足的高素质劳动力资源，最终取得了重大突破，陆续与多个国家签署了社会保障双边协定。

其二，积极靠拢国际劳工标准、排除国际合作障碍。国际劳工组织是以保障劳工权益为宗旨的权威性国际机构，国际劳工组织制定的国际劳工标准（国际劳工公约和建议书）被很多国家认可和接受，有些国家甚至将其作为制定本国社会保障制度的重要依据。国际劳工公约和建议书确立的国际劳工标准逐渐成为国际通用标准，具有较强的权威性。菲律宾政府充分认识到，积极向国际劳工标准靠拢可以有效排除社会保

---

① Sabates-Wheeler R., Waite M., "Migration and Social Protection: A Concept Paper", *Journal of Analytical Atomic Spectrometry*, Vol.12, No.12, 2010, pp.1105-1110.

障国际合作中的障碍,因此,从 1953 年到 2005 年,菲律宾政府先后批准了《男女工人同工同酬公约》《消除就业和职业歧视公约》《最低就业年龄公约》《废除强迫劳动公约》等 8 项国际核心劳工公约。① 通过批准国际劳工公约,积极与国际接轨,减少社会保障国际合作的障碍,有效推动了菲律宾社会保障国际合作进程。

其三,通过国际协定与国内立法双轨制化解跨国劳工的社会保障困境。菲律宾向全球 194 个国家和地区输出劳务人员,是世界上重要的劳务输出国。有数据显示,菲律宾 2013 年的跨国劳动者数量占其人口总数的 10.4%,并且这个比例长期保持在 10%—11%,② 大量的菲律宾跨国劳动者出现了不同程度的社会保障权益受损情况。这不仅仅需要政府积极开展社会保障国际合作,更需要出台其他政策来保障跨国劳动者的权益不受损害。如前文所述,菲律宾迄今也仅仅与少量的发达国家签署了社会保障双边协定,在这种情况下,菲律宾政府一方面继续争取在社会保障国际协调合作中取得进展,另一方面也积极履行宪法和法律规定的国家义务,通过设立海外劳动者自愿参加的保险项目以及出国劳动福利基金来进一步保障出国劳动者的社会保障权益。这些积极举措获得了本国跨国劳动者的拥护,解除了劳动者的后顾之忧,提高了劳动者跨国工作的意愿和动力。菲律宾政府通过国内法律与政策支持和寻求国际协调合作两种途径为跨国劳动者社会保障权益提供保护的实践经验,值得发展中国家积极借鉴。

第三节 国际协调合作解决国家间社会保障冲突的基本路径

由前文可知,跨国劳动者在经济全球化背景下所遭遇的社会保障国

---

① 参见国际劳工组织官网,http://www.ilo.org/。
② "Filipinos Stock Estimate of Overseas Filipinos", http://www.cfo.gov.ph/program-and-services/yearly-stock-estimaion-of-overseas-filipinos.html.

际冲突问题（连同包括雇主企业在内的各利益主体之间的利益博弈问题），已经是一个具有全球普遍性的问题并且引起了世界各国的关注。各国政府乃至国际社会都开始直面冲突并着手通过国际协调与合作的方式来解决这一难题。就国际社会（包括各主权国家和国际组织等）迄今为止所做的积极探索和实践经验看，社会保障国际协调与合作的基本路径可以概括为如下两种。

其一，通过缔结多边国际公约（或协定）来协调解决社会保障国际冲突。

多边国际公约（或协定），又可以分为全球性的国际公约（或协定）与区域性的国际公约（或协定）。全球性国际公约的范例，首推国际劳工组织主持制定的多份社会保障公约。如国际劳工组织主导产生的1952年《社会保障（最低标准）公约》（第102号公约）、1962年《本国人与外国人社会保障同等待遇公约》（第118号公约）、1962年国际劳工组织大会通过的关于社会政策基本目标和准则的公约（第117号公约）。[①] 第118号公约第3条第1款约定："本公约生效的会员国，应就其已接受本公约义务的各类社会保障，在覆盖范围和津贴权利方面，在其领土上，对本公约生效的其他会员国的国民，根据立法，给予与本国国民同等的待遇。"第117号公约在其第8条直接针对"移民工人"的社会保障利益的保护做出如下规定："第一，当某一地区在另一行政管辖的国家招募劳动力时，有关各国的主管当局如认为必要或合乎愿望，应达成协议，以解决由实施本公约条款可能产生的共同利益问题。第二，这些协议应规定，移民工人至少将与在当地居住的工人同样地受到保护和分享利益。"

区域性的国际公约或协定，如丹麦、芬兰、挪威、瑞典和冰岛于1981年订立的《北欧五国社会保障协议》；西班牙、葡萄牙和12个拉丁美洲国家签署并于2011年生效的《伊比利亚—美洲社会保障多边协

---

① 其他有关的国际劳工组织公约和建议书还包括1982年《维护社会保障权利公约》，1983年《维护社会保障权利建议书》，1987年《社会保障（海员）公约》（修订）等。

议》；阿根廷、巴西、巴拉圭和乌拉圭四国 2008 年签署的《南方共同市场协定》。其他区域性国际公约或协定还有加勒比国家共同体制定的《社会安全协定》；海湾国家合作委员会制定的《社会保障协议》；西非国家间签署的《社会保障总公约》；欧亚地区多个国家发布的巴库宣言和框架指导文件；等等。

在以国际公约（或协定）形式建构和实施社会保障国际协调与合作方面，欧盟是绕不过去的范例。依国际学术界观点，为欧盟提供社会保障国际协调领域基础法律和基本原则的那些条约，如《欧洲经济共同体条约》，自然属于多国订立的区域性国际公约；即便是欧盟机构出台的次级立法，如第 1408/71 号条例，本质上仍然属于区域性的多边公约或协定。① 当然，我们也必须认识到，欧盟已经越过了通过条约或公约建立的国家间关系来开展社会保障国际合作的阶段，其社会保障协调与合作是在欧洲联盟这一具有超国家的政治实体性质的平台上进行的，其功能和成就远非一般国际条约或公约所能企及。

其二，通过国家间签订社会保障双边协定来协调和合作处理社会保障国际冲突。

由于第一种类型即通过全球性或区域性的国际公约（或协定）开展社会保障国际合作会涉及多个国家，而各国在利益和立场上差异较大，所以国家越多，协调难度越大，越不易推动。第二种类型遂成为当今世界最普遍、最重要的解决社会保障国际冲突问题的方式。仅在 1949—1966 年，世界上共签订了 401 项社会保障双边协议（其中 94% 的协议签订双方是欧洲国家）。② 据国际社会保障协会相关统计数据，截至 2009 年，全球各国之间已经签订近 2000 份双边社会保障合作协定，③ 而截至

---

① ［美］罗兰德·斯哥等编：《地球村的社会保障——全球化和社会保障面临的挑战》，华迎放等译，中国劳动社会保障出版社 2004 年版，第 210 页。
② ［美］罗兰德·斯哥等编：《地球村的社会保障——全球化和社会保障面临的挑战》，华迎放等译，中国劳动社会保障出版社 2004 年版，第 206 页。
③ 国际社会保障协会：《关于扩大社会保障覆盖以惠及移民工人手册》，2014 年，日内瓦。

2020年，处于有效状态的双边社会保障协议约有645项。① 其中，欧洲国家100%签有（与其他国家的）合作协定，亚太地区也有52%的国家已经与其他国家签署合作协定。② 根据中华人民共和国人力资源和社会保障部官网资料，截至2020年，中国与德国、日本等国家签订了12份双边社会保障合作协定。国际社会保障协会所发布的报告认为："稳定的经济增长以及外国在中国的投资和中国在其他国家的投资，使中国过去十年来在社会保障协议中备受追捧。"③

以上两种社会保障国际协调与合作的基本路径，在目的和功能上是高度相同的。但是，两者在其他属性上还是存在着比较显著的差异的。依国际社会保障协会研究报告的总结，双边协议的特征包括：只覆盖两个相关国家；只包括两国所需的规定；由于参与国家少，筹备、批准和执行进程更迅速；量身定制协议内容，更适应两国的社会保障体系和民众需求；由于涉及的国家只有两个，有可能在协议中涉及更多的社会保障项目。而多边协议通常具有如下特征：覆盖面更广；更复杂的协议，以便涵盖与有关国家相关的所有主题；筹备、批准和执行周期更长，所有相关国家都能达成一致的条款（保障项目）不那么全面；更多国家（采行）统一程序和形式，减轻了用户和社保机构的行政负担；有与已经存在的双边协议重叠的可能性。④

在这两种基本路径之外，有一种观点认为可以将单一主权国家通过国内立法（即涉外社会保障立法）方式处理社会保障国际冲突列为第三种社会保障国际协调与合作的基本路径。本书对此难以苟同，因为所谓"国际协调与合作"，逻辑上当然地被限定于两个及两个以上的国家

---

① International Social Security Association, *Global Overview of International Social Security Agreements*, Geneva, 2022, www.issa.int.
② *Global Overview of International Social Security Agreements*, International Social Security Association 2022, Available in electronic format at: www.issa.int.
③ *Global Overview of International Social Security Agreements*, International Social Security Association 2022, Available in electronic format at: www.issa.int.
④ *Global Overview of International Social Security Agreements*, International Social Security Association 2022, Available in electronic format at: www.issa.int.

之间（通过缔约实施）的法律行为。但是，单边的国内涉外社会保障立法方式，不失为一种处理社会保障国际冲突的独立路径。很多国家，包括前文论及的印度、菲律宾等国，都在实践上采用过这种方式，因此，基于保持研究对象与范围之相对完备性的考虑，本书也将其纳入了研究和论述的范围。

第四章

中国涉外社会保障领域的利益损失问题及其成因

第一节 国际劳工移民视角下的中国进出境劳动者现状

一 出境跨国劳动者现况

无论是经济移民，还是跨境就业，对于经历了闯关东、下南洋历史的中国人而言都不是什么特别新鲜的事，尽管在20世纪50年代后曾经一度中断过一二十年。从20世纪80年代改革开放开始，到中国加入世界贸易组织，再到2013年提出"一带一路"倡议，中国与世界各国的经济交流和合作日益频繁。在此大背景下，作为全球劳动力资源最丰富的国家，劳动者跨国就业的机会大幅度增加。中国对外承包工程商会发布的《中国对外劳务合作发展报告（2021—2022）》显示，2021年，中国当年派出各类劳务人员32.27万人，同比增长7.2%。[①] 劳务输出总体规模愈加庞大。有学者总结中国国内劳动者跨境就业的合法途径，可以概括地分为五种类型：一是通过境外就业中介机构介绍；二是通过对外劳

---

① 《去年我国外派各类劳务人员32.27万人，同比增长7.2%》，中工网，2022年7月20日，https://www.workercn.cn/c/2022-07-20/7106938.shtml。

务合作经营企业与对外承包工程公司承接项目被派遣到境外就业;三是通过企业内部转移,包括被中资企业和在中国投资建立的外资企业外派出境工作;四是以研修生形式到韩国、日本等一些国家就业;五是通过亲戚朋友或媒体介绍或留学跨境就业,包括通过技术移民或投资移民。①

通过以上各种途径出境工作的中国跨国劳动者总人数相当可观,但除了前两种途径出国人数勉强有国家官方统计资料可查外,② 其余途径跨境就业者几乎没有公开的威权数据来源。因此,本书仅根据商务部公布的对外劳务合作与对外工程承包外派出国人员数据做列表分析,借此研究中国跨境就业劳动者的规模及其变化趋势。

据商务部发布的数据,中国 2019 年对外劳务合作共计派出各类劳务人员 48.7 万人,2019 年末在外各类劳务人员达 99.2 万人,分别比 2003 年增加 27.7 万人和 46.7 万人(见表 4-1)。截至 2018 年 12 月,中国对外劳务合作累计派出 951.4 万人,主要从事建筑业、制造业和交通运输业等行业的工作。在地区分布上,对外劳务合作派出人员足迹遍布亚洲、非洲、欧洲和大洋洲的大部分国家和地区,但主要还是分布在中国澳门、日本、中国香港、新加坡、阿尔及利亚、印度尼西亚和巴基斯坦等地区和国家。③

表 4-1　　　　2003—2019 年中国对外劳务合作派出
劳务人员规模及变化趋势　　　　(单位:万人)

年份	外派劳务人员数量	本年末在外劳务人员数量
2003	21.0	52.5

---

① 钱晓燕:《全球化背景下的中国劳动力跨境就业研究》,博士学位论文,南开大学,2009 年。
② 中国官方机构迄今只就通过境外就业中介机构介绍的跨境就业和对外劳务派遣形式的跨境就业人数公布统计数据。前者由政府劳动主管部门负责统计,数据从 2003 年开始;后者由商务部负责统计,数据从 1990 年开始。
③ 中国对外承包工程商会劳务合作部:《2018 年中国对外劳务合作行业发展述评》,《国际工程与劳务》2019 年第 3 期。

续表

年份	外派劳务人员数量	本年末在外劳务人员数量
2004	24.8	53.5
2005	27.4	56.5
2006	35.1	67.5
2007	32.6	75.3
2008	42.7	74.0
2009	39.5	77.8
2010	41.1	84.7
2011	45.2	81.2
2012	51.2	85.0
2013	52.7	85.3
2014	56.2	100.6
2015	53.0	102.7
2016	49.4	96.9
2017	52.2	97.9
2018	49.2	99.7
2019	48.7	99.2

资料来源：笔者根据中华人民共和国商务部对外劳务合作统计资料整理。

二 入境跨国劳动者现况

中国加入世界贸易组织之后，尤其是2013年"一带一路"倡议提出以来，中国与世界上很多国家的经贸合作和人员往来更加频繁；加之在世界经济持续低迷的背景下，中国经济却保持了稳健增长，成为推动世界经济增长的关键力量，中国对于外国劳动者的吸引力逐步增强。另外，为吸引国际人才，中国也制定了相关政策加强海外人才引进，为其就业居留提供便捷、高效的服务。

在此背景下，越来越多的海外人才纷纷进入中国谋求发展。根据劳动力市场对外开放新形势的需要，原劳动部、公安部等部门联合发布了

《外国人在中国就业管理规定》(2017年人力资源和社会保障部第二次修订)。其中，对入境跨国劳动者（在中国就业的外国人）及其就业做出明确界定："本规定所称外国人是指依照《中华人民共和国国籍法》规定不具有中国国籍的人员。本规定所称外国人在中国就业，指没有取得定居权的外国人在中国境内依法从事社会劳动并获取劳动报酬的行为。"

随着中国经济的快速发展和对外开放程度的不断扩大，中国的国际影响力越来越大，再加上开放的政策环境和良好的职业前景，中国正日益成为世界各国人才创新创业的理想栖息地。汇丰银行发布的2017年《移居国外工作者全球报告》数据显示，中国在汇丰全球职业发展排行中位居世界第二，强有力的就业前景和高薪酬是吸引外籍人士来华工作的主要原因。[1] 世界银行2017年的数据显示，中国于2016年已成为继美国、沙特阿拉伯、瑞士和德国之后的世界第五大侨汇汇出国，表明中国正逐渐成为跨国劳动者的重要目的国。[2] 据统计，中国2018年累计发放33.6万份外国人才工作许可证，在中国境内工作的外国人已经超过95万人，[3] 中国入境跨国劳动者的规模与日俱增。

第二节 中国在涉外社会保障领域的利益受损问题

一 中国出境跨国劳动者的利益受损

20世纪90年代末以来，中国政府开始重视社会保障国际冲突问题

---

[1] "汇丰全球移居人士调查"，是由汇丰银行集团开发的全面、深度关注移居人士海外体验的全球性调查项目，截至2021年已开展并发布报告14次。

[2] 王辉耀、苗绿：《中国国际移民报告（2018）》，社会科学文献出版社2018年版，第13页。

[3] 《逾95万外国人在中国境内工作》，中华人民共和国中央人民政府，2019年4月14日，https://www.gov.cn/guowuyuan/2019-04/14/content_5382827.htm。

的应对和处理，通过积极谈判，先后与德国、韩国等 12 个国家签署了社会保障双边协定，以维护中国跨国劳动者社会保障方面的权益。但应该看到，中国已签署的社会保障双边协定数量仍远远比不上一些先行国家，更与日益增长的跨国劳动者的权益保护需求不相匹配，可以说，中国的社会保障国际协调与合作仍任重而道远。

与世界其他国家的情况类似，中国劳动者跨国流动过程中的社会保障利益损失，同样主要体现在社会保障双重缴费负担、社会保障覆盖双重缺失困境、社会保障便携性损失、社会保障待遇支付困难以及其他正当社会权益损失五个方面。

（一）社会保障双重缴费负担

受制于社会保障制度的属地管辖特性，中国跨国劳动者面临社会保障双重缴费负担问题。以日本为例，中国虽与日本已签署社会保障双边协定，但其中只有六大类人员可以免除国民年金等费用的缴纳，其他在日本工作的中国籍跨国劳动者还需依照日本社会保障法律的要求缴纳国民年金、健康保险等费用，同时还需按照中国社会保障制度要求缴纳相关社会保障费用，这无疑会加重这部分跨国劳动者的缴税（费）负担，造成利益损失。目前普遍采用的解决社会保障双重缴费负担问题的办法是由原籍国与东道国在平等协商谈判的基础上签署社会保障双边协定。欧盟社会保障协调法令通过建立"工作地原则"，规定在欧盟内流动的劳动者只需要接受一个成员国的社会保障计划，中国可以积极借鉴欧盟社会保障国际合作的成熟经验，制订符合中国国情的处理问题的标准和原则。

（二）社会保障覆盖双重缺失困境

与社会保障双重覆盖相反，社会保障覆盖双重缺失，是指中国跨国劳动者既没有被纳入中国社会保障制度计划中，同时又没有被东道国的社会保障制度覆盖，处于"两不管"的尴尬境况，这也会给跨国劳动者造成较大的利益损失。目前国际上普遍采用的解决办法，是通过签署社会保障双边协定，对跨国劳动者参加原籍国社会保障制度或东道国社会保障制度进行协调,以帮助跨国劳动者走出社会保障覆盖双重缺失困境。

中国积极借鉴国际先进经验,已与德国、韩国等12个国家签署了社会保障双边协定。只是这12个国家除了韩国、日本、加拿大外,其余均是欧洲国家,而中国跨国劳动者的就业目的地主要是亚洲、非洲和中美洲的国家。所以存在中国签署社会保障双边协定的国家与跨国劳动者主要流向国家之间不太匹配的问题。[①] 值得特别指出的是,中国有大量的跨国劳动者在东南亚和非洲国家就业,这些跨国劳动者往往面临着较大的社会保障覆盖双重缺失困境,大部分跨国劳动者的社会保障利益处于缺失状态,中国应尽快与这些国家开启社会保障双边合作谈判,确保跨国劳动者享受社会保障权益。

(三) 社会保障便携性损失

社会保障便携性是指跨国劳动者可以无障碍地参与中国或东道国社会保障和享受社会保障利益(含社会保险、社会救助和基本国民福利待遇等),社会保障利益不受国界束缚,可以自由流动。[②] 一方面,由于中国和东道国的社会保障制度存在较大差异,而且很多国家与地区都规定社会保障待遇支付以境内为限,然而有不少中国跨国劳动者退休前在多个国家就业,最后仍返回中国退休养老。在这种情况下,如果社会保障无法顺利转移,有可能给中国跨国劳动者的社会保障待遇造成不必要的利益损失。另一方面,即使社会保障可以实现顺利转移,但在转移过程中也容易出现不必要的利益损失。因为各个国家社会保障参保条件、领取资格等存在巨大差异,有些国家规定了比较高的社会保障待遇领取门槛。如果中国跨国劳动者因离开东道国而达不到相关条件要求,有可能无法获得或丧失已经取得的待遇领取资格,造成不必要的利益损失。

[①] 喻术红、郑浩:《中国社会保障双边合作的发展、问题与解决路径》,《武大国际法评论》2019年第5期。

[②] 郑雄飞:《中国侨民社会保障便携性的理论与对策研究》,《中国行政管理》2017年第10期。

(四) 社会保障待遇支付困难

一方面，由于中国和东道国的社会保障制度规定的待遇支付经办程序具有较大差异，跨国劳动者往往需要经过非常复杂烦琐的经办程序才可以获得社会保障待遇支付。比如，根据2017年人力资源和社会保障部办公厅发布的《关于实施中国—荷兰社会保障协定的通知》规定，中方在荷兰就业的人员办理免缴社会保险费必具的《参保证明》，需要经过提出申请、加盖单位印章、参保所在地社会保险经办机构审核并加盖印章、寄送至人社部社保中心审核、人社部社保中心决定出具或不出具《参保证明》并说明原因、申请者持《参保证明》向荷兰经办机构申请免除缴费共计6项程序，整个过程既费时又费力，影响跨国劳动者社会保障待遇支付便利性，甚至给其造成不必要的利益损失。

另一方面，外汇汇率波动也可能给中国跨国劳动者的社会保障待遇支付造成困难。由于各个国家和地区所使用的货币不尽相同，当中国跨国劳动者选择在东道国就业和返回中国退休时，其社会保障待遇有可能受外汇汇率波动影响而贬值，会给中国跨国劳动者带来不必要的利益损失。从国际经验看，通过与他国签署社会保障双边协定，对免缴税费经办程序和外汇汇率波动问题开展互惠合作，至少有助于缓解中国跨国劳动者面临的社会保障待遇支付障碍带来的困难。

(五) 其他正当社会权益损失

社会保障领域国际冲突使中国跨国劳动者不但会遭受社会保障权益损失，而且面临社会保障权益之外的其他正当社会权益损失，这种损失主要体现在人格尊严和社会地位降低、社会融入障碍两个方面。

其一，人格尊严和社会地位降低的问题。随着中国深度融入全球经贸合作网络，中国与其他国家之间的劳务往来日趋频繁。来自中国的跨国劳动者越来越多地进入东道国，可能会对东道国原本稳定的就业市场带来一些冲击或一些不稳定因素，有可能挤占东道国国民的就业机会，导致失业率攀升。另外，大量跨国劳动者的不断涌入，也有可能使原本就稀缺的社会保险资源更趋紧张，给东道国国民造成养老、医疗等方面的福利损失。因此，已经开始有一些国家的民众将中国跨国劳动者视为一种威胁；加之中国很多跨国劳动者本身属于中低技术劳工，技术熟练度低，如果再加上语言障碍、种族问题和东道国政府严苛的移民政策等因素，容易导致中国跨国劳动者在东道国遭受歧视。以东南亚地区为例，2014年5月，在越南发生了针对外国投资者和企业的打砸抢烧严重暴力事件，包括中国台湾和香港地区在内的一些中国企业遭到冲击，造成生命和财产损失。① 东南亚地区的排华情绪对中国跨国劳动者的人身安全造成了很大威胁。② 如果能通过签署社会保障双边协定，将跨国劳动者纳入社会保障计划中，是对跨国劳动者人格身份的一种认可，有助于增强跨国劳动者的社会归属感，有利于提高跨国劳动者的社会地位，可以有效减少跨国劳动者人格尊严和社会地位降等方面的权益损失。因此，中国应尽快与东南亚国家开启社会保障双边谈判，维护中国跨国劳动者的合法权益。

其二，社会融入障碍问题。中国和东道国经济、社会、文化、风俗习惯、语言等存在较大差异，再加上有些东道国执行严苛的移民政策，不但抬升了中国跨国劳动者的准入门槛，而且使中国跨国劳动者在融入当地社会的过程中面临重重障碍。如果中国和东道国之间没有社会保障双边协定等制度保障，跨国劳动者没有被东道国纳入本国社会保障计划中，那么中国跨国劳动者就无法享受社会保险、社会救助、社会福利和公共服务，实际上完全游离于当地社会之外。一旦出现工伤事故、患病等突发状况，将无法及时获得工伤事故赔偿和医疗健康等社会保护和基本生活服务。通过国家间社会保障双边协定，将跨国劳动者纳入东道国社会保障计划中，能够减少中国跨国劳动者的社会融入障碍，有利于中国跨国劳动者更快地融入当地社会，至少能够在工作地正常生活。

---

① 刘凌林、许意强：《越南打砸中企：460家企业遭殃 几十万双鞋子被抢走》，《中国企业报》，2014年5月19日。

② 章雅荻：《"一带一路"倡议与中国海外劳工保护》，《国际展望》2016年第3期。

二 中国跨国企业承受的不利影响

跨国企业在经济全球化中扮演着至关重要的角色，也是国际经济、科学技术和国际贸易中最活跃、最有影响力的力量，这种力量随着跨国企业投资总体规模的上升而不断增强。随着中国对外开放的深入发展和"走出去"战略的大力推行，中国很多企业逐渐将目光放到国际市场上，逐渐走出国门开拓世界市场，积极主动参与国际经济合作和竞争，寻求企业的可持续发展。截至2018年末，中国共设立4.3万家对外直接投资企业，遍布全球188个国家（地区）。据商务部统计，中国2018年对外直接投资1430.4亿美元，已经成为世界上第二大对外投资国。中国对外投资企业主要集中在租赁和商务服务、金融、制造、批发零售等行业，全球80%以上的国家（地区）都有中国的投资，中国企业的国际影响力越来越大。①

中国企业在参与国际经济合作与竞争的过程中，不可避免地要派遣员工前往海外工作，而这些跨国劳动者的社会保障权益转移或流动对跨国企业也具有重要影响，其中，社会保障领域国际冲突可能对跨国企业产生诸多不利影响。这种不利影响主要体现在企业双重缴费负担问题、企业社会保障管理成本问题、企业不当行为违法成本问题三个方面。

（一）企业双重缴费负担问题

中国跨国企业在拓展海外业务的过程中，需要委派大量员工进入东道国开展工作。基于大多数国家在其社会保障项目中均实行强制性的劳雇双方分担缴费制度，中国跨国企业会面临与跨国劳动者一样的社会保障双重缴费负担问题。

国际上社会保障税（费）的缴纳一般以境内就业为准，凡在东道国境内的跨国企业和跨国劳动者必须承担纳税义务。以阿尔及利亚为

---

① 《2018年度中国对外直接投资统计公报》，中华人民共和国商务部，2019年9月28日，http://hzs.mofcom.gov.cn/article/date/201909/20190902899156.shtml。

例，中国建筑工程总公司是最早在阿尔及利亚开展基础设施业务的承包商之一，在承接阿尔及利亚建筑工程业务期间，需要按照当地政府要求依法缴纳社会保障税。这一规定给中国建筑工程总公司带来了不合理的税收负担，也无疑会增加企业的生产运营成本竞争力。如果中国能与阿尔及利亚签署社会保障双边协定，约定跨国企业只需要参加中国或阿尔及利亚其中一方的社会保障制度，即可减轻跨国企业的缴税（费）负担，有助于提高其国际竞争力。

（二）企业社会保障管理成本问题

中国和东道国社会保障制度上的差异，对跨国企业在全球范围内追求优化配置生产要素产生种种阻碍。这具体表现在中国跨国企业在开展跨国业务的过程中需要了解各国社会保障标准和政策，增加中国跨国企业的管理成本。中国跨国企业在东道国开展业务，如果不熟悉东道国的社会保障政策，自行确定跨国劳动者的社会保障待遇和标准，又容易引发劳动纠纷。

在这方面，美国和加拿大等国已经在探索就跨国劳动者社会保障管理建立一整套规范化、制度化的法律规定和供企业选择适用的规章制度，来解决这种障碍问题。中国或许可以借鉴发达国家成熟的经验，就跨国劳动者的社会保障管理问题制定可供企业选用的示范政策和标准，以减少中国跨国企业的社会保障时间管理成本。

（三）企业不当行为违法成本问题

出于追求利润最大化，有些跨国企业利用其经济强势地位、跨国便利性等特点，在东道国实施偷税避税等行为。表现在社会保障领域则是跨国企业采取各种手段少缴或者不缴应缴纳的社会保障费用。

社会保障逃税逃费问题已经成为全球面临的新兴难题。跨国企业的偷税避税行为，在一定程度上损害了东道国和跨国劳动者的利益。世界各国，包括美国、英国、比利时、阿根廷、丹麦等，都已开始对社会保障领域偷税避税行为采取"零容忍"态度。很多国家和地区都对跨国企业偷税避税行为制定了严格的处罚措施。同样地，对于中国跨国企业而言，东道国的高额罚款作为一种高昂的违法成本，肯定会在一定程度上压缩跨国企业的利润空间，削弱跨国企业的国际竞争力。

三　国家层面的社会保障利益损失

劳动者的跨国流动，必然导致出现社会保障国际化问题。劳动者的跨国流动和社会保障国际化，一方面可能让中国获益，另一方面也可能会带来一些不利影响。这主要体现在本国跨国企业国际竞争力削弱问题、国家社会保障基金隐性损失问题、国家层面的社会保障便携性致损问题、社会保障管理秩序面临入境跨国劳工的冲击等方面。

（一）本国跨国企业国际竞争力削弱问题

随着经济全球化的快速发展，越来越多的中国企业开始将目光投向海外市场，以寻求更多的发展机会。然而，拓展海外业务并非易事，在这个过程中往往会遇到许多当地合规、社会保险、用工成本等挑战。若是置之不理，社会保障国际冲突会削弱本国跨国企业的国际竞争力。

（二）国家社会保障基金隐性损失问题

中国很多跨国劳动者奔赴东道国工作，需依照东道国法律要求缴纳社会保障税（费）。囿于社会保障之属地管理特性，中国跨国劳动者在国外就业期间不大可能被中国社会保障制度覆盖。然而，当跨国劳动者最终回到中国后，其社会保障问题却可能需要中国来承担。这势必会增加中国的社会保障待遇支付额度，带来巨大的社会保障财政负担，等于给中国社会保障基金造成隐性损失。

对中国来说，要避免或扭转这种不利局面，就必须通过积极主动地与其他国家协商、谈判、签署社会保障双边协定，对跨国劳动者的社会保障权益转移做出规定。这样才可以确保跨国劳动者缴税（费）累计和权益转移，既有利于保护中国跨国劳动者权益，也有利于减少中国社会保障基金的隐性损失，从而缓解中国的社会保障财政压力。

(三) 国家层面的社会保障便携性致损问题

中国劳动者的跨国流动日益频繁和活跃,总体数量与日俱增。在这种情况下,解决社会保障便携性致损问题,不但对于维护中国跨国劳动者的合法权益具有重要价值,对保护国家利益而言也具有相当大的意义。如果中国和东道国没有签署社会保障双边协定,社会保障缺乏便携性,那么中国跨国劳动者在东道国缴纳的社会保障费用便无法转移到中国。这部分社会保障收益原本可以用于回国的跨国劳动者的社会保障支出,减轻本国社会保障支出压力。因此,对中国而言这是一种潜在的物质利益损失。通过社会保障双边协定解决社会保障便携性致损问题,有利于国家在社保领域的总体财产利益的保护。

(四) 社会保障管理秩序面临入境跨国劳工的冲击

伴随中国经济的快速发展,中国强有力的就业前景和高薪酬吸引着越来越多的外籍人士来华工作。世界银行2017年的数据显示,中国2016年已成为世界第五大侨汇汇出国,中国在不断从国际移民来源国,成长为治理方式与机制不断进步的国际劳工目的国。跨国劳动者的大量入境,为中国提供了丰富的劳动力资源,但也给中国社会保障管理带来了巨大挑战。

首先,进入中国的跨国劳动者规模日益庞大,社会保障制度是否有能力覆盖所有跨国劳动者,跨国劳动者如何参保缴费、如何领取社会保障待遇等问题无疑增加了中国社会保障管理的难度;其次,来到中国的跨国劳动者目前还是以中低技术劳工为主,他们的知识技术水平偏低,主要受雇于制造业、低端服务业等传统行业,经济收入相当有限,一旦发生工伤事故或患病,会给中国工伤保险和医疗康复等服务带来较大压力;最后,大量跨国劳动者入境,使得中国本就紧张的就业问题更加严峻,有可能导致失业率的攀升,会对中国失业保险等制度带来新增的压力。实际生活中,中国的社会保障管理秩序已经感受到入境跨国劳工带来的冲击。如何妥善应对和解决这些问题,考验着中国政府社会保障管理部门的能力和智慧。

第三节　中国涉外社会保障利益受损问题的成因

一　劳动者层面的原因

（一）权益保护意识淡薄

中国跨国劳动者主要由农村剩余劳动力和城镇失业下岗人员组成，他们大多属于中低技术劳工，文化知识水平相对有限，权益保护意识淡薄，这是其社会保障权益屡遭侵犯的关键原因之一。[①] 由于中国跨国劳动者文化知识水平较低，对中国的社会保障政策和法律本就不是特别了解，前往东道国就业谋生，就更不清楚在东道国可以享受哪些社会保障权益，对其权利义务关系更是知之甚少。另外，国际劳工组织主持制定的部分国际劳工公约是专门为保护国际移民劳动者提供法律规范的，而中国跨国劳动者对此类国际劳工标准甚至闻所未闻。加之跨国劳动者语言交流能力较差，一旦发生社会保障合法权益被侵犯的情况，往往不知所措。很多跨国劳动者面对这种情况往往选择默默忍受，既不懂得向中国驻外使馆求助，也不懂得向东道国工会或民间公益组织寻求救助。这样无法发挥中国驻外使馆和东道国工会或民间公益组织为跨国劳动者提供保护的作用，同时也不利于中国政府相关部门了解掌握跨国劳动者社会保障权益受损情况，无法为跨国劳动者提供针对性的帮助。因此，提升中国跨国劳动者的社会保障权益保护意识，改善过去权益意识淡薄的状况，是解决社会保障权益受损问题的前提条件。

（二）融入当地社会的能力欠缺

中国跨国劳动者融入当地社会的能力欠缺，也是其社会保障权益受损的重要原因。这种能力上的欠缺，主要表现在语言交流能力欠缺、学习能力欠缺和主动维权能力欠缺三个方面。

[①] 王辉：《中国海外劳工权益立法保护与国际协调机制研究》，《江苏社会科学》2016年第3期。

首先，如前文所述，中国跨国劳动者的文化知识水平相对有限，语言交流能力较差，往往处于弱势地位，在融入东道国当地社会的过程中，往往面临难以逾越的语言障碍，加大了融入当地社会的难度，成为当地社会的边缘群体，也难以被当地社会的社会保障制度覆盖。

其次，学习能力欠缺也是导致中国跨国劳动者利益受损的重要原因。所谓学习能力欠缺，是指有些中国跨国劳动者受教育程度不高，对于中国和东道国的社会保障政策、制度和法律法规等难以学习消化，更不用说灵活运用维护权益了。

最后，主动维权能力欠缺可能是导致跨国劳动者利益受损的一大关键因素。中国跨国劳动者甚少积极主动运用法律武器维护自身合法权益；发生自身权益受损的情况时，很多跨国劳动者选择忍气吞声，默默承受。这种消极不作为的行为方式，如同"躺在权利上睡着了"，在绝大部分东道国的社会环境下极不适宜，通常只会纵容、加重劳动者社会保障权益受损程度。

二 企业层面的原因

（一）忽视员工社会保障权益保护

跨国企业出于追逐利润的本性，为了降低企业成本，相应地忽视跨国劳动者的社会保障权益，少缴或者不缴社会保障费用。另外，中国在涉外社会保障领域的相关立法还不完善，与国际劳工法（包括国际劳工标准）衔接也不充分，加之实践中的法律监管不严，这些缺陷客观上为跨国企业忽视跨国劳动者社会保障权益保护提供了某种空间和条件。在制度和监管都不到位的背景下，跨国企业即使忽视跨国劳动者社会保障权益保护，其违法成本也较低，甚至有很大概率不会受到惩罚，致使跨国企业不会有较大的大动力去维护跨国劳动者的社会保障权益。

（二）运用法律手段维权的意愿和能力不足

虽然国内法、国际劳工法等都对法律维权的机制和途径进行了规定，但中国跨国企业在运用法律手段维护权利方面的意愿严重不足。究其原因，很大程度上是因为有些跨国企业认为运用法律手段维权的诉讼成本高昂。由于存在主权与管辖权的冲突、劳动权的公法性与劳动争议的私法性的矛盾以及语言障碍等种种限制，选择哪一个国家的法院进行起诉，如何调查取证等问题，都会给诉讼带来种种困难或不确定性，而且不仅有败诉风险，胜诉后能否得到执行也存在不确定因素。[①] 总之，对于中国跨国企业来说，运用法律手段维权的诉讼成本高昂（诉讼成本甚至经常高于跨国劳动者遭受的社会保障权益损失），而且存在较大的风险，跨国企业没有较强的意愿运用法律手段维护跨国劳动者的社会保障权益。

还需要指出的是，中国跨国企业内部普遍尚未建立跨国劳动者社会保障权益保护协调机制，没有培养和储备涉法维权的专门人才，当出现社会保障权益受损的情况时，跨国企业往往处于被动地位，无法采取及时有效的措施予以应对。这种应变能力的欠缺，也是不利于维护中国跨国劳动者的社会保障合法权益的。

三 国家层面的原因

（一）中国国内涉外社会保障立法滞后

良法能够推动善治。只有建立完善的法律法规体系，才可以为社会保障事业平稳健康发展提供良好的制度环境。就社会保障国际合作领域而言，亦不例外。从 20 世纪 50 年代开始，中国陆续发布了一些劳动和社会保障领域的法律法规，其中即包含维护跨国劳动者的劳动和社会保障权益的规则。

1951 年发布的《中华人民共和国劳动保险条例》第 4 条规定："凡在实行劳动保险的企业内工作的工人与职员（包括学徒），不分民族、年龄、性别和国籍，均适用本条例，但被剥夺政治权利者除外。"这条规定将跨国劳动者（这里特指来到中国工作的外籍员工）纳入中国法律保护范围内，为解决其社会保障权益问题提供了法律依据。1996 年

[①] 陶斌智：《中国海外劳工权利法律保护研究》，博士学位论文，华中师范大学，2015 年。

原劳动部等国家部委联合发布《外国人在中国就业管理规定》，是专门针对外国人在中国劳动就业及由此产生的利益关系进行规范的规章。1999年国务院发布《社会保险费征缴暂行条例》，将外商投资企业及其职工也纳入中国基本养老保险、医疗保险和失业保险等社会保障项目的缴费范围，为在中国工作的外籍跨国劳动者参保中国社会保险项目提供了制度依据。[①] 2010年发布的《中华人民共和国社会保险法》第97条规定"外国人在中国境内就业的，参照本法规定参加社会保险"，为制定在华就业外国人参保政策提供了充分的法律依据。2011年人力资源和社会保障部依法发布《在中国境内就业的外国人参加社会保险暂行办法》和《关于做好在中国境内就业的外国人参加社会保险工作有关问题的通知》，为维护在中国境内就业的外籍跨国劳动者的合法权益提供了具体的制度规则。

综上可知，中国在以立法手段维护跨国劳动者合法权益方面做出了相当积极的努力，也取得了一定的成绩。但是，整体来看，中国在涉外社会保障领域的立法仍然很不完善，尤其是应对社会保障领域国际冲突的法律制度非常欠缺。

（二）涉外社会保障法律冲突和权益保护尚未引起足够重视

维护跨国劳动者社会保障权益，积极推进社会保障国际合作，是国家和政府不可推卸的责任。国家拥有其他组织或个人难以匹敌的资源和权力，跨国劳动者社会保障权益维护、社会保障领域国际合作、国家间利益和制度冲突的解决等，都需要依靠国家的力量才能得以实现。国际社会的实践经验表明，如果一国政府高度重视跨国劳动者社会保障权益的维护问题，社会保障国际合作会顺利开展并取得显著效果；反之，如果一国政府在跨国劳动者社会保障权益维护问题上消极不作为，社会保障国际合作则很难深入推进，更不用说解决国家间利益和法律冲突问题了。

---

① 王延中、魏岸岸：《国际双边合作与中国社会保障国际化》，《经济管理》2010年第1期。

遗憾的是，目前，中国对这个领域的问题的重视程度稍显不足，这是中国跨国劳动者社会保障权益保护不足、应对社会保障国际冲突的协调与合作进展缓慢的关键原因所在。具体来说，第一，对保护跨国劳动者的社会保障权益重视程度不够。随着中国加入世界贸易组织和提出"一带一路"倡议，劳动者的跨国流动越发频繁，社会保障权益维护的需求也日益高涨。然而，中国更多关注的是跨国劳动者所带来的大量外汇收入和经济效益，相比之下，跨国劳动者的社会保障权益维护问题没有得到足够重视。第二，对包含国际劳工标准在内的国际劳工法重视程度不足。截至2018年，中国只批准加入195项国际劳工公约中的26项，八大核心劳工公约中也只批准了4项。[①] 整体来说，中国政府批准的国际劳工公约极其有限，这也是很多发达国家在与中国进行社会保障双边协定协商谈判过程中设置诸多障碍的重要原因。因此，可以说提升对国际劳工标准的重视度，根据国情批准加入更多的国际劳工公约，加快与国际劳动和社会保障领域通行原则和规则接轨的步伐，有利于减少社会保障领域国际协调与合作的种种阻碍，维护中国跨国劳动者的社会保障权益。

（三）国家间社会保障协调合作进展迟缓

社会保障国际冲突问题由来已久，作为应对这种国际冲突的手段，社会保障国际协调与合作于20世纪初即兴起于欧洲，中国却直到20世纪90年代末才真正开始关注社会保障国际冲突背景下的跨国劳动者社会保障权益保护问题。虽然中国已先后与德国、韩国等12个国家签署了社会保障双边协定，但与此领域中的很多先行国家相比还存在不小的差距，可以说中国社会保障国际合作才刚刚起步。其一，中国政府签署的社会保障双边协定数量甚少，只覆盖了一小部分跨国劳动者，大多数中国跨国劳动者尚无法获得社会保障双边协定的保护，需要中国继续做出更大的努力。其二，已经签署的双边协定涵盖的社会保障事项范围非

---

① 谢勇才、王茂福：《中国社会保障双边合作的主要困境及对策研究》，《中国软科学》2018年第7期。

常有限，基本上局限于互免缴费，中国需要探索更多事项范围，签署相对协定。

若细究中国社会保障国际协调与合作进展迟缓的背后原因，除了前文已论及的国家或政府重视程度不够等因素之外，一个十分关键的原因是，中国（现当代意义上的）社会保障制度整体上建制很晚、发育迟缓，甚至都还不是一个真正统一的全国性的制度。比如，中国社会保障制度缺乏顶层制度设计，养老保险等基本社会保险项目都尚未实现全国统筹，城乡分割、地域分割现象严重，国内社会保险的转移接续都还没有彻底解决，用人单位逃避社会保险缴费义务现象普遍存在等。① 正如国际社会保障协会在总结国际社会保障协定缔约经验时所言：协定成员国拥有一个真正统一的（国内）社会保障制度体系，是一切双边或多边社会保障协议的基础。② 道理很简单，国内制度不统一（甚至制度空白）的话，何谈与（他国的）外部体系协调对接？勉强去缔结协定的话，也就只能就避免双重缴费或双重缺失之类非常有限的内容订立协议了。中国目前已签订的双边协议内容单一、贫乏，原因盖出于此。若欲改变这种局面，还需从完善本国社会保障制度体系做起。

---

① 郑功成：《中国社会保障70年发展（1949—2019）：回顾与展望》，《中国人民大学学报》2019年第5期。
② International Social Security Association, *Global Overview of International Social Security Agreements*, Geneva, 2022, www.issa.int.

第五章

中国涉外社会保障和国际协调合作既有制度检视

第一节 涉及中国出境就业劳动者社会保障的国内立法和政策

一 中国跨国劳动者社会保障法律政策概况

(一) 宪法中的社会保障条款

《中华人民共和国宪法》中与社会保障相关的条款有如下几条:第33条第3款规定:"国家尊重和保障人权";第42条规定:"中华人民共和国公民有劳动的权利和义务";第45条规定:"中华人民共和国公民在年老、疾病或者丧失劳动能力的情况下,有从国家和社会获得物质帮助的权利。国家发展为公民享受这些权利所需要的社会保险、社会救济和医疗卫生事业。"宪法第33条第3款系概括宣示国家对人权的尊重和保障,上引其他条款进一步明确本国公民享有的较为具体的各项劳动和社会保障权利。

与本书的研究问题相关性很强的一种基本权利,即自由迁徙权或迁徙自由,在很多国家的宪法和国际人权公约上均有明确规定,如《世界人权宣言》第13条规定:"人人有权离开任何国家,包括其本国在内,并有权返回他的国家。"中国 40 多年的改革开放和城镇化虽都在事实上促进了大规模的人口迁徙,但是现行宪法还未明确规定公民的自由迁徙权。自由迁徙权的缺失,对移民劳动者权利保护不利。随着跨国劳动者规模日益扩大,应当考虑做出明确规定。

(二) 法律与司法解释

由全国人民代表大会及其常务委员会制定的法律,是中国法律体系中的主体部分,具有仅次于宪法的法律效力、权威性及稳定性。但目前中国还没有专门针对境外务工人员事务的单行立法。与境外务工人员及其权益有关联的主要法律,如表 5-1 所示。

表 5-1　　**与境外务工人员及其权益相关的法律文件**

编号	文件名	发布时间
1	《中华人民共和国民事诉讼法》	1991 年 4 月 9 日通过(历经 2007、2012、2017、2021 年四次修正)
2	《中华人民共和国对外贸易法》	1994 年 5 月 12 日通过(历经 2004 年修订、2016 年修正)
3	《中华人民共和国劳动法》	1994 年 7 月 5 日通过(历经 2009、2018 年两次修正)
4	《中华人民共和国仲裁法》	1994 年 8 月 31 日通过(历经 2009、2017 年两次修正)
5	《中华人民共和国劳动合同法》	2007 年 6 月 29 日通过(2012 年修正)
6	《中华人民共和国劳动争议调解仲裁法》	2007 年 12 月 29 日通过
7	《中华人民共和国社会保险法》	2010 年 10 月 28 日通过
8	《中华人民共和国涉外民事关系法律适用法》	2010 年 10 月 28 日通过
9	《中华人民共和国出境入境管理法》	2012 年 6 月 30 日通过

资料来源:笔者根据国家法律法规数据库公开资料整理形成。

与境外务工人员的劳动和社会保障权益联系最密切的多部法律中,

《劳动法》的适用对象为境内存在劳动关系的劳动者和用人单位，未对境外务工人员相关权益做出直接论述，且由于涉及管辖权冲突，所规定的相关权益难以延展适用至境外务工人员。《劳动合同法》的适用对象为境内订立劳动合同的双方当事人，同样未直接规定境外务工人员相关权益，但在该法第57条至第67条劳务派遣部分，对劳务派遣单位的合同订立义务与合同形式（第58条），合同内容（第59条），劳动者知情权与劳动报酬获取权（第60条），劳动报酬、劳动条件的相关标准（第61条）、用工单位义务（第62条）、同工同酬权（第63条）等做出规定，该部分可适用至被派遣劳动者中的海外劳务派遣部分。《社会保险法》的适用对象为境内公民，未对境外务工人员相关权益做直接规定。但该法第30条规定，在境外就医的医疗费用不纳入基本医疗保险基金支付范围。《涉外民事关系法律适用法》是调整民商事关系的冲突法规则，很多条款可以适用于出境劳动者法律关系，如第41条"当事人可以协议选择合同适用的法律。当事人没有选择的，适用履行义务最能体现该合同特征的一方当事人经常居所地法律或者其他与该合同有最密切联系的法律"，第43条"劳动合同，适用劳动者工作地法律；难以确定劳动者工作地的，适用用人单位主营业地法律。劳务派遣，可以适用劳务派出地法律"，可直接适用于境外务工人员涉外劳务合同。《民事诉讼法》《仲裁法》《劳动争议调解仲裁法》等均未明确订立关于境外务工人员事务的规定。

综上所述，中国虽然暂无专门的单行法保障境外务工人员的社会保障权益，但现行法律中多部法律与出境劳动者的劳动和社会保障权益有关联，在发生涉外社会保障纠纷时可能被援引。

（三）行政法规

与境外务工人员的劳动和社会保障事务关系密切的行政法规包括《对外劳务合作管理条例》《中华人民共和国公民出境入境管理法实施细则》《中华人民共和国船员条例》《对外承包工程管理条例》等。其中，《对外劳务合作管理条例》被认为是目前为止规范劳务输出、保护境外务工人员权利的"基本法",后文将对此做更详细的分析。

(四)部门规章(和政策文件)

部门规章是法律和行政法规的下位法。与境外务工人员有关的行政部门包括商务部、外交部、公安部、人力资源和社会保障部、交通运输部、住房和城乡建设部、农业部、国家市场监督管理总局等。上述部门单独或联合制定了不少部门规章制度(见表5-2)。

表5-2　　　　　　　　与境外务工人员相关的部门规章

编号	主管部门	文件名	发布时间
1	对外贸易经济合作部、国家经济体制改革委员会	《对外劳务合作管理暂行办法》	1993年11月5日
2	对外贸易经济合作部、劳动部	《关于切实加强保护外派劳务人员合法权利的通知》	1994年10月25日
3	财政部、对外贸易经济合作部	《对外经济合作企业外派人员工资管理办法》	1995年7月4日
4	对外贸易经济合作部、外交部、公安部	《关于全面实行外派劳务培训的通知》	1995年8月1日
5	对外贸易经济合作部	《在韩国本土开展承包工程和研修生合作有关问题的规定》	1995年11月3日
6	对外贸易经济合作部	《关于印发〈劳务输出合同主要条款内容〉的通知》	1996年2月13日
7	对外贸易经济合作部、公安部等	《关于加强对外劳务合作归口管理有关问题的通知》	1996年4月24日
8	对外贸易经济合作部	《对香港地区劳务合作管理办法》	1996年9月5日
9	中国对外承包工程商会	《中国对外承包工程和劳务合作行业规范(试行)》	2000年1月13日
10	对外贸易经济合作部	《对香港特别行政区开展高级劳务合作业务的暂行管理办法》	2000年12月15日

续表

编号	主管部门	文件名	发布时间
11	对外贸易经济合作部	《办理劳务人员出国手续的办法》	2002年4月1日
12	劳动和社会保障部等	《境外就业中介管理规定》	2002年7月1日
13	商务部、国务院港澳事务办公室和中央人民政府驻澳门特别行政区联络办公室	《内地对澳门特别行政区开展劳务合作暂行管理办法》	2003年8月1日
14	商务部	《关于加强境外劳务人员安全保障工作的通知》	2004年9月29日
15	商务部	《对外承包工程项下外派劳务管理暂行办法》	2006年1月10日
16	商务部	《中国企业境外商务投诉服务暂行办法》	2006年8月16日
17	劳动和社会保障部	《就业服务与就业管理规定》（第22、23条）	2007年11月5日
18	交通运输部	《中华人民共和国船员服务管理规定》	2008年7月22日
19	商务部、外交部	《防范和处置境外劳务事件的规定》	2009年7月9日
20	中国对外承包工程商会	《对外劳务合作协调办法》	2009年12月1日
21	商务部、外交部、公安部、国家市场监督管理总局	《对外劳务合作不良信用记录试行办法》	2010年10月19日
22	商务部、外交部、公安部、国家市场监督管理总局	《对外劳务合作服务平台建设试行办法》	2010年7月1日
23	交通运输部	《中华人民共和国海员外派管理规定》	2011年3月7日

资料来源：笔者根据网络公开资料整理形成。

综上所述，中国有关境外劳务人员劳动和社会保障事务的主要制度规范来自部门规章（或政策文件）。部门规章法律地位和效力较低、权威性不足，在涉外法律关系领域的优势并不明显。

二 中国境外劳务人员社会保障法律制度基本内容

（一）制度目标

中国目前没有针对境外劳务人员社会保障的专门立法，现有的法律制度中，较少可直接适用于一般境外劳务人员社会保障的条款。部分法律制度提到对特定群体劳动者权益的保护，如"规范对外劳务合作，保障劳务人员的合法权益，促进对外劳务合作健康发展"（《对外劳务合作管理条例》第1条）；"加强对外承包工程项下外派劳务工作的管理，切实保障对外承包工程项下外派劳务人员合法权益，促进对外承包工程事业的健康有序发展"（《对外承包工程项下外派劳务管理暂行办法》）；"为规范海员外派管理，提高中国外派海员的整体素质和国际形象，维护外派海员的合法权益，促进海员外派事业的健康发展"（《中华人民共和国海员外派管理规定》）等。以上条款虽将保障劳动者权益列为制度目标之一，但均有特殊的适用人群，且所指权益并不特指社会保障权益。

（二）适用人群

中国现行法律制度中，关于境外劳务人员社会保障的立法主要适用于以下人群：第一，对外劳务合作企业的劳务派遣人员（《对外劳务合作管理暂行办法》）；第二，对外承包工程公司的劳务派遣人员（《对外承包工程项下外派劳务管理暂行办法》）；第三，境外就业中介介绍出境就业人员（《境外就业中介管理规定》）；第四，跨国企业内部派出人员（《中国企业境外商务投诉服务暂行办法》）；第五，日本、韩国的研修生（《在韩国本土开展承包工程和研修生合作有关问题的规定》）。除上述五类外，中国有关境外劳务人员社会保障的立法并不适用于劳动者的个人出境就业行为，如通过亲戚、朋友介绍到外国就业等。

（三）主要规定

《对外劳务合作管理条例》中对于对外劳务合作下的海外劳务派遣

人员权益的规定最为全面和详细。本小节以《对外劳务合作管理条例》为代表进行条文分析，可从中一窥中国对于境外劳务人员权益保障规定的主要内容。

2012年5月16日，国务院第203次常务会议通过《对外劳务合作管理条例》，第一次对出境就业相关事务做出较为全面的规定。其基本框架包括总则、从事对外劳务合作的企业与劳务人员、与对外劳务合作有关的合同、政府的服务和管理、法律责任和附则共六章。条文中涉及出境劳动者相关权益的主要规范如下。

（1）立法目的。为了规范对外劳务合作，保障劳务人员的合法权益，促进对外劳务合作健康发展，制定本条例。(第1条）

（2）适用范围。组织劳务人员赴其他国家或者地区为国外的企业或者机构（以下统称国外雇主）工作的经营性活动。国外的企业、机构或者个人不得在中国境内招收劳务人员赴国外工作（第2条）。对外劳务合作企业不得与国外的个人订立劳务合作合同（第22条）。

（3）企业对外派劳务人员的义务。应当与劳务人员订立书面服务合同，合同应当载明劳务人员权益保障相关事项（第23条），协助劳务人员与国外雇主订立确定劳动关系的合同，并保证关于权益保障的条款与劳务合作合同相应条款内容一致（第27条），负责培训职业技能、所在国家（地区）法律、宗教信仰和风俗习惯等知识（第12条），负责购买人身意外伤害保险（第13条），协助解决劳务人员工作、生活中的困难和问题（第16条），协助劳务人员维护合法权益并在国外雇主违约情况下承担相应赔偿责任（第29条）。

（4）外派劳务人员的义务。接受培训（第12条），遵守当地法律、尊重当地风俗习惯和文化传统（第15条），接受并配合避险安排（第18条）。

（5）外派劳务人员的权利。有权向相关部门投诉违反合同约定或其他侵害劳务人员合法权益的行为（第20条）。

（6）对外劳务合作相关合同。企业应当与国外雇主订立书面劳务合作合同，合同应当载明与劳务人员权益保障相关的社会保险费缴纳、劳动条件和劳动保护、福利待遇和生活条件、人身意外伤害保险的购买、经济补偿、违约责任等（第21条）。

（7）政府服务和管理。建立对外劳务合作不良信用记录和公告制度，公布侵害劳务人员合法权益的行为和处罚决定（第37条）。

（8）法律责任。未购买劳务人员人身意外伤害保险、未与国外雇主订立劳务合作合同、未制定突发事件应急预案等情形下，商务主管部门责令改正并处以罚款（第42、第43条）。

通过以上制度分析可以看出，《对外劳务合作管理条例》对境外劳务人员的劳动和社会保障权益做出了比较全面而系统的规定，从立法目的到对各方权利义务及法律责任的规定，再到政府的服务和管理职责，凸显了对外派劳动者合法权益的维护。相比其他法律中多为粗线条的原则性规定，《对外劳务合作管理条例》的规则算是比较具体的，同时，其体系框架也为后续其他相关行政法规和部门规章的出台奠定了基础。

三 中国境外劳务人员社会保障法律制度的缺陷

无论是与发达国家同一领域立法相比，还是与同属发展中国家的印度、菲律宾等国对境外劳务人员的社会保障立法相比，中国对于境外劳务人员社会保障的立法均显落后。综合分析上述全部立法和政策，可见与中国境外劳务人员社会保障相关的现行制度存在如下重大缺陷。

（一）欠缺立法规划和顶层制度设计

中国长期以来并未重视境外劳务人员这一群体，也并未将保护境外劳务人员权益及促进跨国人员交流上升到国家战略的高度，因此，中国在境外劳务人员社会保障和相关事务上缺乏总体的立法规划，既无明确的立法价值取向，也无具体的立法计划，更不要说顶层制度设计。立法规划的欠缺导致上位法权威性不足。目前，中国尚无针对境外劳务人员的基础性法律，对于境外劳务人员的权益保护没有法律层级的依据。当前被称为境外劳务人员保护"基本法"的《对外劳务合作管理条例》，其法律位阶也仅为行政法规，权威性不足。即使是这部权威性不足的条例，也是姗姗来迟，直到2012年才得以发布和实施。此外，《对外劳务合作管理条例》的适用对象仅为对外劳务合作中的海外外派劳动者，并不适用于个人出境和其他跨境工作类型劳动者。同样由于缺乏立法规划，在2012年《对外劳务合作管理条例》出台后，相关部门、地方政府还未据此制定详细的实施细则或部门立法、地方立法，因此现阶段仍然存在较多法律空白。

(二) 规则残缺不全

在境外劳务人员社会保障领域，现有制度规则残缺不全，表现为立法空白和立法重复同时存在，且已有规则比较零碎。首先，在没有高位阶的基础性法律的情况下，各部门只能根据实践中出现的与本部门职能相关的问题出台各自的规定。这种部门立法使得法律规范体系的整体性被切割，难免出现重复和交叉；在立法难度大的同时则又出现立法空白。如中国现行所有法律规则中，找不到一个条款可以直接适用于公民个人出境就业的社会保障事务，《劳动法》《劳动合同法》的适用范围为"境内"，《社会保障法》的适用对象为"境内公民"；而适用于涉外劳动者的法规，其适用对象仅包括对外劳务合作和对外承包下的劳务派遣人员，不包含公民个人出境就业行为。再如关于企业为外派劳务人员购买社会保险的规定则存在大量重复，具体到如何监督、应承担何种法律后果，却又少有法律提及了。

其次，由于缺乏整体性的立法规划和针对境外劳务人员社会保障的单行法，涉及该类事务时，能够适用或援引的法律条款散布在大量法律政策中，且能够直接援引的条款极少，往往引起较大的法律争议。规则之碎片化，从上述条文梳理部分中可见一斑。例如，在境外劳务人员的社会保障问题上，企业承担何种义务可在《对外劳务合作管理条例》中找到相关规定；发生社会保障权益侵害时需要援引《涉外民事关系法律适用法》相关条款；高度相似的职业人群，如劳务派遣的外派人员和承包工程下的外派人员可以适用不同立法中的不同规则。

(三) 制度规则的可操作性和实施效果不理想

立法不完善和配套行政程序支持不足共同导致中国境外劳务人员社会保障相关的制度规则在可操作性和实施效果上均不理想。首先，原则性条款过多，缺乏有关境外劳务人员权益保障的实质性内容和相关法律后果的规定，在实践中适用到具体案例时效力有限。此外，高位阶基础性法律的缺失也导致各部门和地方政府难以制定具体的实施细则，也就无法提供有效的配套行政支持，特别是政策支持，这些因素都将影响制度规则在实践中的具体实施效果。

第二节 涉及外国人在中国就业的社会保障国内立法和政策

一 与入境外国劳动者相关的社会保障立法和政策分析

(一) 宪法

《中华人民共和国宪法》第33条第3款规定："国家尊重和保障人权。"宪法第32条规定："中华人民共和国保护在中国境内的外国人的合法权利和利益，在中国境内的外国人必须遵守中华人民共和国的法律。"这两个条款明确了外国人在中国的人权和合法权益受到国家保护，对保护在中国境内就业的外国人的社会保障合法权利和利益提供了根本性法律依据，需要指出的是，宪法未进一步阐述外国人合法权利和利益的具体内容。

(二) 法律

2012年6月30日，第十一届全国人民代表大会常务委员会第二十七次会议通过《中华人民共和国出境入境管理法》。该法是中国在法律层面对外国人在华就业相关事务制定的法律位阶最高的法律。该法第41条明确规定，"外国人在中国境内工作，应当按照规定取得工作许可和工作类居留证件。任何单位和个人不得聘用未取得工作许可和工作类居留证件的外国人",第43条进一步对非法就业的情形做出规定。2010年10月28日,第十一届全国人民代表大会常务委员会第十七次会议通过《中华人民共和国社会保险法》。该法的附则部分第97条规定"外国人在中国境内就业的,参照本法规定参加社会保险",这是中国首次在法律中明确规定外国人在中国就业必须加入中国社会保险制度,该条款对于在中国就业的外国人的社会保障意义重大,也为后续行政法规和部门规章的制定提供了法律依据。2010年10月28日,第十一届全国人民代表大会常务委员会第十七次会议通过《中华人民共和国涉外民事关系法律适用法》。该法第41条明确规定"当事人可以协议选择合同适用的法律。当事人没有选择的,适用履行义务最能体现该合同特定的一方当事人经常居所地法律或其他与该合同有最密切联系的法律"。《涉外民事关系法律适用法》的出台,对促进对外贸易、发展本地经济、维护国家安全有着重要意义。

表5-3　　　　　　与外国人在中国就业相关的法律文件

编号	文件名称	发布时间
1	《中华人民共和国国籍法》	1980年9月10日
2	《中华人民共和国行政诉讼法》	1989年4月4日（历经2014、2017年两次修正）
3	《中华人民共和国归侨侨眷权益保护法》	1990年9月7日（历经2000、2009年两次修正）
4	《中华人民共和国护照法》	2006年4月29日
5	《中华人民共和国社会保险法》	2010年10月28日（2018年修正）
6	《中华人民共和国涉外民事关系法律适用法》	2010年10月28日
7	《中华人民共和国出境入境管理法》	2012年6月30日

资料来源:笔者根据国家法律法规数据库公开资料整理形成。

(三) 行政法规

现行与外国人来中国就业相关的行政法规，主要包括《中华人民共和国外国人入境出境管理条例》《关于引进国外人才工作的暂行规定》《关于为外国籍高层次人才和投资者提供入境及居留便利的规定》等。

其中与外国人在中国就业关系最密切的行政法规为《中华人民共和国外国人入境出境管理条例》，该条例是国务院根据《中华人民共和国出境入境管理法》制定，于2013年7月12日发布，条例中对外国人前往中国签证的签发和停留居留诸事务做出明确规定。根据《中华人民共和国外国人入境出境管理条例》，申请在中国境内工作的外国人须申请Z字签证，在中国境内工作的人员应取得工作类居留证件。在申请Z字签证和工作类居留证件时，均须提交工作许可等证明材料。

(四) 部门规章

各部委针对外国人在中国境内就业的相关问题出台了多种部门规章，如表5-4所示。

表5-4　　与外国人在中国境内就业相关的部门规章文件

编号	发文部门	文件名	发布时间
1	财政部、国务院科技领导小组办公室	《关于引进国外人才经费开支渠道和管理办法的暂行规定》	1984年3月
2	国家外国专家局	《对外国专家奖励办法》	1990年10月
3	国家教育委员会、国家外国专家局	《高等学校聘请外国文教专家和外籍教师的规定》	1991年10月
4	公安部	《依法处理非法入境、非法居留外国人的通知》	1992年4月
5	国家外国专家局、财政部、国家外汇管理局	《关于外国文教专家实行新的标准合同的通知》	1992年7月

续表

编号	发文部门	文件名	发布时间
6	最高人民法院、最高人民检察院、公安部、外交部、司法部、财政部	《关于强制外国人出境的执行办法的规定》	1992年7月
7	公安部、国家教育委员会、外交部	《关于妥善解决外国留学生在华非法居留问题的通知》	1992年12月
8	劳动部	《关于境外人员入境就业工作几点具体意见的通知》	1993年5月
9	国家外国专家局	《外国文教专家聘用合同争议仲裁暂行规定》	1993年5月
10	国家外国专家局、财政部	《关于调整外国老专家的工资和解决其特殊问题的通知》	1994年1月
11	公安部	《关于公安机关出入境管理部门对三资企业内的外国人管理的意见》	1994年5月
12	公安部、劳动部、外交部	《关于制止外国人在华非法就业的通知》	1994年10月
13	国家外国专家局	《关于加强境外渠道派遣的外国文教专家合同管理的通知》	1994年11月
14	人事部专家司	《关于回国（来华）定居专家工作有关问题的通知》	1995年3月
15	劳动部、公安部、外交部、对外贸易经济合作部	《外国人在中国就业管理规定》	1996年1月
16	劳动部办公厅	《关于做好台港澳人员和外国人在中国内地就业管理工作有关问题的通知》	1996年11月
17	国家外国专家局	《外国文教专家工资和生活待遇管理办法》	1997年9月
18	劳动和社会保障部办公厅	《关于加强外国人在中国就业管理工作有关问题的通知》	1998年12月
19	国家外国专家局、国家经济贸易委员会	《关于加强企业聘请外国专家工作的通知》	1999年7月

续表

编号	发文部门	文件名	发布时间
20	教育部、外交部、公安部	《高等学校接受外国留学生管理规定》	2000年1月
21	国家外国专家局	《介绍外国文教专家的境外组织中介工作管理办法》	2000年3月
22	教育部	《高等学校境外办学暂行管理办法》	2003年2月
23	劳动和社会保障部	《台湾香港澳门居民在内地就业管理规定》	2005年6月
24	国家外国专家局	《关于印发〈关于完善在华工作外国专家医疗保障制度的意见〉的通知》	2006年5月
25	国家外国专家局	《外国专家在华工作突发事件应急预案》	2006年8月
26	国家外国专家局	《关于规范在华任职外国文教专家和外籍专业人员"转聘"和"兼职"等问题的意见》	2007年5月
27	中国共产党中央委员会组织部等	《关于为海外高层次引进人才提供相应工作条件的若干规定》	2008年12月
28	中央人才工作协调小组（中共中央办公厅转发）	《关于实施海外高层次人才引进计划的意见》	2008年12月
29	人力资源和社会保障部办公厅	《关于涉外劳动人事争议处理有关问题的函》	2010年11月
30	国家外国专家局	《关于做好外国专家劳动人事争议仲裁工作的通知》	2011年1月
31	人力资源和社会保障部	《外国专家来华工作条例（列入工作规划）》	2011年1月
32	人力资源和社会保障部	《外国人在中国工作管理条例（列入工作规划）》	2011年1月
33	人力资源和社会保障部	《在中国境内就业的外国人参加社会保险暂行办法》	2011年9月

资料来源：笔者根据网络公开资料整理形成。

在繁杂的部门规章中，《外国人在中国就业管理规定》《在中国境内就业的外国人参加社会保险暂行办法》对外国人在中国的劳动和社会保障权益做出综合性规范。

《外国人在中国就业管理规定》发布于 1996 年 1 月 22 日，经历了 2010 年 11 月 12 日、2017 年 3 月 13 日两次修订，是目前中国关于外国人在中国就业的法律关系规定最系统全面的法律文件，其内容包含总则、就业许可、申请与审批、劳动管理、罚则、附则六部分。根据《外国人在中国就业管理规定》，外国人在中国就业必须有确定的聘用单位（第 7 条）；外国人在一般情况下须同时持有工作签证、就业许可证和工作居留证件（"三证"）才可在中国境内就业。

《在中国境内就业的外国人参加社会保险暂行办法》是人力资源和社会保障部根据《中华人民共和国社会保险法》制定并于 2011 年 10 月 15 日起施行的，是中国现行法律体系中关于在中国就业的外国劳动者社会保障安排的最为全面且重要的专门性法规。以下简要分析该办法的主要内容。

（1）总目标：维护在中国境内就业的外国人依法参加社会保险和享受社会保险待遇的合法权益，加强社会保险管理（第 1 条）。

（2）适用对象：依法获得《外国人就业证》《外国专家证》《外国常驻记者证》等就业证件和外国人居留证件，以及持有《外国人永久居留证》，在中国境内合法就业的非中国国籍的人员（第 2 条）。

（3）用人单位对已招用的外国劳动者之义务：境内用人单位和本人应按规定缴纳社会保险费，依法参加职工基本养老保险、职工基本医疗保险、工伤保险、失业保险和生育保险；由境外雇主以劳务派遣形式在中国境内工作单位工作的外国人，境内工作单位和本人应按规定缴纳社会保险费，依法参加职工基本养老保险、职工基本医疗保险、工伤保险、失业保险和生育保险（第 3 条）；为外国劳动者办理社会保险登记(第 4 条）。

（4）参加社会保险的外国人所享有的权利：依法享受社会保险待遇；领取养老金待遇前离境的，其个人账户可予以保留，再次到中国就业，缴费年限可累计计算；书面申请终止社会保险关系的，个人账户余额一次性支付给本人（第5条）；本人死亡，其社会保险个人账户余额可依法继承（第6条）；对社会保险争议和损害依法申请调解、仲裁和诉讼的权利（第8条）。

（5）社会保险行政管理部门职责：经办机构向外国人发放中华人民共和国社会保障卡（第10条）；社会保障行政部门对外国人参保情况进行监督检查（第11条）。

（6）用人单位的违法行为及处理：未给外国人办理社会保险登记、未依法为其缴纳社会保险费的违法行为，按照《社会保险法》《劳动保障监察条例》的规定处理；招用非法就业外国人的，按照《外国人在中国就业管理规定》处理（第11条）。

二 与入境外国劳动者相关的社会保障法律制度的缺陷

（一）立法政策不明

由于立法政策不明，中国对于在中国境内就业的外国人的相关事务的立法和政策，常常存在目的不明晰、原则不确定等问题。例如，在立法政策层面，中国对于外国人入境进入中国国内就业是鼓励、支持还是反对、禁止？再如，对外国人在中国就业，中国是否应该遵循国民待遇原则？实际上，中国针对在中国就业的外国人的法律和政策存在明显的差别对待——对于"外国专家"和"外国人"适用两套不同的法律制度，围绕"外国专家"制定关于报酬、就医、教育、仲裁等一系列超国民待遇制度，但有关"外国人"的制度规范甚少，以至于在诸多具体个案中没有可援引的法律规则。其实，实践中很难将"外国专家"和"外国人"做出截然不同的区分。对于"外国专家"和"外国人"的区别对待虽然有其历史原因，但关于外国人就业的立法政策应当根据中国劳动市场现状、国民待遇原则、反就业歧视原则进行更新。

立法政策不明或缺少一以贯之的政策立场，也导致中国在此领域的具体制度规则呈现碎片化状态，制度与制度之间衔接不足。例如，中国一方面通过"三证"严格限制来中国就业的外国劳动者，另一方面又因就业证制度和其他制度（特别是劳动合同制度）的矛盾，在执法实践中对非法就业采取选择性无视。

（二）制度位阶或效力层级过低

除了有关国外高层次人才入境就业的相关法律制度外，其他有关外国人入境就业社会保障的相关法律文件的位阶均不高。唯一的专门性法律文件《在中国境内就业的外国人参加社会保险暂行办法》，仅为人力资源和社会保障部发布的部门规章。制度效力层级不高与制度执行情况不理想是有关系的，效力层级不高的法律文件，难以获得其他部门和地方政府的配套政策支持，实施效果就难免大打折扣。

（三）制度内容与制度目标的冲突

以《在中国境内就业的外国人参加社会保险暂行办法》为例来分析，该暂行办法，是目前对外国人在中国就业的社会保障关系做出统一规定的专门法律文件，在立法目标和适用对象上有进步，并且不再区分"外国专家"和普通"外国人"，而是对所有在中国境内就业的外国人做出统一规定。

但也仍然存在诸多问题，譬如制度内容和目标的冲突。按照《外国人在中国就业管理规定》等相关规定，外国人只有持有国内用人单位工作邀请时才可办理入境就业相关手续，且合同期满时就业证即刻失效，被聘用者的劳动合同被解除后，必须到公安机关办理出境手续；即使办理入境改签，也必须有明确的国内用人单位。按照现行法律规定，一般情况下外国劳动者在中国不存在合法的失业状态，那外国劳动者是否还有必要按照《在中国境内就业的外国人参加社会保险暂行办法》的相关规定参加失业保险呢？

关于养老保险的规定同样如此，《社会保险法》规定参加基本养老保险的个人，达到法定退休年龄时累计缴费满15年的才可享受养老保险待遇，在中国境内就业的外国劳动者同样适用此条款。然而《外国人在中国就业管理规定》第18条明确规定用人单位与被聘用的外国人依法订立劳动合同,劳动合同的期限最长不得超过 5 年(经批准后可延长),因此,按照现行法律,只有很少的外国劳动者可以满足中国养老保险的领取年限,那外国劳动者又是否有必要缴纳养老保险呢?这种制度规范设计与"维护在中国境内就业的外国人依法参加社会保险和享受社会保险待遇的合法权益"的立法目的似有冲突存在。

第三节 中国与其他国家缔结的社会保障协调与合作协定

一 中国社会保障领域国家间协调与合作发展概况

中国社会保障领域国家间协调与合作发端于 20 世纪 90 年代末。一方面,随着改革开放的深入发展和对外开放水平的不断提升,中国境外务工人员的规模逐渐壮大,国家开始关注这一群体的社会保障事务。另一方面,90 年代末《关于建立统一的企业职工基本养老保险制度的决定》《失业保险条例》《社会保险费征缴暂行条例》的相继出台,标志着中国统一的养老和失业保险制度初步确立,社会保障国际合作作为社会保障制度的延伸也得到一定的关注。中国开始向经贸和人员往来密切的其他国家寻求社会保障之间的协调合作。

一直到 2010 年之前,中国在社会保障国家间协调与合作领域的发展都非常缓慢。主要原因是在 2010 年之前,中国社会保障诸条例并未明确规定在中国境内就业的外国人必须遵循中国的社会保险制度,而世界上的主要劳动力输入国对此却有明确规定,即中国劳动者到境外就业时须遵循东道国法律向东道国缴纳社会保险费。如此,中国长期以来作为社会保险利益的净输出国,在社会保障国家间谈判中陷入不利处境,其他国家缺乏与中国协商社会保障双边合作的动机。

转折点是 2010 年《社会保险法》的出台,该法第 97 条明确规定"外国人在中国境内就业的,参照本法规定参加社会保险";2011 年,人力资源和社会保障部又据此制定了《在中国境内就业的外国人参加社会保险暂行办法》。这两项法律政策的出台为中国社会保障国家间合作奠定了法律基础，一定程度上也扭转了中国在谈判中的不利地位。

经过多年的协商谈判，中国在21世纪初期分别与德国、韩国签订了《中华人民共和国与德意志联邦共和国社会保险协定》《中华人民共和国与大韩民国互免养老保险缴费临时措施协议》。这两项协议是中国在社会保障国家间协调与合作领域取得的重大突破。此后中国的社会保障国家间合作得到较快发展。截至2021年，中国已经与德国、韩国、丹麦、芬兰、加拿大、瑞士、荷兰、法国、西班牙、卢森堡、日本、塞尔维亚共计12个国家签订了社会保障双边协定，其中，11份社会保障双边协定已先后生效实施。

在组织管理方面，人力资源和社会保障部、外交部等部委是核心的牵头和管理部门。此外，2002年原劳动和社会保障部成立国际交流服务中心，其主要职能是促进非政府和民间国际交流、参与拟订和实施境外就业与社会保障计划和中长期规划、开展涉外劳动保障调研、监督管理及指导境外就业中介机构和行业协会、信息系统建设与维护等。该中心是目前中国调研、参与、拟订、实施与监督国家间社会保障协调与合作的专门业务部门，同时其大量涉外劳动和社会保障法规翻译资料和丰富的调研成果是中国签署社会保障国家间协定的重要智库资源。

近年来，虽然中国在社会保障国家间合作上取得较大突破，但相对于欧美发达国家和同为发展中国家的劳动力输出大国，中国的社会保障国家间合作仍处于初始发展阶段，表现为国家间协定数量过少、覆盖人群有限、覆盖项目有限、合作方式较为单一等。

二 中国已缔结社会保障协定的制度内容

（一）缔约宗旨和原则

严格地说，中国在社会保障国家间协调与合作领域的基本理念或原则目前并不明确，因为从已签署的12份双边协定文本来看，关于缔约目标的表述均为"为有效解决中 X 两国在对方国工作的人员双重缴纳社会保险费的问题"。"免除双重缴费"之类的目标属于具体问题，不涉及理念和价值取向，达不到宗旨和原则的高度。

(二) 合作方式

历经近百年的发展，国际上成熟的国家间社会保障合作方式已颇具多样性，包括缴费互免、参保期限累加、待遇按比例支付以及社会保险费用一次性偿付等。其中，缴费互免是所有社会保障双边协定都包含的基本制度。从社会保障协定的政策目标条款可以看出，中国签署的社会保障双边协定实质上全部为社会保障双边互免协定，即缴费互免是中国已签订社会保障协定中唯一采用的合作方式。中国已签订的 12 份社会保障双边协定中，对于互免期限的规定从最低 3 年到最高 72 个日历月不等。

(三) 适用对象

适用对象指适用免除社会保险缴费的人员范围。中国已经签署的 12 份协定均适用于派遣人员、外交和领事机构人员、政府雇员、船员四类人员。这四类人员实际上也是国际双边协定中最基本、最常见的适用人员。主要原因如下：避免派遣人员的双重缴费是大多数国家签订社会保障协定的最初动因；外交和领事机构雇员的互免是根据《维也纳外交关系公约》《维也纳领事关系公约》两个国际法的规定；特定的政府雇员可豁免加入接受国的社会保障体系，但协定国之间必须对政府雇员的范围做界定；船员的缴费互免依据为《海员社会保障公约》。

航空器雇员与海员、船员的性质类似，目前中国签署的双边协定中仅有与德国、芬兰、塞尔维亚的协定未覆盖航空器雇员。

自雇人员也是国际上社会保障双边协定最基本的适用人群，但由于各国对自雇人员的界定有差异，谈判时须就自雇人员的概念达成共识，当前中国与德国、韩国、芬兰、加拿大、瑞士、卢森堡六国签署的社会保障双边协定覆盖自雇人员。

就业人员的家属是部分适用人群更广的协定中涵盖的对象人员，中国仅有与荷兰、日本的双边协定中涵盖了随行家属。

此外，中国与除德国、塞尔维亚外 10 个国家的社会保障双边协定中均规定有例外适用人员。

（四）适用保险项目

国际上，适用双边缴费互免的社会保障险种经历了从长期缴费型险种（特别是养老保险）向《社会保障（最低标准）公约》所规定的全部九项险种的发展。① 但中国已签署的社会保障双边协定中适用的项目非常有限，中国与德国、韩国、芬兰、加拿大、瑞士、西班牙、法国、塞尔维亚签署的双边协定只包含养老保险和失业保险，与丹麦、加拿大、卢森堡、日本签署的双边协定则只包含养老保险。

表 5-5　　中国与其他国家签订的社会保障双边协定和行政协议

国家		互免险种范围	执行时间
中国—德国	中国	法定养老保险	2002 年 4 月 4 日
		失业保险	
	德国	法定养老保险	
		就业促进费	
中国—韩国	中国	职工基本养老保险	2013 年 1 月 16 日
		城乡居民基本养老保险	
		失业保险	
	韩国	国民年金	
		政府公务员年金	
		私立学校教职员工年金	
		雇佣保险	

---

① 老龄津贴、残疾津贴、遗属津贴、工伤津贴、疾病津贴、失业津贴、生育津贴、医疗津贴、家庭津贴。

续表

国家		互免险种范围	执行时间
中国—丹麦	中国	职工基本养老保险相关的法律规定	2014年5月14日
	丹麦	社会养老金法案及根据此法案制定的法规	
		劳动力市场补充养老金法案及根据此法案制定的法规	
中国—芬兰	中国	职工基本养老保险	2017年2月1日
		失业保险	
	芬兰	与收入相关的年金计划下的老年、残疾和遗属年金	
		失业保险	
中国—加拿大	中国	职工基本养老保险	2017年1月1日
		城乡居民基本养老保险	
	加拿大	老年保障法案及据此制定的法规	
		加拿大养老金计划及据此制定的法规	
中国—瑞士	中国	职工基本养老保险	2017年6月19日
		城乡居民基本养老保险	
		失业保险	
	瑞士	养老和遗属保险	
		残疾保险	
中国—荷兰	中国	职工基本养老保险	2017年9月1日
		失业保险	
	荷兰	医疗保险	
		失业保险	
		遗属保险	
中国—西班牙	中国	职工基本养老保险	2018年3月20日
		失业保险	
	西班牙	社会保障制度中适用于雇员的缴费型养老金，其中不包含工伤和职业病保险	
		雇员的失业保险缴费与待遇	

续表

国家		互免险种范围	执行时间
中国—卢森堡	中国	职工基本养老保险	2019年5月1日
	卢森堡	涉及养老、病残和遗属的养老保险	
中国—日本	中国	职工基本养老保险	2019年9月1日
	日本	国民年金（国民年金基金除外）	
		厚生年金（厚生年金基金除外）	
中国—法国	中国	职业基本养老保险	暂未生效实施
		失业保险	
	法国	涉及以下人员的养老保险： （1）非农业就业受薪人员； （2）农业职业受薪人员； （3）非农业职业的非受薪人员，除关于养老保险补充制度的条款外； （4）农业职业非受薪人员； （5）特殊保险制度受薪人员，除本协定另作规定外	
		失业保险	
中国—塞尔维亚	中国	养老保险；失业保险	待定
	塞尔维亚		

资料来源：笔者根据人力资源和社会保障部公开资料整理制作。

通过以上对中国现有社会保障国家间协定的梳理与分析，其在制度安排上有四点不足。第一，社会保障协定数量过少，与中国开展社会保障协调与合作的国家和地区有限。第二，社会保障协定的合作方式单一。中国的社会保障协定是实质上的双边互免社保缴费协定，不包含参保期限累加、按比例支付等更高层次的合作方式。第三，社会保障协定的覆盖项目（险种）狭窄。中国现有的12份双边协定中，8份协定只包含养老保险和失业保险，4份协定只包含养老保险。第四，覆盖人群有限。目前，中国签署的社会保障协定中只涵盖国际惯例中最基本的四类适用人群，未能覆盖中国出境就业的主要工种和职业类别中的劳动者。

三 对中外社会保障国际协调合作及相关制度安排的反思

（一）推进国家间社会保障协调与合作的意愿有待加强

社会保障立法建制，是国家承担的社会保障责任。社会保障国际协调合作又涉及诸多部门和利益主体，唯有国家（政府）能够调动各方资源，担当起推动社会保障国家间合作的责任。国家意志的强弱很大程度上决定一国社会保障国家间合作进程的快慢，而中国在推动社会保障国家间协调与合作问题上，国家意愿尚待加强。

其一，国家对于国内外劳动力跨境流动的态度尚不明朗。改革开放以来，中国在经贸往来、文化交流、科技发展等领域的国际合作上均有较为明确和一以贯之的立场，如"大力促进经贸往来""弘扬民族文化，鼓励跨文化交流""加快学习国外先进的科技成果"等常见表述，都在很大程度上体现了国家在上述领域正面的、积极的态度和立场。但对于劳动者，无论是走出国门的中国劳动者，还是来华就业的外国劳动者，中国均未比较明确地表达出自己的国家意志。当今世界虽然遭受逆全球化和民粹主义的袭扰，但全球化的核心逻辑并未改变，中国有必要就如何对待跨境劳动力流动形成更加明确的立场。

其二，中国境外劳务人员社会保障权益尚未得到政府足够的关注。一方面，境外劳务人员作为国际服务贸易中对外劳务合作的重要构成部分，其作为重要资本要素和国际贸易中"商品"的属性被放大，但作为公民的社会保障权益却有些被忽视。另一方面，境外劳务人员作为本国公民理应享受各种社会保障权益，但国家对于公民社会保障权益的保护却主要适用于境内公民，对境外务工人员的社会保障安排并未写入《社会保险法》《劳动合同法》。随着中国在世界经济政治舞台上扮演越来越重要的角色，境外劳务人员规模也日渐庞大，中国需要加强对这一类群体社会保障权益的关注，积极推动中国社会保障国家间合作的发展进程。

（二）关于国家间协调与合作领域的政策目标和原则的立场不明晰

中国在国家间社会保障协调与合作领域缺乏长期政策规划和顶层制度设计，这是中国社会保障国家间合作谈判进展缓慢的重要原因。政策法规的出台应是立法政策和立法规划先行，其后依照政策规划和制度的顶层设计，在充分论证的基础上系统开展立法或政策制定工作。而由于缺乏系统的政策规划，中国已经签署的 12 份国家间社会保障双边协定的协议文本是有关部门在参照国际惯例和公约、参考他国协议文本的基础上，经过本土化调整后拟定的。由于缺乏缜密的立法论证过程，其在适用性和实施效果上均不太理想。中国社会保障国家间合作起步较晚，合作的初始动机主要是解决实践中遇到的社会保障费双重征缴问题。经过 20 余年的发展，中国现阶段社会保障双边协定仍以免除双边社会保障缴费为唯一政策目标，这已远远无法满足中国劳动者权益保护和企业跨国经营的需求。

同时，在经历 20 多年的发展后，中国对社会保障国家间合作的基本原则仍不明确。如本国劳动者与外国劳动者在同等就业下所享受的社会保障权益应坚持平等待遇抑或差别待遇？中国在跨国劳动者社会保障准入问题上应坚持国籍取向抑或属地取向？原则不明或缺位，会妨碍中国社会保障国家间协调合作向更高层次发展。中国不会一直停留在社会保障双边互免缴费的合作阶段，那么何时进入下一阶段？什么阶段可以采用何种合作方式？又需要哪些配套政策支持来实现？解决诸此问题，需要有清晰的政策目标和明确的原则指引。

（三）现有社会保障协定的制度安排与跨国劳动者权利保护需求不匹配

中国已签署的社会保障协定，存在数量过少、合作方式单一、覆盖项目和人群狭窄等问题，可以说与中国跨国劳动者权利保护需求存在较为严重的不匹配现象。

首先，双边协定缔约国与中国劳务输出主要目的国的错配。中国签署的社会保障协定不仅数量少,且缔约国中除了日本、韩国外,其他国家均不是中国劳动力跨国流动的主要目的国。2016 年,中国在 10 个缔约国(日本、塞尔维亚以外)的跨国劳动者合计 18006 人,仅占年末在外总人数的 1.9%,① 可见既有社会保障双边协定对中国跨国劳动力的实际覆盖面非常有限。

其次,覆盖项目与中国跨国就业主要工种的错配。中国签署的社会保障协定中仅包含养老保险和失业保险,其中 4 份协定甚至只含养老保险。与中国签订社会保障双边协定的 12 个国家均为发达国家,而根据中国对外劳务合同统计报告,中国跨国劳动者在发达国家的主要从业工种为建筑业、制造业和交通运输业等高危低端工种。上述行业的从业者对医疗保险、工伤保险和遗属保险具有更高的需求,但目前已签署的协定却未能涉及。事实上,中国劳动者在海外遭遇的劳务纠纷和维权困难,最主要的社会保障项目即为工伤赔偿。因为根据《劳动争议调解仲裁法》和《涉外民事关系法律适用法》的规定,劳动者发生工伤纠纷后不能在国内对海外企业提起劳动仲裁,只能发起涉外民事诉讼,劳动者在权衡诉讼的手续繁杂、时力耗费以及语言和法律劣势后,往往选择不了了之,自己承受工伤带来的精神和经济损失。社会保障国家间合作本应是解决此类纠纷、维护劳动者及其家属医疗和工伤权益的重要手段,中国在相关合作中却未能覆盖工伤保险、医疗保险及遗属保险,因此相关协定的适用性大打折扣。

最后,单一合作方式与跨国劳动者权利保护需求存在差距。双边互免社会保障缴费是各国开展国家间社会保障合作的初始动机,经历百余年的探索与发展,已形成多种合作方式。法制史得出的基本经验是,国家间社会保障协调与合作的方式越丰富、越具多样性,就越有利于跨国劳动者的权益保护。这是由于劳动者个体差异和工作属性决定其偏好的协调方式各有差异;同一劳动者在不同时期对协调方式的偏好也在不断发展和变化。中国目前社会保障国家间合作的唯一形式是对养老保险和

---

① 国家统计局贸易外经统计司编:《中国贸易外经统计年鉴 2017》,中国统计出版社 2017 年版。

部分缔约国的失业保险采取双边互免社会保险缴费，但对于部分劳动者，特别是对往返多国的劳动者而言，缴纳当地社会保险费用、累计两国（多国）就业年限、在获得福利领取资格后享受福利可输出和按比例支付待遇这样的合作方式更受他们青睐。相关国际经验证明，类似的合作方式在实践中确实能够保障跨国劳动者免受更大的权益损失，但由于中国社会保障国家间合作的基础尚显薄弱、协商难度大、立法不完善、配套政策不足等多重因素，目前为止并未考虑采用更先进（同时也更复杂）的合作方式。

（四）国际组织和国际公约值得重视和善用

解决跨国劳动者所遭遇的社会保障国际冲突困境，基本路径无非两条。其一，通过国家间（或地区间）签订社会保障协定来协调处理签约国之间的社会保障法律冲突，保护跨国劳动者的社会保障权益。其二，批准加入全球性或区域性的国际公约（如国际劳工公约）等，以社会保障国际合作的形式予以解决。由此可知，在社会保障国际协调与合作领域，国际组织和国际公约的地位和作用相当重要。

在社会保障领域，国际劳工组织、国际社会保障协会和联合国人权组织等在推动国际合作、维护移民劳工社会保障权益方面有着举足轻重的地位和不可忽视的功能。其发挥作用的方式主要有两种。第一种方式如前文所述，通过其主持制定的公约直接提供解决跨国劳动者社会保障冲突困境的制度规则。第二种方式，通过制定的国际公约和推广公约的过程，向成员国传播该领域内先进的价值理念和国际社会公认的原则共识，影响成员国立法（包括国家间条约）或转化为成员国法律，间接地推动跨国劳动者权益保护。2001年全国人民代表大会常务委员会批准加入联合国《经济、社会及文化权利国际公约》，推动中国于2004年将"尊重与保障人权"和"国家建立社会保障制度"写入宪法，就是一个很典型的案例。[①]

[①] 刘冬梅：《论国际机制对中国社会保障制度与法律改革的影响——以联合国、国际劳工组织和世界银行的影响为例》，《比较法研究》2011年第5期。

但是，总体来说，中国与社会保障领域几个重要的国际组织合作程度尚浅，表现在中国批准加入国际劳工组织下的社会保障国际公约数量不多，在发展中国家的队伍里也是排名靠后的。联合国体系下的《保护所有移徙工人及其家庭成员权利国际公约》，与社会保障国际合作密切相关，中国尚未加入。这使得中国跨国劳动者难以借力这些国际公约来应对其所遭遇的社会保障冲突困扰；在中国缔结的社会保障双边协定数量甚少的情况下，其不利影响尤显突出。中国社会保障领域立法和缔约进展过缓，与未能充分利用相关国际组织和国际公约的作用也不无关系。未来，无论是基于保护跨国劳动者社会保障权益的需要，还是出于加快完善中国社会保障立法、推进国家间社会保障协调与合作的目的，都有必要更加重视社会保障领域国际组织和国际公约的作用。

第六章

中国社会保障国际协调与合作领域的立法（和缔约）政策

第一节 "立法政策"的意涵和功能

一 "立法政策"的意涵

立法，广义来说，包含法律的制定、修改或废止等国家行为，最终体现为规范条文的产生。立法活动真正的开端，并非自条文始，而是从立法政策的明确开始。立法政策，是执政者或者具有相应公权力的国家机关，为使社会的利益总量最大化，根据已发现和形成的国家意志或社会形势，为相关领域的立法工作确立的指导思想和基本方针，是立法工作得以进行的基本依据。在中国，立法政策通常是执政党中国共产党在一定时期和特定领域的方针、路线、政策的体现，是通过法定立法程序转化为国家法律的前提和中介。

立法政策，具体表现为制定出来的某部法典或法律的宗旨和基本原则。如《中华人民共和国民法典》第1条即表明其宗旨："为了保护民事主体的合法权益，调整民事关系，维护社会和经济秩序，适应中国特色社会主义发展要求，弘扬社会主义核心价值观，根据宪法，制定本法。"该法典第4、第5、第6条则分别规定了民事活动中的平等、自愿和公平

第六章　中国社会保障国际协调与合作领域的立法（和缔约）政策

原则。

需要说明的是，在本书中，"立法政策"这一术语的意涵，除了在上述通常意义上使用之外还略有扩张，兼指国家间谈判、签订、缔结条约过程中的基本方针和政策。按照国际法理论，条约是国家之间、国际组织之间以及国家与国际组织之间缔结的受国际法支配的书面国际协议。狭义的条约，指以"条约"命名的那一类国际协议；广义的条约，包括符合条约特征的所有国际协议，其名称包括条约、公约、宪章、盟约、规约、协定、议定书、换文等。[①] 本书所研究的国家间社会保障双边或多边协定，亦即条约的一种。按条约的法律性质，条约可以分为契约性条约和造法性条约，社会保障双边或多边协定一般都属于造法性条约。契约性条约通常有期限规定，造法性条约通常无期限限制，但不管是哪一种条约，一经特定国家批准或加入，在该国即具有等同国内法律的效力，其效力位阶甚至还高于国内一般法律。基于此理，我们可以把条约的缔结视同立法过程。所不同者，一为国内立法，一为国家间通过谈判造法。如此，则国内立法有确定立法政策的问题，缔结条约也有与之相当的明确缔约政策的问题。本章即研究中国在社会保障国际协调与合作领域（国内）立法和（国家间）缔约时应采取的立法政策和缔约政策。

二　立法政策的功能

法律以数量繁多的规则为主体构成并呈现，规则的背后却是具有以简驭繁功能的为数不多的法律原则，原则又是由立法政策决定的。所以，法律的实施，从规则的适用入手；法律的产生，则要从立法政策的确定开始。

立法政策的主要功能，可以具体分析如下。

其一，立法政策关系到特定领域全部立法的方向性问题，立法活动有赖于立法政策指明方向。以一个国家的刑事立法为例，具体刑事制度如何设计、某项特定制度（比如沉默权制度）如何取舍，都有赖于从

[①]《国际公法学》编写组：《国际公法学》，高等教育出版社2016年版，第354页。

刑事立法政策上明确：国家是以打击犯罪为优先事项，还是以保护人权为优先事项；国家对待犯罪的取态是从宽还是从严。没有明确的刑事立法政策做指导，刑事立法就会失去方向。

其二，立法政策关系到特定领域立法的全局性问题，立法规划有赖于立法政策明确才能制定。没有明确的立法政策为前提，立法规划就难以出台；勉强为之，也很难保障规划的周密健全。

其三，立法政策通常直接表现为某部成文立法的宗旨和基本原则，没有明确的立法政策为仪轨，产生出来的法律理念必然混沌不明，法律原则也无从确定和彰显。

总之，对于制定法律而言，立法政策的意义和功能非同寻常。没有明确的立法政策做指导，立法就会失去方向指引，立法者就难以作规划、定制度、拟条文。就我们所要研究的中国社会保障国际协调与合作领域的立法和缔约而言，亦是如此。

第二节 立法和缔约的宗旨

一 理念基础

（一）平等人权

伴随着人权观念和思想的兴盛，发轫于英国济贫法和德国社会保险立法的社会保障权利诉求，业已被宣告和确认为国际人权法上的基本人权。从《世界人权宣言》到联合国《经济、社会及文化权利国际公约》，再到欧洲、美洲等各大区域性国际人权立法，都确认社会保障权为当今世界上人的基本权利。最典型的法律条款，如联合国《经济、社会及文化权利国际公约》第9条规定："本盟约缔约各国承认人人有权享受社会保障，包括社会保险。"又如1996年修订的《欧洲社会宪章》第12条规定："所有劳工及其供养的人享有社会保障权。"不仅如此，在国际社会和各国国内力量的推动下，社会保障权同时或相继被世界上大多数国家的宪法确认为宪法上的公民基本权利。① 各国政府理所当然地成为这种宪定基本权利的义务人,负有尊重、保障和实现本国公民社会保障权利的法定义务。

现在的问题是,各国政府对于非本国公民的跨国劳动者是否承担同样的法定义务呢?换言之,跨国劳动者在东道国是否能够同样地享有社会保障权利呢?单从宪法规范和法律逻辑的角度来看,跨国劳动者似乎很难对东道国政府主张社会保障权利,因为宪法所规定的是本国公民的基本权利,当然以具有公民身份为前提。

但是,从国际人权法的条文和立法本意来分析,答案应该是肯定的。联合国《经济、社会及文化权利国际公约》(中国于 2001 年 2 月 28 日批准加入)第 2 条第 2 款规定:"本盟约缔约国承允保证人人行使本盟约所载之各种权利,不因种族、肤色、性别、语言、家教、政见或其他主张、民族本源或社会阶级、财产、出生或其他身份等等而受歧视。"可见,在享有经济、社会、文化权利方面,保证不因主体的国籍不同而差别对待,是盟约缔约国对外承担的条约法义务。1990 年《保护所有移徙工人及其家庭成员权利国际公约》更是专门针对移民劳动者人权保护而订立的,是联合国九大核心人权条约之一。②

国际劳工组织主持制定的多份涉及社会保障的国际劳工公约,如1925 年《本国工人与外国工人关于事故赔偿的同等待遇公约》(第 19 号公约)、1982 年《维护社会保障权利公约》(第 157 号公约)也秉持同样立场做出了同样的规定。尤其是 1952 年《社会保障(最低标准)公约》(第 102 号公约)和 1962 年《本国人与外国人社会保障同等待遇公约》(第 118 号公约),前者确立了本国人和非本国人社会保障待遇平等的原则,后者明确要求缔约国"对其他会员国的国民,根据立法,给予与本国国民同等的待遇"并做出详细规定,将同等待遇的范围从"工人赔偿"扩大至"各种社会保障"。

---

① 李运华:《社会保障权原论》,《江西社会科学》2006 年第 5 期。
② 《国际公法学》编写组:《国际公法学》,高等教育出版社 2016 年版,第 124 页。

由此可见，跨国劳动者与东道国本国公民在获得社会保障方面享有平等权利，这也是我们在社会保障国际协调与合作领域应当秉持的基本理念；反之，协调就失去了意义，合作也无从谈起。

（二）经济自由

本书前文已论及，跨国劳动者系移民的一种类型，即跨国经济移民。移民虽然古已有之，但近现代以来的大规模跨国经济移民本质上是经济全球化的伴生现象。而经济全球化，就其实质来看，是近代以来资本主义自由市场经济思想和体制的实现与扩张，表现为经济要素在生产、贸易、投资、金融等领域全球性的自由流动（配置与重组），以及由此产生的世界各国经济高度相互依赖和融合的现象。①

从经济学的角度看，资本主义市场经济的根本和要害在于自由市场，因此，贯穿于经济全球化的最基本的理念，亦即经济自由。反映到法律层面，经济自由便成为民商事法律制度最重要的基本理念，从财产自由和契约自由开始，衍生出投资自由、企业自由、经营自由、迁徙自由、择业自由、工作自由等私法（含劳动法）领域的基本法律原则。

劳动力市场属于市场经济类型。经济自由的理念，一以贯之，当然要求劳动力的自由流动和配置，体现在劳动法上即迁徙自由、择业自由、工作自由等劳动法原则和制度。可是，正如英国著名学者贝弗里奇早在 1942 年就预见到的那样："社会保险将成为影响劳动力流动的一个重要因素……人们渴望通过这种安排，使他们在流动时可以避免社会保障方面的损失，并准许他们将在先前国家获得的社会保障权益部分地带到另一个国家。"②

从实践经验来看，社会保障国际协调与合作最为成功的典范是欧盟，而推动欧盟前进的动力正是希望通过社会保障协调合作排除劳动力自由流动的障碍，以实现欧洲单一市场，进而实现经济一体化发展。而

---

① 李运华：《经济全球化的事实与逻辑之再认识——兼论发展中国家因应全球化的策略》，《湖北经济学院学报》2006 年第 1 期。

② ［英］威廉·贝弗里奇：《贝弗里奇报告——社会保险和相关服务》，劳动和社会保障部社会保险研究所组织翻译，中国劳动社会保障出版社 2004 年版，第 16 页。

经济全球化，在某种意义上可以说就是把欧盟的实践和经验放大、扩张，推向全球。由此可见，"经济自由"理念，实乃社会保障国际协调与合作的出发点、落脚点和核心动力。

（三）社会公正

公正（justice），亦译为正义，被众多哲学和法律思想家认定为法律应该追求实现的终极目的。正义或公正概念的使用由来已久，有关何为正义及其标准的思想和争论，更可谓史不绝书。但是，历经几千年的探讨，人们至今却依然很难就正义的界定达成共识。古罗马著名法学家乌尔比安说："正义乃是使每个人获得其应得的东西的永恒不变的意志。"① 乌尔比安关于"正义"的定义曾经广为流传和被接受，但它并未结束有关正义的各种求解和争论。近现代以来，有关正义的探讨似乎更为多元，有学者将其总结归类为三种正义理论流派，即功利主义正义论、自由主义正义论和罗尔斯的正义论。其中，罗尔斯的正义论上升到一种更高的抽象水平，被认为具有集大成的性质。依罗尔斯的解释，正义是关乎一个社会的基本制度如何分配由社会成员合作所产生的利益的方式，② 反映的是人们从道义上或法理上追求利益关系特别是分配关系合理性的价值理念和标准，其中蕴含着人们对合理的社会秩序、制度规范和利益格局的诉求。

综观从乌尔比安到罗尔斯关于"正义"的定义，虽有颇多分歧，但是核心的意涵共同指向利益或资源的分配：每个人得到他所应该得到的份额。一种正义的分配方式，应是能够满足个人的合理需要和利益诉求，并能同时促进社会共同体的财富生产和社会团结。

具体到我们所关注的领域，原籍国或东道国在分配社会保障福利时该如何对待跨国劳动者？或者说怎样处理跨国劳动者的社会保障问题才是合乎公正的？根据国际劳工组织、国际社会保障协会等国际组织的统

---

① [美] E. 博登海默：《法理学—法哲学及其方法》，邓正来、姬敬武译，华夏出版社1987年版，第253页。

② [美] 约翰·罗尔斯：《正义论》，何怀宏、何包钢、廖申白译，中国社会科学出版社1988年版，第7页。

计和研究资料,全世界有超过10亿的国内和国际移民,其中国际经济移民即跨国劳动者数量在2亿以上。这些跨国劳动者为原籍国做出了重大贡献,包括:在为自己获得报酬、供养家庭亲属的同时缓解了原籍国的资源紧张和就业压力;为原籍国挣得大量外汇收入,改善国家财政状况,世界银行表示,尼泊尔2019年收到的在外务工者汇款总额达81亿美元,占比超过尼泊尔国内生产总值的1/4,将习得的比较先进的科技和劳动技能带回到原籍国;等等。

与此同时,这些跨国劳动者也为东道国创造了经济财富和社会价值,诸如:跨国劳动者帮助东道国解决了经济、社会发展所面临的人力资源不足问题;带来各种东道国可能没有或者短缺的技能和能力;跨国劳动者往往勤劳且具有创业精神,有助于增加东道国经济社会活力;跨国劳动者在年龄结构上通常比本地人口结构年轻(据国际劳工组织统计数据,一般处于20—39岁),可能有助于改善东道国人口结构,恢复人口活力,并且常常是社会保障制度的绝对贡献者(即终生净缴费者)。①

因此,从跨国劳动者对原籍国与东道国的经济和社会贡献角度看,满足跨国劳动者的社会保障福利诉求,是他们应得的待遇,是社会公正的要求;相反,无视他们的利益和诉求是有欠公正的。

(四)人道主义

人道主义(humanitarianism),或译为人本主义、人文主义,本是一种起源于古希腊、盛行于文艺复兴时期的欧洲的哲学思潮。作为哲学的人道主义,美国哲学家克里斯·拉蒙特曾经做出过如下定义:人道主义是一种在这个自然世界上按照理性和民主的方法为谋求全人类的更大幸福而进行令人愉悦的服务的哲学。显然,普通人对于这种哲学意义上的人道主义是颇感生疏的。②

---

① 国际社会保障协会:《社会保障须宜考虑全球劳动大军日益增长的流动性》,2014年12月18日,https://www.issa.infzh/—/social—security—facing-increased-mobility-of-the-global—workforce。

② [美]克里斯·拉蒙特:《作为哲学的人道主义》,商务印书馆1963年版,第23页。

实际上，大众所熟悉的人道主义，是一种（自人道主义哲学衍生而来的）作为伦理原则和道德规范的人道主义。它强调人的价值、尊严和权利，主张人格平等，倡导互相尊重和关爱。基于这种伦理原则和道德规范，国际上产生了人道主义法，如《日内瓦公约》及其附加议定书。国际人道主义组织（如红十字国际委员会、红新月国际联合会）又根据这些伦理原则和国际人道主义法制定了《人道主义宪章》。借助该宪章（尤其是其中的人道主义原则部分），我们或可更确切地了解什么是人道主义。该宪章包含人道主义原则、责任和义务、最低救助标准三个部分。人道主义原则部分确定了三项基本原则：第一，灾民享有正常生活权利的原则；第二，武装人员与非武装人员区别对待原则；第三，禁止驱逐原则（不能将灾民送回到其生活或自由受到威胁的国家或有可能受到迫害危险的地方）。

就人道主义与社会保障国际协调与合作的关系，有学者指出："社会保障国际合作的基本宗旨就是要在全世界的不同地区、不同国家、不同社会成员之间，实现人类自身应有的生存权和发展权，并且正是通过人类成员在互助共济、人人为我、我为人人的基础上形成的合力，来抵御和消除危害人类生存发展的贫困、病残、失业。这一国际合作的伦理基础是人本思想，其发展和演变始终贯彻着人道主义的原则。"[1] 人道主义理念在社会保障领域的最重要的功能，是能够帮助不同国家超越政治制度、意识形态和宗教信仰等分歧，以便顺利展开国家间的协调与合作。

前文述及国际移民实际上包含多种不同类型或原因的移民，主要有国际经济移民（跨国劳动者）、难民、其他原因的移民（如跨国投资、跨国婚姻、家庭团聚，甚至教育旅游等）等。各种类型的移民都可能需要国家间的社会保障协调与合作以帮助解决他们遇到的社会保障难题。在社会救助等非保险、非缴费类的社会保障项目下，经常可以看到人道主义理念在其中发挥的重要作用。在难民的社会救济和福利保障

---

[1] 种及灵：《论社会保障的国际合作》，《法学》2000年第9期。

上，人道主义的作用尤其突出。

二 价值目标

立法的宗旨，或立法的指导思想，要解决的基本问题有两个：一是确定该项立法的基本理念；二是明确立法者通过该项立法希望实现的价值目标。前者涉及抽象观念层面的价值取向，后者通常是一种更具体的利益指向，如《中华人民共和国社会保险法》第1条规定："为了规范社会保险关系，维护公民参加社会保险和享受社会保险待遇的合法权益，使公民共享发展成果，促进社会和谐稳定……"，即明确规定该法要实现的价值目标，是"维护公民……享受社会保险待遇的合法权益""使公民共享发展成果"等内容。

（一）保障跨国劳动者权益

社会保障领域国家间协调与合作，既涉及国家层面的利益，也涉及企业等雇主方面的利益，比如社会保障双重缴费对跨国公司的利益也有损害，但我们还是得确认它首先是为解决跨国就业的劳动者权益保护问题而产生和存在的。所以，社会保障国际协调与合作领域的立法或国际条约的首要价值目标，也当然是保障跨国劳动者权益。唯其如此，国际劳工法中的相关公约和建议书在命名时多以"社会保障平等待遇"为关键词，中国国内立法如《在中国境内就业的外国人参加社会保险暂行办法》《香港澳门台湾居民在内地（大陆）参加社会保险暂行办法》等也是从劳动者权益保护视角命名的。

保护跨国劳动者权益的根据或理由，首先可以说是基于法理上的"应当"。所谓法理上的"应当"，前文已论及，其一，从形式平等的角度来讲，依据宪法和人权法的主体平等原则，跨国劳动者生而为人即享有平等的人权，可以要求享受社会保障制度的保护。其二，跨国经济移民是应经济全球化潮流而兴的，只有消除跨国劳动者的社会保障障碍，才能实现劳动力要素的自由流动和配置，满足经济全球化的要求，更有效地推动经济增长和财富生产。其三，基于社会公正和人道主义的理念，跨国劳动者应该得到社会保障制度的庇护。

跨国劳动者由于其人数及其在劳动力市场中通常所处的边缘化的地位，权益被疏忽、被漠视，甚至被有意践踏，在有些国家和地区甚至是比较常态化的现象。关于跨国劳动者由于国家之间社会保障法律冲突而遭遇社会保障利益损失的具体表现形式，诸如社会保障双重缴费、双重缺失、待遇转移接续难等，在本书第二、第四两章已有详细分析。在此，仅强调跨国劳动者由于身处非常显著的弱势地位，必然会生发出强烈的权益保护诉求。因之，可以说保护跨国劳动者社会保障权益，不仅是基于法理上的"应当"，更是这个脆弱群体和它的每一位成员现实生活情势上的"必需"。

立法目的具有共性，立法实践上如何保护跨国劳动者权益，世界各国在路径或方式上却不尽相同。总结而言，大体有三种类型：一是通过东道国的单边国内立法向入境外国劳工提供保护；二是通过原籍国与东道国缔结双边协定来落实权益保护；三是原籍国采取国内立法等单边措施实现对出境劳动者的保护，如墨西哥、菲律宾等国设立了专门针对本国海外劳工的福利基金或者允许海外劳工在国外就业期间自愿参加原籍国的社会保障制度。中国在这个领域起步比较晚，但就最近10年间的立法或政策文本看，也有了比较大的进步：从对境外劳动者缴费层面的保护，逐渐扩展到对境外劳动者待遇享受的保护；从对国外短期就业的劳动者的保护，扩大到对国外长期就业甚至定居的劳动者的保护，制度保障更趋全面。①

（二）争取和维护本国正当经济利益

从法理和人权的视角而言，社会保障是劳动者应该普遍享有的平等权利；从人道主义视角而言，不计功利、救难济贫是人类社会普遍的道德责任；从经济学视角而言，维护经济自由、推动经济全球化发展，是世界各国共同的责任和利益所在，各国应当互谅互让、携手合作。然而，毋庸讳言，即便是社会保障领域的国际协调与合作，各个国家的利

---

① 中国与有关国家社保协定谈判策略研究主报告。

益也并非完全一致，有时甚至还存在直接的对立与冲突。因为几乎所有的社会保障项目，不是空口许诺或道德捆绑就能成功的，都需要大量的财政支持才能落地实施。迄今为止，这种财政支撑责任是以各主权国家为主体来承担的。因此可以说，在社会保障领域的国际冲突、协调与合作中，维护本国正当的经济利益，甚至合理合法地争取本国利益的最大化，是社会保障领域国内立法的任务，尤其是社会保障国际协调与合作谈判缔约过程中的基本价值目标。

就中国的基本国情而言，中国是世界上人口数量最多的国家，在劳动力境外就业方面有相当广阔的发展空间，应当把握住经济全球化发展的机会。现阶段中国经济处于转型升级的重要时期，在结构调整、产业转型升级的过程中，结构性失业问题会更加突出。扩大劳动力境外就业有助于缓解国内就业压力，并增加劳动者的财产收入。劳动者收入提高可以刺激国内消费需求，带动内需，有助于推动中国经济发展和转型升级。加大力度推进社会保障国际协调合作，有效保障境外就业劳动者正当权益，有利于劳动力跨国就业。国际社会保障协调与合作的实践历程也表明，国家间通过谈判缔结社会保障双边或多边协定有助于劳动力输出国保障本国出境劳动者权益，并使劳动力输出国跨国企业的国际竞争力得到提升，进而确保劳动力输出国能够从劳动力跨国就业事业中的获益最大化。

需要指出是，中国相关主管部门对此问题有着比较坚定和清醒的认识，（社保协定谈判）这项工作是与中国外交经贸大局紧密联系的，并已成为中国一项重要的外交优势资源。我们需要积极利用社保协定谈判，为中国整体外交服务，结合现行政治环境、招商引资政策及"人才走出去引进来"就业政策统筹考虑，妥善使用社保协定谈判这一砝码，实现中国社会政策与经济政策有机结合。

当然，我们也应该认识到，社会保障国际谈判缔约并不是简单的分蛋糕式的零和游戏。我们一方面应当维护跨国劳动者的权益，推动解决中国企业和人员"走出去"过程中遇到的新情况、新问题，维护中国海外正当合法利益；另一方面，也应当按照国际通行做法公平对待外资企业和在中国就业的外国劳动者。国家间社会保障谈判、缔约，通过维护两国在对方国家投资企业和就业人员的社保权益，减轻跨国企业和人员的社保负担，促进两国经济发展和人才流动，是完全可能达成原籍国和东道国在经济利益层面双赢目的的，甚至有助于加强缔约国之间的政治友好关系。

（三）促进经济全球化发展和国际交流

经济全球化趋势的萌芽，可以追溯到15世纪开始的环球探险与拓殖时代。历经几百年的蓬勃发展，到今天可以说经济全球化已经不是一种趋势，而是一种客观事实。全球化的后果包括正、负两个方面。其负面的后果，从政治层面到经济领域都可以观察到。在社会领域的影响尤其严重，诸如环境与生态危机、贫富差距扩大、社会两极分化等。遗憾的是，经济全球化的正、负效应在地区分布上也是极不均衡的，这也是造成今日出现某种逆全球化思潮的重要原因。

但是，整体而言，经济全球化给世界带来的正效益远大于其负效应。经济全球化实实在在地推动了全球生产力的发展、经济的增长和财富的增加，促进了世界各国科技、文化和人员的交流，推动人类文明发展到了更高的水平。所以经济全球化仍然是值得鼓励、支持的正确的发展方向。更何况经济全球化实际上是客观规律使然，具有客观必然性，不是逆全球化思潮所能真正阻挡的。

中国通过自己的努力把握住了经济全球化带来的机遇，促使中国经济社会发展水平得到了极大提升。所以，中国对于经济全球化无论是从顺应客观规律角度来说，还是从主观取态来说，都是赞成、鼓励和支持的。

经济全球化的内在理念是经济自由，经济自由当然包含着劳动力资源的自由流动和国际人员交流。劳动力的自由流动和配置又必然要求排除妨碍劳动力自由流动的国家间社会保障制度冲突障碍。因此，可以说社会保障国际协调与合作领域的立法或缔约的一个非常重要的使命就是促进经济全球化发展和国际交流,诚如中国相关领域主管部门所言:我们必须在坚持独立自主的前提下,保持开放的心态,积极借鉴吸收国外社会保障制度建设好的理念和制度设计,不断改进和优化现行的制度和政策,特别是要做好与有关国际公约要求和相关国家的制度衔接与沟通,为方便人员流动,促进世界经济交融和发展,搭建合理的通道和桥梁。①

第三节 立法和缔约的原则遵从

一 福利资格准入原则

在很多学者的论著中,福利资格准入被称为社会保障资格确认制度,或者从作为管理主体的主权国家的视角称之为社会保障管辖权制度,是指由于福利资源稀缺性或财政能力有限性,每个国家的社会保障制度甚至每一个社会保障项目或计划,都须设置准入条件,用以决定何人可以作为社会保障项目的参与主体或福利待遇受益人。在面对跨国劳动者的社会保障问题时,福利资格准入尤显突出。

《世界人权宣言》第22条宣告:"人既为社会之一员,自有权享受社会保障,并有权享受个人尊严及人格自由发展所必需之经济、社会及文化各种权利之实现";该宣言第2条声明:"人人皆得享受本宣言所载之一切权利与自由,不分种族、肤色、性别、语言、宗教、政见或他种主张、国籍或门第、财产、出生或他种身份。"这些条文准确地表达了社会保障权作为普遍人权的人类理想。

但是,现实是所有的社会保障项目,都不可能是免费的午餐,而是需要坚实的财政支持并且是持久的支持才能落地和持续运转。《世界人权宣言》的起草者显然对这种现实有清醒的认知,所以在宣言第22条中还有后半段:"此种实现之促成端赖国家措施与国际合作并当依各国

---

① 徐延君:《推动中国社保协定谈判行稳致远》,《中国社会保障》2017年第3期。

之机构与资源量力为之。"

在资源有限、量力为之的情况下，资格准入控制就成了各国立法者普遍的制度选择。具体到我们所研究的问题上，无论是社会保障国际协调与合作方面的国内立法还是国际谈判缔约，毫无疑问，都必然把福利资格准入作为基本原则。通览世界各国立法及缔结的社会保障双边或多边协定，迄今为止未见例外。

福利资格准入原则，在各国立法实践中通常转化为国籍主义和属地主义两个具体原则或准入标准。国籍主义准入标准，指各国国内立法均以国籍为社会保障福利准入标准，而且是首要标准。这清楚地表明各国只对自己的国民承担社会保障责任，在社会保障制度建立初期尤其如此。绝对的国籍主义准入标准，对于跨国劳动者来说当然是极为不友好的。随着社会保障制度的发展，在国籍主义标准之下，开始增加属地主义标准作为补充，即对入境的外国劳动者，以工作地为标准将其纳入本国社会福利体系之中。日本与爱尔兰签署的社会保障双边协定第6条规定：除非本协议另有规定，凡个人作为一名雇员或一名自营就业人员工作在一方签约国领土上，就其就业或自营就业而言，将隶属于该方签约国的立法。尽管国籍和属地已成为各国福利资格准入控制的通行标准，但仍有一些国家的社会保障法律要求必须是本国国籍，不允许或不强制外国人参加本国社会保险及享受待遇，如新加坡的公积金制度。

社会保障双边或多边协定则以具有协定成员国国民资格作为管辖标准。虽然将非本国国民纳入了本国的社会保障制度覆盖之下，但也仅限于协定缔约国国民且正是以符合属地标准（即已经跨境进入本国就业或居住）为条件的。从某种意义上而言，社会保障协定是把国籍主义标准和属地主义标准的先后次序颠倒了过来。这种做法是基于互惠原则，相当于国与国之间一种利益的对等交换。

在以国籍作为福利准入首要控制标准上，欧盟似乎是世界上唯一的例外。欧盟通过其社会保障协调法令确立了非歧视原则，亦即国民待遇原则，要求任一成员国在福利准入上给予其他所有成员国国民以与本国国民平等的待遇。但实际上欧盟未必真构成例外，一是因为社会保障准入条件的设定（成员国普遍针对跨国劳动者设置了诸如入境条件、职业资格、居住条件等各种壁垒以保护国民利益）和资格确认的权利仍然属于成员国保留权利；欧盟协调法令以"不影响各成员国制定其社会保障制度基本原则的权利，不得对该制度的财政平衡产生重大影响"为限。二是因为欧盟通过《马斯特里赫特条约》引入"欧洲公民"概念、为各成员国公民创设了"欧洲公民"身份，这在某种意义上相当于欧盟在与非欧盟国家的对外关系上仍然遵循着国籍主义加属地主义的福利准入控制逻辑。中国作为世界人口数量最大、老龄化快速发展、社会保障责任沉重的国家，毫无疑问应该将福利资格准入作为社会保障国际协调与合作领域的基本原则。

二 社会贡献原则

依照福利国家主义理论，社会保障是广义社会福利的一部分。而提及社会福利，总给人以免费午餐的遐想。社会福利或社会保障包含各种不同性质的保障项目，从福利受益人个体角度看，确实有某种"搭便车"、不劳而获的机会。若立足社会福利体制之总体的角度来看，这当然是一种完全不符合实际的幻觉。社会福利体制也由供、需两端构成，有需求就必须要有供给。福利制度依赖福利供给而存在，换言之，福利总是必须有人买单，它或来自税收等公共财政收入和积累，或来自社会保障项目参加人直接供款，或来自慈善捐助。按照马克思主义劳动价值理论，所有福利最终都来自劳动者所创造的价值中（工资以外的）扣除部分，属于国民收入的再分配。

在阐明社会保障依赖福利供给而存在的经济学原理的同时，也很有必要指出，社会保障法律领域与民商事法律领域存在极大的差异。民商法遵循的基本原则之一即公平原则，公平原则内在地要求权利和义务一致或对等，落实到财产关系上甚至要求等价交换。社会保障法调整的社会生活领域则大有不同。依中国学界的通说，社会保障可划分为社会保险、社会救助和（狭义的）社会福利等几个部分。首先，分项目来看，在社会救助或（狭义的）社会福利法律关系中并不以公平为原则，受益人享有的权利与承担的义务并不对称，权利义务一致原则在这里并不适用。① 其次，从社会保险法律关系来看，社会保险受益人享有社会保险待遇以履行社会保险缴费义务为前提条件。在这里可以看到民商法等很多法律领域中存在的权利与义务相互关联，但是也并不要求二者之间完全公平或等价，因为社会保险缴费通常实行劳动者、雇主和政府三方负担原则。劳动者只承担部分缴费义务，但享有全部社会保险法定利益。

社会保障国际协调与合作领域里的社会贡献原则，必须放在上述理论背景下来解释。社会贡献原则是指将跨国劳动者在东道国或原籍国参加社会保障尤其是社会保险项目（成为受益人）的资格与其对该国社会保障（之总体或某类）项目所做贡献挂钩，原则上只接纳在经济社会领域为该国社会保障项目做出贡献的跨国劳动者为参保人和受益人。立法实践上，大多数移民劳工流入国家的法定社会保险制度普遍规定，所有在境内工作的劳动者都必须参保和缴费——体现的正是这些国家鼓励入境外国劳动者通过经济参与（即做出社会贡献）以获得社会福利的主流思想，不少国家甚至将签发劳工许可与社会保险费的缴纳进行捆绑。

社会保障学界有将社会贡献原则称为缴费原则或缴费义务原则的，考虑到跨国劳动者所参加的社会保障项目绝大部分具有社会保险性质，称之为缴费原则也无不可。但是，我们也注意到，在很多国家尤其是欧洲发达国家，还是有不少非保险性质的福利项目覆盖到跨国劳动者，而这类项目并不一定要求跨国劳动者履行缴费义务，却又要求其他某种资格条件——这种资格条件实质上被当成社会贡献来评价，如投资、居住、生育等，因此，还是称之为社会贡献原则更为妥当。

在社会保障国际协调与合作领域，缴费原则或社会保障贡献原则已

---

① 史探径：《社会保障法研究》，法律出版社2004年版，第60页。

为世界大多数国家所采纳,中国也应当将其作为对外社会保障协调与合作最重要的基本原则之一。因为它比较符合人们关于社会公正的理念和经济学规律,有利于社会保障财务的可持续运营。很多欧洲的移民输入国甚至可以说已经将它奉为处理跨国劳动者社会保障问题的最重要原则,因为它能够让跨国劳动者、东道国、原籍国等不同主体的有差别的利益得到较好平衡——尤其是很好地解决了移民数量高度不均衡时的社会保障责任分配问题,有助于避免移民世界发生过的"福利磁石"效应。①

三 平等待遇原则

平等待遇原则,或称非歧视原则,也称为国民待遇原则,意指跨国劳动者由原籍国进入东道国就业时,在社会保障领域应当享有与东道国本国国民同等的待遇,包括拥有同等的权利和承担同等的义务,不得因国籍原因受到歧视对待。

平等待遇原则,是国家间社会保障协调与合作历史上产生的首条原则。这条原则最早出现在意大利和法国于1904年谈判签订的社会保障双边协定当中,该协定也是世界范围内第一份社会保障双边协定。两国在协定中约定:打破两国之间在社会保障制度上的某些地域限制,对工伤事故中伤亡的原籍两国的跨国劳工平等对待并对其家属进行赔偿。

国际劳工组织主持制定的1952年《社会保障(最低标准)公约》(第102号公约),在国际劳工法上首次确认社会保障平等待遇原则。公约规定在缔约国居住的非缔约国居民在社会保障上应享有与缔约国居民同等的待遇。国际劳工组织于1962年又为此制定了一份专门的公约,即《本国人与外国人社会保障同等待遇公约》(第118号公约),公约规定:"对其他会员国的国民,根据立法,给予与本国国民同等的待遇。"

---

① [美] 罗兰德·斯哥等编:《地球村的社会保障——全球化和社会保障面临的挑战》,华迎放等译,中国劳动社会保障出版社2004年版,第185—188页。

社会保障平等待遇原则是欧盟社会保障协调与合作领域五大原则中最为重要的基本原则（其他四条为具体原则）。欧盟通过其社会保障协调法令将平等待遇原则发展到了极致。欧盟现行法令规定：任何欧洲公民（成员国国民）只要被某个成员国的社会保障项目覆盖，那么任何一个成员国就应当赋予他与本国国民同等的社会保障权利与义务，具体言之，就是任何一个成员国的社会保险经办机构不能仅因其非本国国民而拒绝对其提供各种社会保障项目下的福利待遇。按照欧盟法律现行规定，不仅禁止直接歧视，即以国籍为理由歧视非本国国民的劳动者，而且禁止间接歧视，即要求成员国应取消任何带有歧视性质的限制性规定，即使此类限制被平等地适用于本国国民与入境跨国劳动者，除非施加某种限制是基于公共利益的理由。饶是如此，也必须符合比例原则。①

回顾法制史可见，社会保障平等待遇原则自产生以来，已被国际劳工法和国家间社会保障协定普遍采纳。国与国之间的社会保障谈判和缔约，大多数时候就是围绕为本国国民在东道国享有社会保障国民待遇这一核心问题展开的。平等待遇原则也必然成为中国社会保障双边协定谈判和缔约中的核心原则。

四 既得权保护原则

既得权（established right），作为一个法律或者法学术语并不常用，只在民法理论和国际私法学说中出现过，并且它出现在这两个学科中时的含义和用法似乎并无多少关联。

既得权在民法学中是作为与期待权相对称的一个民事权利分类概念，指权利的成立要件已完备的民事权利；反之，目前成立要件尚有欠缺、未来可能齐备的权利谓之期待权，如保险合同受益人的权利等。显然，民法理论中的这种既得权与本书所讨论的社会保障国际协调合作语境下的既得权是完全不同的两个概念，因为按照民法学上述界定，社会

---

① ［英］凯瑟琳·巴纳德：《欧盟劳动法》，付欣译，中国法制出版社2005年第2版，第131—134页。

保障尤其社会保险权利恰恰应该归属于期待权而非既得权。

在国际私法学中,英国国际私法学家艾伯特·维恩·戴西在1896年出版的《法律冲突论》一书中提出了被称为国际私法基本理论的六大原则,其中第一原则就是既得权保护原则。戴西从法律效力的严格属地性(即不具有域外效力)出发,认为法官只能以内国法为依据,不能直接承认或适用外国法,也不能直接执行外国的判决。但为保障涉外民事法律关系的稳定性,对于根据外国法或判决已设定的权利,除了与国家公共政策、道德原则和国家主权发生抵触者外,都应该获得承认和保护,谓之既得权保护。[①] 国际私法学中的既得权保护理论似与本书所讨论的对象在语境和逻辑上比较接近,或可作为保护跨国劳动者社会保障既得权益的理论根据。实则笔者以为跨国劳动者社会保障上的既得权保护更重要的渊源应该是人权法和社会法中的社会保护原则。

劳动者跨国流动就业时在社会保障权益上遇到的关键难题有两个:一是到达新的就业目的地时能否获得东道国社会保障领域的国民待遇;二是离开原来的工作地是否导致已经取得的社会保障权益受损甚至丧失。前者依赖平等待遇原则解决问题,后者即取决于既得权保护。

欧盟在防止跨国劳动者社会保障既得利益受损方面的做法堪称模范,确立了一系列非常重要的基本原则,如参保期限累计原则、福利待遇可输出原则、工作地管辖原则等。为了落实这些原则,欧盟还制定了一系列操作性很强的具体制度,包括暂时冻结、分别支付、合并计算、比例支付、最后接管等。有点意外的是,欧盟在法律文本和法律解释上却较少使用"既得权保护原则"这类文字表述。

国际劳工组织对移民工人社会保障既得权益保护问题有非常清醒的认识,将"防止居住地的改变导致劳工已经取得和正在取得的权利的丧失"列为移民社会保障的两大目标之一(另一个目标是社会保障平等待遇原则),为此,制定了专门公约并且在其文本中直接使用了维护既得权的概念和表述。首先,1962年《本国人与外国人社会保障同等

---

① 韩德培主编:《国际私法》,武汉大学出版社2005年版,第46页。

待遇公约》（第 118 号公约）第 7 条规定：本公约生效的会员国，以根据第 8 条有关会员国之间达成协议的内容为条件，应努力参加维护本公约生效的会员国国民根据国家法规，在已经接受本公约义务的有关国家各项社会保障方面所取得的权利和正在争取中的权利的制度。其次，国际劳工组织于 1982 年更为此制定了一份专门公约——《维护社会保障权利公约》（第 157 号公约），该公约第 6 条至第 8 条为维护跨国劳动者社会保障既得权益做出了更加详尽的规定。

也有通过国家间条约确认既得权保护原则的立法案例，例如，法国与喀麦隆签署的社会保障双边条约第 7 条（条文要旨：既得权利的保持）第 1 款规定：对于一位法国国民来说居住在法国的事实，对于一位喀麦隆国民来说居住在喀麦隆的事实，将不能对他们享有以及必要时对他们的权利继承人享有他们各自在喀麦隆社会保障制度下或在法国社会保障制度下业已获得的权利构成障碍。

在中国现行立法中，《在中国境内就业的外国人参加社会保险暂行办法》第 5 条第 2 款规定：（参加社会保险的外国人）在达到规定的领取养老金年龄前离境的，其社会保险个人账户予以保留，再次来中国就业的，缴费年限累计计算。这一条款也体现出尊重既得权的理念，只是我们似乎还没有把它上升到对外社会保障协调合作的基本原则的高度，在近几年谈判实践中推动力度似显不足。在这方面，同为发展中大国的印度为保护其海外劳工社会保障既得权益，通过十余年的谈判，在社会保险费用互免、参保时间累计计算、福利可输出等维度与原来利益分歧颇大的很多欧美国家达成了社会保障双边协定。印度的经验值得我们借鉴。

五 互惠原则

互惠原则，亦称互利原则，或对等原则，是现代国际法和国际关系具有普遍性的基本原则。现代国际法确认：国家无论大小，主权一律平等。法谚曰：平等者之间无管辖权，亦即在主权平等的两个国家之间的事务中，任何一方不能强迫另一方，只能依靠双方达成合意或共识来处理。涉及两国间与经济或利益相关的事务的处理，结果必须符合双方国家的利益，则只有通过互惠、互利、互让的方式才可能实现。基于此理，平等互惠遂成为现当代国际法与国际关系上的普遍性原则。1955年4月，万隆亚非会议召开，周恩来同志在全体会议和政治委员会议两次发言中，将和平共处五项原则的表述确定下来，其中一条即平等互利。1974年12月联合国大会通过《各国经济权利和义务宪章》，第一章就明确了国际经济关系应该遵循的各项基本原则，其中第五项即公平互利原则。

社会保障双边和多边协定，是国家之间的协定，是两个或两个以上的主权国家签订的国际条约，遵循互惠或对等原则是理所当然的。具体言之，社会保障国际协调合作中的互惠，意味着缔约国双方在对等的基础上进行利益或特权的相互或相应让与，体现在社会保险中，就是相互给予优惠待遇或国民待遇，最终实现双方利益的对等和最大化。这是国家之间缔结社会保障协定最基础的原则，贯穿于协定谈判、缔结和遵守的全过程。舍此，国与国之间的社会保障协调与合作就无从谈起，中国自不能例外。

当然，互惠原则，是就国家间双边关系或双边协议之整体层面而言的，并不排除在具体事务或局部的制度层面做出单方优惠的制度安排，比如双边社会保障协定中并不少见的就某一社会保障项目单方免除缴费义务的条款。这种单方优惠安排，一般是基于协定缔约国之间的谅解或者礼让，不可能是常例。

第七章

中国社会保障国际协调与合作领域的基本制度选择

第一节 实体性制度

一 社会保障资格确认制度

社会保障资格确认制度，指国家或类似的公权力主体通过立法或缔约设置一定的准入条件，用以确定全部或特定社会保障项目覆盖主体，以便履行其社会保障责任的制度。就社会保障国际协调与合作领域而言，它是作为该领域基本原则之一的福利资格准入原则在规则层面的具体化呈现。从权利人的视角看，可称之为社会保障资格准入制度；从国家或政府等管理主体的视角看，也可称之为社会保障管辖权制度，因为确认了社会保障项目覆盖的主体范围，也就是确认了国家对该范围内的主体享有社会保障方面的管辖权。

社会保障资格确认制度的目的或功能，首先，可以说是为国家等社会保障责任主体限定社会保障责任范围。由于福利资源是有限的，每个社会保障制度甚至每一个社会保障项目都须设置准入条件，用以决定何人可以作为社会保障项目的参加人或受益人。劳动者的跨国流动，更是给社会保障资源供给带来了新的挑战。面对跨国就业的劳动者，承担社会保障责任的国家或政府机构通常不得不从严设立各种主体资格条件，自主或与他国协商控制管辖权范围。准此以言，设置条件将特定主体排除出社会保障覆盖范围（即除外制度），也属于社会保障资格确认制度，可谓之消极资格确认制度。例如，中国与韩国签署的社会保险协定第9条将政府或公共机构雇员排除出依工作地确定社会保障管辖规则的适应范围。

其次，设立社会保障资格确认制度，也是为了明确保护跨国劳动者的责任归属，从而维护跨国劳动者社会保障权益。这种功能尤其集中体现在如下两个方面。其一，防止在跨国劳动者身上出现社会保障双重覆盖和双重缴费。其二，避免在跨国劳动者身上出现社会保障覆盖双重缺失。

解决双重覆盖（和双重缴费）和双重缺失问题的方式有多种选择。以欧盟为例，它是通过欧盟层面的协调机制来解决的。[①] 欧盟首先确立了解决这方面问题的第一个基本原则，即唯一国原则。该原则规定对跨国劳动者必须适用且只能适用某一成员国的社会保障法律，以防止双重覆盖（和双重缴费）和双重缺失状态出现。其次确立了一条冲突法原则，即工作地原则。依这条原则的指引，就可以确定某个特定跨国劳动者应该被纳入其工作所在地的国家的社会保障体系覆盖范围内。

欧盟以外的其他国家由于不存在超国家的协调机制，通常只能依靠原籍国或东道国的国内立法加上国家之间的双边协定来解决这两类问题。

以中国为例，2010年发布的《社会保险法》第97条规定："外国人在中国境内就业的，参照本法规定参加社会保险。"2011年《在中国境内就业的外国人参加社会保险暂行办法》（以下简称《办法》）第3条更具体地规定："无论是中国用人单位招用还是受境外雇主派遣到境

---

① Barbara J. Fick, Alma Clara Flechas, "Social Security for Migrant Workers: The EU, ILO and Treaty-based Regimes", Notre Dame Legal Studies Paper, Series No. 078 – 33, http://www.javeriana.edu.co/Facultades/C_Juridicas/pub_rev/documents/2_fick_y_garcia_001.pdf.

内工作的外国人，都必须参加中国的社会保险并缴费。"

《社会保险法》第97条和《办法》第3条，就是中国为入境跨国劳动者设立的社会保障资格确认制度。依据这两条规则，入境中国的外国劳动者可以免去社会保障双重缺失之虑。但是，其欲同时避免社会保障双重覆盖和双重缴费，则仅依上述中国国内立法是不够的，还需要外国劳动者的原籍国与中国签订包含互免条款的社会保障双边协定，才有可能达成目的。例如，根据中国与丹麦签署的社会保险双边协定第3条第1款规定："除非本部分另有规定，在缔约一国领土上受雇或自雇的人员，就该雇佣或自雇关系而言，仅受该缔约国法律规定管辖"，在中国工作的丹麦国民就可以避免双重覆盖和双重缴费。

二 缴费免除制度

被某国社会保障资格确认制度排除出该国社会保障项目覆盖范围的跨国劳动者，自然就没有向该国社会保障项目缴费的义务；反之，根据某国社会保障资格确认制度被纳入社会保障覆盖范围的跨国劳动者就需要承担缴费义务——现在大多数发达国家的法定社会保险制度均规定在境内工作的所有劳动者都必须参保和缴费，有些国家甚至将劳工许可证的签发与社会保险费缴纳捆绑起来。如此，如果一个跨国劳动者在其原籍国仍然处在参保和缴费状态的话，就可能陷入社会保障双重覆盖和双重缴费的困境。

这种困境在由原籍国派遣到海外工作的雇佣劳动者身上最容易发生，尤其对短期派遣到海外工作的劳动者最为不利。因为派遣人员在海外（东道国）工作时，往往还保留着国内母公司的相关职位。在这种情况下，该劳动者及其用人单位需要针对同一个员工在同一时期于国内和派遣目的地两次缴纳社会保障税（费）。劳动者和企业都背负双重负担，既不利于保障跨国劳动者利益，也不利于企业降低人力成本、提升竞争力，有碍经济自由理念的实现。

缴费免除制度就是在上述背景下，基于立法政策上保障跨国劳动者权益的价值理念而产生的。所谓缴费免除制度，是国际经济移民从一国跨境进入另一国就业而引发社会保障双重覆盖并由此产生双重缴费（税）义务时，其中一国（通常为东道国）依法免除其社会保障缴费义务的制度。在规范结构上，该制度一般包含免除对象、免除险种范围和免除期限等具体内容。

缴费免除制度，可由主权国家通过国内立法设定，但更常见的是国家之间在缔结社会保障双边协定时根据互惠原则设立的制度，即相互给予缔约另一方国民以免除约定的社会保障项目下之缴费义务的优惠待遇，因此，亦称缴费互免制度。缴费互免，可以说是国家间社会保障谈判缔约的原初动机，因此几乎所有双边协定都包含（甚至只包含）互免制度。

缴费免除制度通常是缔约双方互免，但在特定社会保障项目下，协定缔约国一方也可能基于礼让或谅解而单方给予另一方国民免除缴费义务的待遇。如中韩两国签订的《中华人民共和国政府和大韩民国政府社会保险协定议定书》第二项规定："如果大韩民国国民在协定生效之日前已在中华人民共和国领土上工作，且已购买商业健康保险，经申请，可暂免其在中华人民共和国基本医疗保险缴费。"其第五项规定："本议定书将不影响在大韩民国领土上工作的中华人民共和国国民参加大韩民国国民健康保险的情况。"这两个条款结合起来看，中国有条件地单方免除了入境中国的韩国劳动者在中国的医疗保险缴费义务。

三　参保期限累计制度

参保期限累计制度，最早产生于1919年意大利和法国签署的社会保障协定。自第二次世界大战结束至20世纪末，欧洲国家之间缔结的大量社会保障国际协定都遵循参保期限累计计算原则。在欧盟层面，1971年第1408/71号《关于适用于薪金雇员和自由执业者及其家属在共同体内流动的社会保障制度的条例》规定那些具有某一成员国国籍并不在欧盟成员国内居住的，但投保于两个或两个以上成员国的养老保险计划的雇员或自由执业者，可以依据条例的规定要求累计其养老金；2010年5月生效的欧盟第883/2004号条例特别增加了事实累计条款，即一个成员国在计算此类给付时必须考虑在其他成员国发生的事实或事件。参保期限累计制度现在已经由欧洲扩及全球；当今世界各国签订的双边或者多边社会保障协定，很多包含了参保期限累计规定，具体规定可能因缔约国不同而略有差异。有些国家会设定参保时间累加的条件或门槛，比如美国在与有关国家签订的社会保障协定中规定必须已参加美国社会保障项目达到至少18个月，才能把对方国家的社会保障参保期限累加进美国。

参保期限累计制度，是指跨国劳动者在向参保国申请社会保障待遇时，该国在审核申领者是否符合必要的参保期限条件时，需要累加计算劳动者在各国的参保时间，以便尽量满足待遇支付的最低期限要求——如果不需要累加年限就已满足其中任意一国的待遇享受资格条件，则直接享受该国规定的待遇。

参保期限累计制度是社会保障国际协调与合作领域立法政策上既得权保护原则的具体体现。通过参保期限累加，以满足跨国劳动者在至少一个国家的待遇领取资格，劳动者就可在所有参保国都能取得与其工作期限相当的社会保障待遇，最大限度保护其已经获得或正在取得的社会保障权益，符合社会公正理念且有助于消除劳动者跨国流动的障碍。

在适用范围上，参保期限累计制度，一般适用于定期待遇，如按月领取的养老保险、工伤保险或遗属待遇等，而不适用于疾病津贴、生育津贴等短期待遇。但欧盟的跨国协调制度规定，医疗保险、失业保险的参保时间可以累计。参保期限累计制度在适用范围上总体呈扩大的趋势，由养老保险扩大到其他保障项目；参保时间的标准由各个国家社会保障制度规定的参保期（如缴费期、居住期、就业期等）扩大到事实累加。

参保期限累计制度，客观上比较有利于原籍国利益。因为这一制度使未达到最低缴费年限的劳动者之前的缴费年限与积累的权益不会消失,不会成为东道国的净收入,这不仅有利于保护劳务出口国的经济利益,也可以减轻原籍国的社会保障负担。

中国海外劳工数量庞大,入境的跨国劳动者也越来越多,为维护跨国劳动者社会保障权益,促进经贸发展与人员交流,中国有必要在将入境的外籍劳工纳入国内社会保障体系的基础上,积极回应谈判对象国家的要求,对在双边协定中订立参保期限累计制度持更加开放的态度。

在双边协定的具体制度条款设计上可做如下考虑。

第一,覆盖对象:参保期限累计制度覆盖的对象是与中国缔约的双方跨国劳动者,即在中国境内就业的外国人及中国的境外工作者。社会保障协定通常遵循互惠原则,所以原则上不包括第三国公民。

第二,适用的项目范围:主要是养老保险,暂不纳入医疗保险、失业保险。原因如下:养老保险属于长期、定期给付,适用于参保时间累加;养老保险金是劳动者的一项重要权益,参保期限的累加有利于保护双方劳动者的合法权益;国际上多数国家双边协议都规定了养老保险期限累计制度。对于医疗保险、失业保险这种即期待遇的险种,可以考虑纳入双方互免险种范畴。

第三,与国内养老保险制度的协调:中国现行养老保险实行个人账户与社会统筹结合的制度,且规定的待遇领取资格条件高(缴费满15年),因此,立即推动养老保险期限累计制度有难度,可以考虑未来通过补充协议的方式将其纳入双边协定中来;也可以根据具体情况设定参保期限累计的控制性条件,如设置最低年限,只有满足最低年限条件才允许将其他国家参保缴费的期限累加进来;还可以考虑制定一些过渡性政策,如选择放宽特定人群待遇领取条件,试行双方参保期限累计制度。

四 比例支付制度

1946—1966 年的 20 年间,全球缔结了 400 多项社会保障双边协定。在此期间签署的社会保障协定中，开始引入比例支付制度。① 其后，欧盟在联盟层面的社会保障协调法令中也引入了比例支付的规则并且把它发展成一套非常完备的制度。

比例支付制度，是指在将跨国劳动者的参保期限累加后，各国按其参保时间与法定最低参保年限的比例分摊支付其应得的社会保障待遇。其核心要义可概括为"参保期限累加，待遇分段计发"。在适用范围上，比例支付制度一般适用于老年、残疾、死亡项目的福利待遇，而不适用于疾病和失业项目的保障待遇。适用比例支付制度，只改变支付方式，不需要改变各国的财政体制、基金的筹资与管理模式。② 欧盟通过增设"最后接管"制度对比例支付制度做了进一步的完善。所谓"最后接管"制度，即对于某个跨国劳动者在各成员国零散的（少于一年）养老保险参保期限，欧盟确定由当事人退休前所工作的最后一个成员国负责接管。

比例支付制度是社会保障国际协调与合作领域立法政策上既得权保护原则和公平理念的具体体现，解决的是参保期限累加后跨国劳动者待遇如何支付的问题。通过比例支付，各国按参保者的投保比例相对合理地承担和分享海外劳工社会保障的责任与利益。比例支付是参保期限累计制度的合乎逻辑的延伸和补充，它与参保期限累计制度结合，解决了跨国劳动者不同阶段在不同国家投保如何获取社会保障待遇的问题。

比例支付制度的顺利运转，需要有完善的配套制度。它要求各国经办机构协调配合，完整掌握移民劳工社会保险缴费记录，依据该记录计算劳动者在各成员国制度规则下应得的保险待遇并确定各国分担比例。此外，还要求有相当完善的跨国社会保障待遇申领流程制度，使各国社会保险机构可以直接向外国参保劳动者支付养老金。比例支付的实施要求各国社会保险经办机构有较高的水平，因此会反过来促进各个国家社

---

① 谢勇才：《星星之火，何以燎原——论社会保障国际合作的兴起与发展》，《华中农业大学学报》2018年第2期。

② 郭秀云：《利益博弈与政策协调——基于欧盟社保政策适应性的研究》，《学习与实践》2010年第9期。

保经办机构的发展和水平的提高。

当然，比例支付制度不可能解决移民劳动者跨国申领社会保障待遇的所有问题。以养老金为例，不同国家申领社会保障待遇的最低年龄规定不一，根据缴费年限累计、保险待遇分段计算的原则，申领者在已经领取一个国家所支付的待遇下，可能会因为达不到另一个国家的最低申领年龄要求，领不到该国所应按比例支付的养老金；此外，跨国支付养老金还会面临汇率波动、待遇兑换成本的风险，汇款费用也需申领者承担。

为了保护中国跨国劳动者与在中国就业的外籍人员的社会保障权益，未来在互惠原则下通过社会保障双边协定建立比例支付制度是有必要的。该制度应该包括如下几方面规则。

其一，覆盖对象：在中国与协定缔约国的参保期限没有达到申领国最低参保年限的外籍劳工与中国劳动者。

其二，适用的项目范围：主要是养老保险。因为比例支付制度是参保期限累计制度的补充，其适用范围也应与后者保持一致。

其三，主要内容：根据《社会保险法》第 11 条的规定，基本养老保险实行社会统筹与个人账户相结合。因此中国在按比例支付社会保障待遇时，需要在计算出跨国劳动者在中国领取的数额后，与个人账户养老金合并，在达到中国法定退休年龄时，可以提出申请并一次性领取。

其四，发放程序：可以借鉴欧盟经验建立养老保险金跨国申领流程——由当事人提出申请，就业地国汇总信息，并向所有参保国家提供申请者完整的参保信息；各相关国家根据申请者的参保记录分段计算和分摊应付养老金数额；依就高不就低原则确定最终数额并实际发放待遇。

五 福利便携性制度

福利便携性制度，是指当跨国劳动者符合社会保障福利待遇领取资格并请求申领时，无论其是否现居就业地国或待遇支付经办机构所在国，均可保证实际获得或享有其应得福利待遇的制度。福利便携性制度，是保证既得权保护原则得以全面和切实实现的关键制度，对于保护移民劳动者社会保障权益意义非常重大。

福利便携性制度旨在解决跨国移民劳动者所面临的三重实际困难或障碍：第一，移民劳动者既得福利能否跨国输出；第二，福利跨国输出时是否受损；第三，领取福利的程序是否经济和便利。由此形成了福利便携性制度的三方面内容。

首先，福利待遇可输出原则。早先世界各国均倾向于禁止福利出口。从20世纪50年代开始，欧洲出现大规模的跨国移民劳工后才开始引入福利待遇可输出原则，着手解决移民劳动者第一重困难。1971年欧盟第1408/71号条例是这个领域具有典型性的立法例，该条例规定欧盟范围内养老保险权益具有可携性，覆盖主体限欧盟成员国的国民。1982年国际劳工组织《维护社会保障权利公约》将福利可携性订入国际劳动法，但迄今为止只得到西班牙、菲律宾等几个成员国认可。1996年加勒比共同体成员国针对养老保险权益可携性签订了一份多边协定。

其次，保证跨国劳动者福利待遇输出时不受损失的制度。福利待遇可输出原则被接受后，有些国家虽然允许福利携带出境，但是待遇可能受到不同程度的削减，而且是制度性原因所产生的损耗。如英国社会保障法律允许养老金携带出国，但养老金水平将不能像在地享受时那样做指数化调整（随着物价指数的调整而调整）；德国的制度原则上允许跨国输出待遇，但是，跨国劳动者若居住于尚未与德国签订社会保障协定的国家，将削减其应得待遇的30%金额。在这方面，欧盟立法和政策取向最为积极。欧盟颁布2003年第859/2003号指令，将第1408/71号指令适用范围扩大到符合规定条件的第三国公民；2004年第883/2004号条例将待遇出口原则扩大到了除特殊非缴费型给付之外的全部现金给付。

最后，福利申领程序便利化制度。排除社会保障待遇输出的前提性障碍后，跨国劳动者还面临程序、手续、汇兑成本和费用等问题。当养老金跨国支付时，申领者要承担兑换成本、汇率波动风险；汇款费用和各种手续费也由申领者负担。这都可能导致最终得到的养老金减少。

就覆盖项目而言，福利便携性制度主要适用于长期、缴费型社会保障项目，例如老年、残障和遗属等项目。非缴费性福利项目，多遵循居住地原则，很少包括在内，但也有例外。具体项目范围和适用条件，还看各国立法政策和缔约政策的价值取向。例如，加拿大规定只有在加拿大居住满20年的缴费者，才可向其支付海外养老金。新西兰则只向居住在与新西兰签订双边社会保障协议的国家并满足申领条件的跨国劳动者支付养老金。美国不限是否与其他国家签订双边协定，会给向美国社会保障管理局缴费满40个季度并符合年龄条件申请退休的跨国劳动者支付定期养老金，但居住在朝鲜、古巴等国家的例外。

在福利便携性制度的建立方式上，双边社会保障协定是解决福利便携性的传统手段。在意大利，多达84%的国外养老金申请者来自社会保障国际协定的缔约国。[①] 但是，主权国家的（单边）国内立法也发挥着日益重要的作用。中国就是通过国内立法初步建立了福利便携性制度。《在中国境内就业的外国人参加社会保险暂行办法》第7条规定："在中国境外享受按月领取社会保险待遇的外国人，应当至少每年向负责支付其待遇的社会保险经办机构提供一次由中国驻外使、领馆出具的生存证明，或者由居住国有关机构公证、认证并经中国驻外使、领馆认证的生存证明。"表明中国确认了福利待遇可输出原则，并有操作层面的具体制度供落实和执行。但是，中国的福利便携性立法显然过于简单，中国缔结的双边协定中也未见福利便携性条款，在这方面有待进一步完善。

六 缴费返还制度

缴费返还制度，是指当跨国劳动者离开其就业地所属国家（简称

---

① James Avato, "Portability of Social Security and Health Care benefit in Italy", Background Paper for Joint IDS/World Bank Research Project, 2008, http://siteresources.worldbank.org/INTLM/Resources/390041-1244141510600/Avato-Italy.pdf.

就业地国）前往另一国家或返回原籍国时，由于各种原因不能在就业地国当地享有或受领社会保障待遇并且不能依参保期限累计规则保障其应得权益的，可以向就业地国请求返还此前工作期间因履行参保与缴费义务而缴纳的社会保障税费的制度。

与参保期限累计、福利便携性等制度一样，缴费返还制度也是基于社会公正理念和保护跨国劳动者既得权利原则而设立的。适用缴费返还制度的前提条件可能有多种，最常见的是特定跨国劳动者在离开就业地国时未达到待遇支付规则规定的条件（如参保年限）并且不能依其他既得权保护制度获得更有利的权益保障。由于社会保障缴费负担通常是由劳动者、雇主和政府三方承担，返还缴费通常仅返还劳动者个人缴费部分，所以请求返还缴费对于劳动者而言往往意味着利益损失。但在没有更有利的制度选择的情况下，缴费返还制度仍然不失为一种维护跨国劳动者利益的方式或工具。缴费返还制度适用范围，通常是养老保险等长期保障项目，不适用于疾病津贴、生育津贴等即期或短期待遇项目。

缴费返还制度可以通过国家之间的社会保障双边或多边协定设立，也可以由国内立法建立制度。比如，短期驻留欧盟国家的跨国移民，在离开欧盟边境时可以有条件地获得社会保障退税。中国至今还没有在与他国的双边协定中做出这种制度安排，但已经通过国内立法设立了这种制度。《在中国境内就业的外国人参加社会保险暂行办法》第5条第2款规定，在达到规定的领取养老金年龄前离境的，其社会保险个人账户予以保留，再次来中国就业的，缴费年限累计计算；经本人书面申请终止社会保险关系的，也可以将其社会保险个人账户储存额一次性支付给本人。

享有返还缴费请求权的主体，一般是履行参保和缴费义务的跨国劳动者本人，特殊情况下，如本人亡故，也可以是该劳动者的权益承受人。《在中国境内就业的外国人参加社会保险暂行办法》第6条规定，外国人死亡的，其社会保险个人账户余额可以依法继承，就属于这种情形。

七 福利重叠处理制度

福利重叠,或称待遇复计、重复得利。福利重叠这种情况的发生,是由于跨国劳动者在国际间自由流动的过程中同时被多个国家的社会保障制度覆盖,并满足各国社会保障福利给付条件或期限,而同时获得多国社会保障经办机构重复计发福利待遇。这种情况发生的背后原因,是不同国家拥有各自独立的社会保障体系,福利准入条件——依国籍或工作地还是居住地——规定不一致,难免出现准入及待遇领取资格交叉或叠加的现象。

尊重劳动者既得权、保护跨国劳动者利益是理所当然的。但是福利重叠现象的发生,一定程度上是对于有限福利资源的一种浪费,不符合社会公正理念,也间接地违反平等待遇原则——对于其他劳动者而言,构成反向歧视。福利重叠处理制度,就是针对重复计发社会保障福利待遇的(事前)预防和(事后)处置制度,以维护劳动者社会保障待遇的公平和公正。

针对跨国移民劳工社会保障上的福利重叠现象,国际劳工组织制定的国际劳工法早就开始关注。1952年第35届国际劳工大会通过的《社会保障(最低标准)公约》(第102号公约)规定了对移民劳工可以中止、拒绝和撤回保险金给付的三种条件,其中第二种为:如果受益人获得其他的公开支持或者其他社会保障机构的收益或者拿到津贴。该公约第69条规定,该人接受另一社会保障但并非家庭补助的现金津贴,以及在任何时期已得到第三方对意外事故的赔偿,则应予停发,只要停发的那部分津贴不超过另一份津贴或第三方的赔偿。

欧盟在1971年第1408/71号条例中规定:应避免劳动者由于自由流动而在社会保障方面重复获利。依欧盟确立的"适用单一立法原则(唯一国家原则)",当事人在同一时期只能纳入一个成员国的社会保障计划。社会福利资源按照提供方式一般分为现金给付型、社会服务型和实物给付型,针对不同类型的项目,欧盟法令做出了详细的规定以防止福利重叠现象出现。比如,以养老金为主的现金给付型福利按照"工作地原则",医疗保险中的现金给付型福利执行保险关系所在国规定,而社会服务型、实物给付型福利执行"居住地原则"。①

日本与比利时签署的社会保障双边协定第6条规定:一方签约国的立法关于降低一种津贴水平或终止支付一种津贴的规定,如果在该立法下可支付给一个受益人的一种津贴与在另一方签约国立法下可支付的一种津贴重叠,或者如果在该方签约国立法下可支付的津贴的受益人作为一名雇员或自营就业者工作在另一签约国的领土上,该规定将被适用于该受益人。

八 冲突法规范

迄今为止,主权国家是社会保障的基本责任主体,社会保障制度是主权国家行使立法权能以国家为单元分别建立的。因此,各国社会保障法律制度不尽相同,甚至差别较大。从法学的角度观察,因国际经济移民跨国就业而触发的各种社会保障利益纠葛或冲突基本上是法律适应冲突。尽管社会保障法律关系性质上不是民事法律关系,涉外社会保障法律问题也与涉外民事法律关系中的问题不尽相同,但是,专门研究和处理法律适应冲突的国际私法理论和规范对于我们解决涉外社会保障法律关系上的问题有非常重要的意义,尤其是冲突法理论和冲突法规范。

冲突法规范,也称为法律适用规范或法律选择规范,指明了对某种涉外民事法律关系应适用何国法律的规范,是国际私法核心内容。冲突法规范并不直接规定当事人的权利义务,仅说明了当事人权利义务关系应该适用哪个国家的实体法规则来调整和处理。后者称为准据法,即经冲突规范指定援引用以调整当事人双方权利义务关系的特定国家的法律(通常须为实体法)。

---

① 郭秀云:《劳动力转移就业与社会保障多边合作机制研究——借鉴欧盟政策设计及其启示》,《现代经济探讨》2010年第3期。

国际经济移民跨国就业，其社会保障权利义务至少与两个国家（或法域）的法律有关联，就有了法律选择适用的问题，也就有了冲突法规范运用的空间。如果移民流动更趋频繁，跨国就业涉及两个以上国家时，法律选择适用的问题就更突出，也更复杂。基于此理，欧盟及其成员国在这一领域面临的任务最为繁重、局面最为复杂，其立法的经验最多，取得的立法成就也最大，值得借鉴。

欧盟的目的是要实现欧盟范围内经济一体化发展，因此它必须促成劳动力在欧盟范围内自由流动。这就意味着必须解决妨碍劳动力自由流动的社会保障壁垒或障碍——其核心问题一个是社会保障平等待遇，一个是社会保障既得权保护。清除社会保障壁垒最有效的办法当然是制定欧盟统一实体法，但是欧盟基于各种原因没有选择这种路径，而是选择在尊重和保留成员国法律的基础上建立超国家的联盟层面的协调机制。这就决定了欧盟社会保障法律制度的基本结构，大体如下。

欧盟全部的社会保障法律规范，实质上分为两大类型：第一类是原则性规范，即基于欧盟各成员国达成的共识、规定在欧盟几大基本条约中的为保证劳动者在自由流动中的社会保障权利的规定；第二类是具体规则，以原则性规范为基础，以欧盟制定的条例、指令、决定等为渊源形式，为解决社会保障具体问题而设立。具体规则实质上大多数是一种冲突法性质的规范，即指明某种具体社会保障问题应该选择哪个成员国的社会保障实体法作为准据法的规则。

首先，欧盟确立了法律选择适用上的前提性原则，即"适用单一立法原则"，或称唯一国家原则。该原则要求对于跨国流动的劳动者必须适用且只能适用某一成员国的社会保障法律，以防止同一劳动者在同一时段被两个和多个成员国社会保障制度覆盖或出现覆盖"真空"状态，防止所谓双重覆盖和双重缺失现象出现。在欧盟第883/2004号条例取消了此前存在的某些例外规则之后，唯一国原则在适用上具有绝对性。

其次，到底选择适用哪一国的法律呢？欧盟通过第1408/71号条例确立了社会保障制度准据法的选择方法——以工作地为原则选择准据法，此即工作地原则。工作地原则也具有排他性的约束力，无论跨国劳动者是否居住在工作地所在国，都必须适用工作地所在国法律。

第1408/71号条例确立工作地原则之后，欧盟委员会（通过条例或指令方式）和欧盟法院（通过判例）对它做出了补充和诠释，使之更趋完善。如受雇于同一雇主但是在不同成员国境内就业的跨国劳动者，若其有25%以上的工作量是在居住国完成，则可以适用其居住地所在国的法律；反之，则适用雇主公司注册或成立地所在国法律。

欧盟在社会保障协调与合作领域制定的冲突法律规范还包括其他很多具体制度，在此难以详述。总体上讲，无论是立法成就还是实践经验，欧盟的做法都值得其他国家参考借鉴。欧盟以外的国家，由于跨国就业情况没有欧盟那么复杂，所以，相关冲突法规则的发展也不如欧盟完善。有些国家直接通过各国国内立法等单边措施解决相关问题。但是，更为普遍甚至也可以说是更为适合的方式，是在社会保障双边或多边协定中设定冲突法规范。其实，在双边或多边协定中，大量的条文属于冲突法规范性质的规则。

以中德社会保障双边协定为例，该协定第3条规定"除本协定另有规定外，雇员的参保义务按照雇员在其境内受雇的缔约一国的法律规定确定"，实际上就是一条冲突法规则，它没有直接确定雇员应该依何国法律在何国参保，而是规定以"雇员在其境内受雇"（即"工作地"）为连接点，指明雇员参保应该适应的准据法。同理，该协定第5条（前段）规定"在悬挂任一缔约国船旗的航海船舶上受雇人员的参保义务适用该缔约国的法律规定"，就是规定以"船旗国"为连接点，指明船员（海员）参保应该适应的准据法。

第二节 程序性制度

一 行政协作制度

行政协作制度，在本书中，特指签订社会保障双边或多边协定的各缔约国政府及其职能部门基于条约义务在行政过程中相互协调与合作，确保协定顺利实施，有效维护跨国劳动者社会保障权益的各种制度安排。

国家之间的社会保障协定，从文本上看并不是很复杂，但从实施和执行层面看，却是异常复杂和烦琐。其原因在于各国社会保障国内程序本来就非常繁复，现在又叠加了国与国之间的协调合作事项，其繁难程度可以说成倍增加。是故，社会保障协定的落实实施，首先要求各国政府社会保障职能部门尤其是各国社会保险经办机构具备较高的行政能力和管理水平；其次要求缔约国双方主管部门和经办机构进行有效且频繁的合作。非此，不能履行条约义务、实现条约目的。

以行政协作的难度和达到的水平论，居首位者非欧盟莫属。首先，在制度层面，欧盟社会保障协调立法确立了平等待遇、福利待遇可输出等五项原则，还就统一适用法律和行政合作、社会保障机构间的数据交换等制定了一整套原则和规则，为欧盟成员国之间加强行政协作提供了法律基础和制度保证。以养老保险待遇支付为例，欧盟社会保障协调法令在五项原则之外，建立了贯穿养老金经办整个过程的六大制度，有效解决了成员国之间的养老保险立法和实施中的衔接和协调问题。[①]

其次，在机构和机制层面，欧盟建立了行政委员会、技术委员会、审计委员会、顾问委员会等机构，协助落实执行社会保障协调法令，同时也加强了各成员国之间和成员国与委员会的合作。

此外，欧盟还为从待遇申请、最后就业国汇总信息、参保成员国分配支付数额、比较支付程序直到待遇发放的整个运作过程建立了操作流程规范。[②] 这一系列的原则、制度、流程规范和专门机构为欧盟复杂的社会保障协调机制的顺利运转提供了有效的行政支撑。

社会保障双边协定下的行政协作，较欧盟机制要简单。但是，即使

[①] 董克用、王丹：《欧盟社会保障制度国家间协调机制及其启示》，《经济社会体制比较》2008年第4期。

[②] 谢勇才：《欧盟海外劳工社会保障权益国际协调的实践及其启示》，《探索》2018年第5期。

仅从典型社会保障双边协定文本上看，至少也须就如下行政协作事项做出制度安排：（1）管理机构和联络机构；（2）通信联络和信息通报；（3）经办程序、手续和费用；（4）数据交换和保护；（5）文书和认证；（6）语言和文字；（7）津贴支付。

行政协作涉及诸多事项和制度安排，无暇一一详论，在此需要特别强调说明的是数据保护制度。社会保障的双边协调合作，离不开缔约国之间数据信息的交换。但这些数据信息，微观上涉及跨国劳动者个人隐私，宏观上也可能被认为涉及缔约国国家机密。在现今复杂的技术和社会环境下，在数据的传输、交换和使用过程中，如何确保数据信息的安全和不被滥用，可谓意义重大而任务艰巨。欧盟为此制定了专门的《数据保护法》，以确保跨国劳动者信息安全，同时增进成员国或缔约国之间的协作互信。欧盟及欧盟成员国在对外社会保障协定谈判缔约包括对中国的双边协定谈判中，也提出了很高的数据保护标准和要求。与之相比，中国无论是数据保护的观念意识、技术标准还是管理与经办能力上都存在差距，一定程度上已成为谈判签约中的关键障碍之一。如何借鉴他国成熟经验，提升中国在社会保障领域数据保护上的意识和技术标准，是对中国社会保障行政主管部门暨经办机构管理能力和国家间行政协作水平的重大挑战。

二　诉权保护制度

在各国通过立法或社会保障双边与多边协定赋予跨国劳动者社会保障权益甚至赋予其与本国国民平等待遇后，赋予其诉权，便是顺理成章的事，因为正如法谚所说，无救济即无权利。权利需要救济，救济不外乎两种：公力救济和自力救济。现代国家除极少数的例外情形外，禁止自力救济，则必须同时畅通公力救济渠道。公力救济渠道中最重要的当然即司法上的诉讼程序保护。诉讼程序依诉权发动而得以开启，因此授予当事人诉权是权利救济的开端。

通常情况下，诉权是指当事人请求法院对其合法权益进行司法保护的权利。本书中涉及的诉权,是指跨国劳动者作为当事人提起诉讼、请求相关国家(尤其是东道国或工作地所属国)的法院保护自己社会保障正当权益的权利。诉权保护制度是指相关国家(尤指东道国或工作地所属国)通过立法赋予跨国劳动者诉诸该国法院请求司法保护的诉讼法制度。

在社会保障国际冲突、协调与合作领域,诉权和诉权保护制度,对于跨国劳动者权利的实现和保护具有重大意义。国际劳工组织早在1946年就基于保障劳工关系相关主体诉权的宗旨创设了国际劳工组织行政法庭。国际劳工组织在1952年《社会保障(最低标准)公约》(第102号公约)中确立了社会保障受益人的诉权原则,并在1964年《工伤事故和职业病津贴公约》(第121号公约)和1969年《医疗和疾病津贴公约》(第130号公约)中就具体社会保障项目的诉权保护订立了特别条款。[①]

在司法实践层面,以欧盟为例,为有效解决跨国劳动者的社会保障权益保护问题,欧盟及其成员国在立法、行政、司法各个层面都做了很大努力,其中欧盟法院在各成员国社会保障协调过程中发挥了难以忽视和不可替代的作用。数据显示,50多年来,欧盟法院裁决的300多件判例中(与第1408/71号条例有关)与社会保障协调有关系的占到10%。对涉及跨国劳动者的社会保障案例,欧洲法院多数时候做出了比较有利于跨国劳动者利益的解释,[②] 对推动欧盟范围内劳动力自由流动和欧洲经济一体化发挥了重要作用。

几十年来,随着中国国际经济技术合作和劳务输出事业的发展,中国出境工作的跨国劳动者可谓数量庞大。无论是出境还是入境的跨国劳动者,都存在着诉讼难、维权难的情况。在此背景下,建立和完善维护跨国劳动者权利的司法程序制度有着现实的必要性。

---

① 邓剑:《国际劳工标准中移民劳工社会保障的一般原则》,《金融会计》2013年第4期。
② 李靖堃:《从经济自由到社会公正——欧盟对自由流动劳动者社会保障的法律协调》,《欧洲研究》2012年第1期。

《中华人民共和国民事诉讼法》第 5 条规定：外国人、无国籍人、外国企业和组织在人民法院起诉、应诉，同中华人民共和国公民、法人和其他组织有同等的诉讼权利义务。《中华人民共和国行政诉讼法》第 99 条做了类似规定。《在中国境内就业的外国人参加社会保险暂行办法》第 8 条规定：依法参加社会保险的外国人与用人单位或者境内工作单位因社会保险发生争议的，可以依法申请调解、仲裁、提起诉讼。用人单位或者境内工作单位侵害其社会保险权益的，外国人也可以要求社会保险行政部门或者社会保险费征收机构依法处理。可以说，尽管仍有很大的改进空间，但是中国国内立法已经赋予了入境的跨国劳动者比较充分的诉权保护。现在需要着重努力的方向是，如何通过国家之间的条约和协定包括社会保障协定，依据互惠和对等原则，强化对中国出境跨国劳动者社会保障权益的诉权保护和司法援助。

三 国家间社会保障协定争议解决制度

在社会保障国际冲突、协调与合作领域，各个国家的利益并非完全一致，有时甚至存在直接的对立与冲突。协定谈判缔约各方都想争取本国利益的最大化，因此，国家之间即便是已经达成协议，在协定执行过程中，也难以绝对避免争议发生。

本书中谈及的国家间争议解决制度，是特指社会保障双边协定在执行过程当中，缔约各方就协定条款的理解和执行有不同意见时，如何解决国家之间争议的制度安排。这是国际社会保障双边协定中的常备条款。

社会保障协定是国家之间的条约，发生争议时则为涉及条约的国家间争端，属于国际公法范畴内的问题，应该依国际公法上的理论和法律来认识和处理。在国际法理论上，依国际争端性质的不同可以分为法律争端和政治争端。前者的特征是法律性较强、所涉利益较为具体，适合以司法裁判方式解决；后者所涉利益重大而法律性质较弱或相关法律规则不明确，适合政治解决方式。①

因社会保障协定而发生的国家间争议，主要关涉到双边或多边协定条款的解释和适用，显属法律争端性质的类型，因此，也更适合以法律或司法方式解决问题。现代国际法上国际争端的法律解决方式，主要是仲裁（即诉诸国际仲裁庭）方式和司法或准司法（即诉诸国际法院等）方式两类，外加现代国际争端解决法"和平解决国际争端基本原则"所鼓励的"争端双方协商解决"的方式，共计三种。

从条约实践的角度看，绝大多数国家间社会保障双边协定约定的争议解决方法，基本上是两种，即协商和仲裁方式。以日本缔结的社会保障双边协定为例分析，日本与荷兰签署的社会保障双边协定第 28 条规定："有关本协议解释和适用的任何分歧将通过双方签约国之间的协商解决。"日本在与比利时、意大利、美国、澳大利亚、巴西等国的双边协定中均做出了相同的规定。

日本与德国、英国等其他多国订立的双边协定则都选择了协商加仲裁两种争端解决方式。典型条文如日本与加拿大双边协定第 15 条规定：（1）双方将做出一切负责任的努力以便通过谈判解决任何有关本协议解释或适应方面的分歧。（2）如果有任何分歧不能如本条段落 1 规定的那样加以解决，应任何一方的要求，它将被提交给一个仲裁法庭进裁决。

中国在迄今为止签订的所有社会保障双边协定中都选择了协商解决争端的方式，并且均将其进一步分成了两个层面的协商，即缔约国社会保障主管部门之间的协商和国家层面的外交途径磋商。其典型条文，如中韩双边协定第 16 条之规定："缔约两国关于本协定解释或适用方面的任何争端应由缔约两国主管机关或经办机构通过谈判和磋商方式解决。如果争端在一定时间内未得以解决，则应通过外交途径解决。"

中德双边协定稍有不同，创设了一种新的争端解决制度，即特设联合委员会制。该协定第 14 条规定："缔约两国关于解释或适用本协定

---

① 《国际公法学》编写组：《国际公法学》，高等教育出版社 2016 年版，第 438 页。

和议定书的争端应通过外交途径解决,必要时通过双方协商同意成立的特设联合委员会解决。"

中国签订的社会保障协定看重协商这种争端解决方式,符合国际争端解决法的基本原则,尤其是符合中国解决国际争端的传统立场与实践。当然,借鉴国际成熟经验,中国未来也不排除选择采用仲裁等解决国际争端的其他方式。[①]

[①] 《国际公法学》编写组:《国际公法学》,高等教育出版社2016年版,第457页。

附录一

国际公约范例

本国人与外国人社会保障同等待遇公约

国际劳工组织大会，经国际劳工局理事会召集，于 1962 年 6 月 6 日在日内瓦举行其第四十六届会议，并经决定采纳本届会议议程第五项关于本国人与外国人社会保障同等待遇的某些提议，并经确定这些提议应采取国际公约的形式，于 1962 年 6 月 28 日通过以下公约，引用时得称之为 1962 年（社会保障）同等待遇公约。

第 1 条

本公约中

（a）"立法"一词包括任何社会保障规则以及法律和条例；

（b）"津贴"一词系指一切津贴、补助和年金，包括任何增补和增额；

（c）"根据过渡制度给予的津贴"系指给予在可行的立法生效之日超过规定年龄的人员的津贴，或考虑到在一会员国现有国境外发生的事件或某个阶段结束时作为过渡措施给予的津贴；

（d）"死亡补助"一词系指对死亡事件的一次性付款；

（e）"居住"一词系指通常的居住；

（f）"规定的"一词系指由或根据前文（a）项阐明的国家立法所

确定的；

（g）"难民"一词具有1951年7月28日难民地位公约第1条赋予的含义；

（h）"无国籍人"一词具有1954年9月28日无国籍人地位公约第1条赋予的含义。

第2条

1. 会员国得就下列任何一项或几项社会保障接受本公约的义务，对这些社会保障该会员国应有适用于居住在其国内的本国国民的有效实施的立法：

（a）医疗护理；

（b）疾病津贴；

（c）生育津贴；

（d）残疾津贴；

（e）老年津贴；

（f）遗属津贴；

（g）工伤津贴；

（h）失业津贴；

（i）家庭津贴。

2. 本公约生效的会员国应遵守公约的有关规定，接受本公约关于各类社会保障规定的义务。

3. 会员国应在其批准书中列明其接受本公约义务的各类社会保障。

4. 批准本公约的会员国得随后通知国际劳工局局长，就其批准书中未列明的各类社会保障，接受本公约的义务。

5. 本条第4款提及的承诺，应被视为批准书的组成部分并自通知之日起具有批准书的效力。

6. 为实施本公约，凡接受本公约有关各类社会保障的义务的会员国应向国际劳工局局长提交声明，指明其立法为社会保障规定了下文（a）或（b）项类型的津贴，并认为其立法规定的津贴应是：

(a) 不同于那些取决于受保护人或其雇主的资金的直接参与，或取决于符合要求的职业活动期限而给予的津贴；

(b) 根据过渡措施给予的津贴。

7. 本条第6款提及的声明，应在批准时或根据本条第4款通知时作出；就随后通过的立法而言，通知应在此立法通过后三个月内作出。

第3条

1. 本公约生效的会员国，应就其已接受本公约义务的各类社会保障，在覆盖范围和津贴权利方面，在其领土上，对本公约生效的其他会员国的国民，根据立法，给予与本国国民同等的待遇。

2. 在遗属津贴方面，此种同等待遇也应给予本公约生效的会员国国民的遗属，不论这些遗属的国籍如何。

3. 本条前两款应不要求会员国在某一类社会保障方面，对另一会员国的国民给予与本国国民同等的待遇，如果另一会员国虽然制定有关该类社会保障的立法，但不给予前会员国国民以同等待遇。

第4条

1. 给予同等津贴待遇应无居住条件的限制，尽管如此，对于某一会员国其立法规定领取某类社会保障的津贴以居住在其领土上为条件时，则该国侨民在他国领取同等津贴待遇得以居住为条件。

2. 尽管有本条第1款的规定，除医疗护理、疾病津贴、工伤津贴和家庭津贴外，第2条第6款（a）提及的津贴的给予，得以受益人居住在根据其立法应付给津贴的会员国为条件，就遗属而言，死者应已在该国居住一段时期为条件，期限不超过：

(a) 就给予生育津贴和失业津贴而言，提出要求前六个月；

(b) 就给予残疾津贴而言，提出要求前连续五年；就遗属津贴而言，亲人死亡前连续五年；

(c) 就给予老年津贴而言，十八岁以后的十年，其中包括提出要求前连续五年。

3. 就根据过渡制度给予的津贴得作专门规定。

4. 如果必要，为防止津贴复计所需的必要措施应由有关会员国间的专门安排确定。

第 5 条

1. 除第 4 条的规定外，在有关各类社会保障方面接受本公约义务的会员国，应保证对居住在国外的本国国民和在有关社会保障方面接受本公约义务的其他会员国的国民，如果必要，以根据第 8 条为此目的采取措施为条件，提供残疾津贴、老年津贴、遗属津贴和死亡补助，以及工伤、疾病抚恤金。

2. 如果在国外居住，第 2 条第 6 款（a）提及的有关残疾、老年和遗属这些类型的津贴的提供，可能取决于有关会员国参加第 7 条规定的维护权利的制度。

3. 本条规定不适用于根据过渡制度给予的津贴。

第 6 条

除第 4 条的规定外，在家庭津贴方面接受本公约义务的会员国，应保证对本国国民和就该项津贴接受本公约义务的其他会员国的国民的居住在这些会员国的儿童提供家庭补贴。

第 7 条

1. 本公约生效的会员国，以根据第 8 条有关会员国之间达成协议的内容为条件，应努力参加维护本公约生效的会员国国民根据国家法规，在已经接受本公约义务的有关国家各项社会保障方面所取得的权利和正在争取中的权利的制度。

2. 此种制度应特别规定保险、就业或居住的总期限，为获得、维持或恢复权利所需的总期限，以及为计算津贴所需的总期限。

3. 经确定的残疾、老年和遗属津贴的费用，经有关会员国同意，或由有关会员国均摊，或由受益人居住的会员国负担。

第 8 条

本公约生效的会员国得通过批准 1935 年维护移民退休金权利公约、根据共同协议在特定会员国之间实施该公约规定或通过多、双边协议使有关义务得到执行等办法,使其根据第5条和第7条承担的义务生效。

第9条

本公约的各项规定,可通过会员国之间的协议免予执行。这些协议不影响其他会员国的权利和义务,并以至少在整体上与本公约同等优惠的条件,规定维护谋取中的权利和既得权利。

第10条

1. 本公约各项规定无需互惠条件适用于难民和无国籍人。

2. 本公约不适用于关于公职人员的专门制度、关于战争受害者的专门制度/或国家援助。

3. 本公约不要求会员国对根据国际文件的规定,被排除于该国社会保障立法以外的人员执行公约条款。

第11条

本公约生效的会员国应互相提供免费行政支持,以便利本公约的实施及其各自社会保障立法的执行。

第12条

1. 本公约不适用于会员国采纳本公约前在各项社会保障方面应支付的津贴。

2. 本公约在有关会员国生效后,在给予各类社会保障的津贴方面,多大程度上适用于在有关会员国采纳公约前发生的突然事件,这一点应由多、双边协议确定,如无此类协议则由有关会员国立法确定。

第13条

本公约不应视为对任何现有公约的修正。

附录二

发达国家间双边协定范例（中英文）

澳大利亚和荷兰之间的社会保障协议

- 第一部分—总则：第一至五条
- 第二部分—关于保险范围的规定：第六至十一条
- 第三部分—关于澳大利亚津贴的规定：第十二至十六条
- 第四部分—关于荷兰津贴的规定：第十七至十九条
- 第五部分—共同规定：第二十条
- 第六部分—其他和管理规定：第二十一至二十六条
- 第七部分—过渡性和最终规定：第二十七至二十九条

澳大利亚政府和荷兰王国政府，希望加强它们两国之间现有的友好关系，决心继续在社会保障领域进行合作，并希望延长和修订1991年1月4日澳大利亚和荷兰王国之间关于社会保障的协议（1991年协议），为此达成如下协议：

第一部分　总则

第一条　定义

1. 在本协议中，除上下文另有要求外：

a. "津贴"意味着对一方来说在该方立法中对之做出规定的一种津贴、年金或补助，并包括受益人根据该缔约方立法而有资格获得的任何附加金额、增加或补充部分;但是,对澳大利亚来说,不包括根据有关养老金保障法律而规定的任何津贴、付款或权利;对荷兰来说,不包括社会保障补充津贴法案(TW)下的任何津贴、付款或权利;

b. "主管当局",对于澳大利亚而言,是指负责第二条段落1(a)(i)项规定的立法的联邦部秘书(部),但不包括协议第二部分小节A的实施(包括影响该部分的实施的协议其他部分的实施),就这种情况而言,它意味着税务专员的授权代表;而对于荷兰而言,是指社会事务与就业部部长;

c. "主管机构",对澳大利亚而言,是指担负实施澳大利亚立法任务的机构;对荷兰而言,是指承担实施第二条中规定的荷兰立法的,并在该立法下有法定权力的机构;

d. "立法",对于澳大利亚而言,是指在第二条段落1(a)(i)项中规定的法律,但不包括协议第二部分小节A的实施(包括影响该部分的实施的协议其他部分的实施),就这种情况而言,立法意味着在第二条段落1(a)(ii)中规定的法律;对于荷兰而言,是指第二条段落1(b)项中规定的有关社会保障制度和部门的与荷兰相关的法律、政令和行政法规;

e. "保险期"是指荷兰立法中所界定的一个时期;

f. "澳大利亚工作生活居住期",对个人而言,意味着澳大利亚立法中所界定的一种时期,但不包括依据第十条被认为该人是一名澳大利亚居民的任何时期;

g. "领土",对于澳大利亚而言,是指澳大利亚联邦、科科斯(基林)群岛领土和圣诞岛领土;对于荷兰王国而言,是指在欧洲的王国领土;

h. "寡居人员"对澳大利亚而言,是指法律上的寡妇或鳏夫,但不包括有伴侣的人。

2. 在一方实施本协议的过程中,针对个人,任何在本条中未加界定的术语,除上下文另有要求外,否则将会具有在任何一方的立法中赋予它的含义。

第二条 立法范围

1. 在不违反第 2 款的前提下,本协议将适用于在本协议签订之日修订的下列法律,以及任何随后修订、巩固、补充或取代它们的法律:

a. 关于澳大利亚:

i. 构成社会保障法的法律,在法律规定的范围内,适用于或影响到下列津贴:

A. 养老金;

B. 对严重残疾人员的残疾支持年金;和

ii. 关于养老金保障的法律(在本协议签订之时,该法律包含在《1992 年养老金保障(管理)法案》、《养老金保障缴费法案 1992》和《养老金保障(管理)条例》中)。

b. 就荷兰而言,主要是关于以下方面的立法:

i. 一般老年保险;

ii. 雇员和个体经营者的伤残保险;

iii. 一般遗属保险;

iv. 儿童津贴;

v. 疾病保险(包括疾病期间雇主的支付责任);并为适用该协定第二部分也适用其有关的立法:

vi. 失业保险。

2. 尽管有第一款(a)项的规定,本协议将继续适用于领取澳大利亚妻子抚恤金的妇女和作为领取澳大利亚老年年金人员的妻子的妇女,还适用于作为领取澳大利亚严重残疾人残疾支持年金人员妻子的妇女。

3. 尽管有第一款(a)项的规定,术语"津贴"将包括为实现第五条的目的支付给寡居人员的澳大利亚年金和双重孤儿养恤金。

4. 尽管有本条第一款(a)项的规定,术语"津贴"在指一项澳大利亚津贴时将包括在第 15 条第 1 款和第 2 款的范围内支付给寡居人员的年金。

5. 尽管有第一款（a）项的规定，澳大利亚的立法不应包括为使澳大利亚与其他国家签订的任何社会保障协议生效而制定的任何法律，无论该立法是在本协议签订日期之前还是之后。

6. 只有在双方在本协议议定书中都同意的情况下，本协议才可以适用于将一方的立法扩大到新的受益人类别或新的社会保障部门或制度的法律。

7. 除本协议另有规定外，本协议将不适用于社会和医疗救助制度，不适用于公务员或享受同等待遇人员的特殊制度，不适用于战争及其后果的受害者的津贴制度。

8. 本协议不影响 1961 年 4 月 18 日《维也纳外交关系公约》或 1963 年 4 月 24 日《维也纳领事关系公约》的规定。

第三条 人员范围

在不违反本协议其他条款的前提下，它将适用于以下任何人员：

a. 现在是或曾经是澳大利亚居民；或

b. 现在或曾经受到荷兰立法约束，

并且，在适用情况下，适用于其权利继承于上述某位人员的其他人员。

第四条 同等待遇

1. 缔约各方公民在适用澳大利亚和荷兰关于津贴的立法时应享受平等对待。

2. 在本协议的约束下，除另有规定外，所有适用于本协议的人员就依据本协议产生的与津贴有关的权利和义务应该享受同等待遇。

第五条 津贴的境外支付

1. 在本协议规定下或其他情况下应支付的津贴，不得因受益人或其家庭成员居住在另一方领土而减少、变更、中止或撤销。

2. 在一项津贴的继续资格或支付受到诸如时间等因素的限制的情况下，如果这种限制体现在一方领土上则应该也体现在另一方领土上。

3. 如果一项津贴的继续资格或支付能力受到下列要求的限制：享

受澳大利亚津贴必须是澳大利亚的居民或享受荷兰津贴必须是荷兰居民，以及/或者还要求必须在澳大利亚或荷兰居住，对于这些要求而言，提及澳大利亚也应该被理解为提及了荷兰居民，反之亦然，提及人身在澳大利亚也应该被理解为提及人身在荷兰，反之亦然。

4. 根据澳大利亚的法律，如果一个年轻人唯一在世的父亲或母亲在他是澳大利亚居民期间去世，他将获得双倍孤儿抚恤金；如果这个去世的人和这个未成年人都曾是澳大利亚居民，现在是荷兰居民，符合该法的规定，根据该立法，这项抚恤金应支付。

第二部分　关于保险范围的规定

小节 A—关于澳大利亚和荷兰养老金保障立法的规定

第六条　小节 A 的目的

小节 A 的目的是确保隶属于荷兰或澳大利亚立法的雇主和雇员不致因一位雇员的同一工作而承担荷兰和澳大利亚立法下的双重义务。

第七条　小节 A 的实施

小节 A 仅适用于如下情况：

a. 如果没有小节 A 的实施，雇员和/或该雇员的雇主将会被荷兰和澳大利亚两国的立法覆盖；或者

b. 如果不适用于第八条的第 2、3、5 或 6 款，来自荷兰的雇员和/或该雇员的雇主应将被澳大利亚立法覆盖，而不再被荷兰立法覆盖。

第八条　关于保险范围的规定

1. 除第 2、3 或 4 款另有规定外，如果雇员在一方领土上工作，该雇员的雇主和该雇员就该工作和支付给该工作的薪酬而言，应仅受该方立法的管辖。

2. 如果雇员：

a. 受一方（称为"第一方"）的立法管辖；和

b. 在本部分开始前，开始时或开始后，被第一方的政府派遣到另一方（称为"第二方"）领土上工作；和

c. 受聘于第一方政府而在第二方领土内工作；和

d. 并非长期在第二方领土上工作；

该雇主和雇员就其工作和支付给该工作的薪酬只需要受第一方立法的管辖。

3. 如果雇员：

a. 受一方（称为"第一方"）的立法管辖；和

b. 在本部分开始前、开始时或开始后，被一位受第一方法律约束的雇主派遣到另一方（称为"第二方"）境内工作；和

c. 受雇于该雇主或该雇主的关联实体在第二方领土内工作；和

d. 被派遣到第二方境内工作，并且从该时间还未满5年；和

e. 并非长期在第二方领土上工作；

该雇主和雇员就其工作和支付给该工作的薪酬只需要受第一方立法的管辖。如果一个实体和雇主是同一全资或控股集团的成员，在该实体为雇主的关联实体。

4. 如果雇员受雇在雇主工作在国际航线上的船舶或飞机上工作，雇主和雇员就该雇用和支付给该雇用的薪酬应仅受雇员居住所在的一方法律的管辖。

5. 在荷兰的立法范围内，根据本条规定受荷兰立法管辖的人员应被视为荷兰王国领土上的居民。

6. 根据本条的规定，如果该雇主或雇员在被派遣之日起三个月内依据第2款或第3款向荷兰当局申请了覆盖证明，并且该证明已被颁发给相关人员，那么应该适用于荷兰立法。

第九条 例外协议

1. 澳大利亚的主管当局和荷兰的主管机构可以为实现小节A的目的通过书面协议：

a. 为任何雇员延长第八条第3款（d）项中所指的五年期限；或者

b. 同意雇员根据某一缔约方的立法被雇用工作在一个特定缔约方的领土内，或在一个特定缔约方的船舶或飞机上从事国际运输工作，并且只受该缔约方的立法管辖。

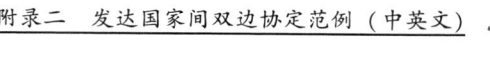

2. 根据第 1 款制定的任何协议均可适用于：

a. 一类雇员；和/或

b. 特殊工作或特殊工作类别（包括在签订协议时尚未发生的工作）。

小节 B—关于澳大利亚立法（与养老金保障有关法律除外）和荷兰立法的规定

第十条　被派遣雇员的配偶或子女临时离开澳大利亚

作为适用于第八条第 2 款或第 3 款的雇员的配偶或子女的澳大利亚居民，陪同该雇员到荷兰时，不应因为其在该雇员被派遣的全部或部分时间内临时停留在荷兰而被停止视为一名澳大利亚居民。

第十一条　荷兰法律对被派遣雇员的配偶和孩子的适用

1. 陪同适用于第八条第 2 款或第 3 款的雇员前往澳大利亚的配偶或子女，在其任何不在澳大利亚境内工作的时间内，都应受到荷兰立法的约束，并被视为荷兰王国境内的居民。

2. 陪同适用于第八条第 2 款或第 3 款的雇员到荷兰的配偶或子女，在任何其不在荷兰王国境内工作的时间内，将不受荷兰立法约束。

第三部分　关于澳大利亚津贴的规定

第十二条　在荷兰或第三国居住或逗留

根据澳大利亚法律或本协议，一个人有资格获得一项津贴时，除非他或她不是澳大利亚居民，和在他或她提出该津贴申请之日本人不在澳大利亚这两种情况外。如果他或她：

a. 是澳大利亚居民或居住在荷兰或与澳大利亚签订了包括评估和确定津贴申请方面的合作条款的社会保障协议的第三国；以及

b. 在澳大利亚、荷兰或该第三国，就提出该索赔的目的而言，该人在该日期应该被视为是澳大利亚居民并且人在澳大利亚。

第十三条　配偶关联澳大利亚津贴

如果一个人根据澳大利亚社会保障法从澳大利亚领取的澳大利亚养恤金，是由于该人的伴侣依靠本协议在接受一项澳大利亚津贴的事实，那么，该人应该被视为是依据本协议在接受该项妻子年金。

第十四条　关于澳大利亚的合计

1. 当个人适用于本协议，在本协议下申请澳大利亚福利并积累了以下情况时：

a. 作为澳大利亚居民的时间少于根据澳大利亚法律规定他或她有资格获得澳大利亚津贴的时间；和

b. 在澳大利亚工作生活居住的时间等于或大于第四段所规定的时间；和

c. 累计的保险期限；

那么，在申请该项澳大利亚津贴的范围内，只有满足澳大利亚立法中所规定的该津贴的任何最低资格期限，该保险期间才应该被视为该人是澳大利亚居民的期间。

2. 为第1款之目的，当一个人：

a. 成为澳大利亚居民的连续时间少于澳大利亚法律规定的该人享有津贴的最低连续时间；和

b. 积累了两个或以上独立时期的保险期，其总和等于或超过（a）项所述的最低连续时间，保险期间的综合应被视为一段连续期间。

3. 在本条的范围内，如果一个人作为澳大利亚居民的一段时间与他积累的一段保险期间重合，那么澳大利亚只应将重合时间作为一段作为澳大利亚居民的时间考虑一次。

4. 在第一段的范围内，应考虑到的澳大利亚生活工作居住的最短期限如下：

a. 对于居住在澳大利亚境外的人员申请一项澳大利亚津贴来说，要求的最低期限将是一年，其中至少六个月必须是连续的，并且

b. 对于澳大利亚居民申请一项澳大利亚津贴来说，不应规定在澳大利亚工作生活居住的最低期限。

第十五条　澳大利亚津贴的计算

1. 除第2款另有规定外，当澳大利亚境外人员仅依据本协议才有

资格获得一项澳大利亚津贴时，该津贴的比例将按照澳大利亚立法加以确定，但是要以儿童津贴率为 0 为基础。

2. 为计算依据本协议或其他方式支付的津贴比例而评估澳大利亚境外人员的收入时：

a. 按照 AlgemeneBijstandswet 荷兰法律给予该人的任何款项将不予考虑；

b. 任何 AOW-toeslag 的付款将不予考虑；并且

c. 如果根据澳大利亚法律支付澳大利亚津贴的比例化比例，那么只有该人收到的任何荷兰老年津贴的比例才应被视为收入。该比例的计算方法是：将该人在澳大利亚居住期间累积的总月数（不超过 300）乘以该项荷兰津贴的金额，再除以 300。

在 c 项中描述的计算可以表述如下：

$A = (Q/300) \times [R - (NP \times Q/300 + I - F)] / T$

其中：

$A=$ 澳大利亚应付津贴比例；

$Q=$ 个人在澳大利亚居住的月数或 300，以较低者为准；

$R=$ 澳大利亚津贴的最高比例；

$NP=$ 扣除 AOW toeslag 后的荷兰津贴；

$I=$ 澳大利亚立法范围内的收入，不包括荷兰津贴和任何按照 AlgemencBijstandswet 支付的款项；

$F=$ 澳大利亚收入调查下的免除领域；

$T=$ 澳大利亚立法下的相关缩减。

3. 对于临时来澳大利亚的人员，第 1 款和第 2 款的规定将继续适用 26 周。

4. 在不违反第 5 款和第 6 款规定的前提下，如果身在澳大利亚的人仅依据本协议才有资格领取澳大利亚津贴，该项津贴的比例应由如下因素确定：

a. 按照澳大利亚立法计算该人的收入，但是在这种计算中不考虑

该人获得的荷兰津贴；和

b. 从该澳大利亚津贴的最高税率中扣除该人所领取的荷兰津贴数额；和

c. 对根据（b）项得到的剩余津贴应用在澳大利亚立法中规定的相关比例计算，使用根据（a）项计算得出的金额作为该人的收入。

5. 如果一个人临时离开澳大利亚，第四段的规定将继续适用26周。

当一个人，或其伴侣，或该人和其伴侣在接受一项或几项荷兰津贴的情况下，他们中每一个人将被认为，为了第4款和构成社会保障法律的法案（不时加以修正）的目的，视情况而定是接受该津贴水平或该些津贴总量的一半。

第十六条 从澳大利亚收入调查中排除规定的荷兰付款

1. 根据澳大利亚社会保障法，某人领取或有权领取津贴：

a. 偿还迫害受害者的额外医疗、护理和直接相关开支；和

b. 在维持一定生活水平的同时，为受迫害者支付超出其能力范围的额外医疗费用的特别津贴；

覆盖一名受迫害人员的额外医疗开支的特殊补助，这种开支超出了他或她应对的能力以同时保持一定生活水准；

根据1940—1945年迫害受害者国家援助计划获得的收入，不应被包括在评估澳大利亚福利率的收入中。

2. 仅在本条范围内，"津贴"一词应包括澳大利亚社会保障法规定的所有社会保障金。

第四部分 关于荷兰津贴的规定

第十七条 一般养老金法案规定的津贴

1. 荷兰主管机构应直接并完全根据在荷兰一般养老金法案规定下完成的保险金的基础上确定养老金。

2. 除第3款另有规定外，1957年1月1日以前，一方国民年满15岁后居住在荷兰王国境内期间，或居住在另一国但在荷兰王国被有偿雇

用期间，即使该人不符合荷兰立法规定的允许将该期限视为保险期间的条件，也应被视为保险期间。

3. 在计算养老金时，只有当有关人员已根据荷兰一般养老金法案投保，并且在年满 59 岁后在一方或双方领土上居住至少 6 年，且仅当该人居住在任何一方领土上时，才应考虑第 2 款所述期间。但是，1957 年 1 月 1 日以前的期间，如果与根据荷兰王国以外的其他国家的立法计算养老金所考虑的期间相一致，则不应予以考虑。

第十八条 职工和个体经营者的伤残保险待遇

1. 符合第二条第 1 款第（a）(i)(B) 项规定的津贴资格并在荷兰受雇和/或自雇至少一年的人，在不违反第 2 款和第 3 款的情况下，有权享有荷兰雇员或自雇者伤残保险。

2. 津贴将被按以下方式确定：

a. 根据荷兰《残疾法》（WAO），在受雇的情况下，在残疾发生导致丧失工作能力的时间内；和

b. 根据荷兰的《自雇人员残疾津贴法》（WAZ），在任何因残疾导致丧失工作能力发生的前一年中该人持续是一名自营就业人员的情况下。

3. 按照本条确定的津贴将被乘以一个分数，这个分数的分子是该人在荷兰受雇就业或自营就业时期的总月数，而分母是自 15 岁至残疾发生导致丧失工作能力之时这段时期的总月数。

第十九条 拒绝支付、中止、取消

如果申请人或受益人未能及时提供申请或支付津贴所需的充分信息，或未能按要求进行规定的审查，那么荷兰的主管机构可以拒绝、暂停或取消支付。

第五部分 共同规定

第二十条 关于津贴计算的共同规定

1. 当一方（第一方）根据本协议或该方社会保障法律向居住在另一方领土上的人员支付款项时，第一方将不考虑适用它实施的任何收入

调查规定，不考虑由另一方在本协议下或在另一方社会保障法律下对该人做出的任何收入调查付款。

2. 在本条范围内，在 WAO 和 WAZ 规定下的荷兰伤残津贴将被认为是收入调查型津贴，而荷兰的房租补贴将被认为是根据荷兰社会保障法律予以支付的。

3. 当受益人移居第三国居住时，第 1 款和第 2 款所规定的原则将继续适用，就像受益人没有移居到第三国一样，但是有关津贴必须在该第三国支付。

4. 当居住在第三国的人员就某项津贴提交了一项有效申请时，第 1 款和第 2 款中规定的原则将予以适用，就好像该人是居住在其依据该第三国前最后居住的缔约方领土上一样，但有关津贴须在该第三国支付。

第六部分　其他和管理规定

第二十一条　文件的提交

1. 就一方立法规定的津贴的确定或支付而言，本应在规定期限内提交给该方主管当局、主管机构或法庭的任何索赔、通知或上诉，但在同一期限内提交给另一方的主管当局、主管机构或法庭，在这种情况下，它们将被视为提交给了第一方的主管当局、主管机构和法庭。这样一项申请、通知或上诉被提交给第一方该主管当局、主管机构或法庭的日期，仅仅在评估津贴权利的范围内，应被视为提交给另一方主管当局、主管机构或法庭的日期。

2. 对一方立法下津贴的申请应被认为是对另一方立法下相应津贴的申请，条件是申请人：

a. 要求它被视为另一方立法下的申请；或

b. 在申请之时提供信息说明居住期或保险期已经在另一方立法下完成的，并且该申请从被提交给第一方之日起六个月内已为另一方主管机构所接受。

3. 在适用于第 1 款或第 2 款的任何情况下，收到申请、通知或上诉的主管当局、主管机构或法庭应毫不拖延地把文件传递给另一方的主管当局、主管机构或法庭。

4. 第1款中提到的上诉文件，是指有关上诉的文件，该文件可以向各自立法设立的行政机构提出，或在行政上为各自立法目的而设立。

第二十二条　超额付款的追回

1. 在以下情况下：

a. 在本协议下的津贴由一方索赔，或由该方支付；和

b. 有合理的理由相信，无论是依据本协议还是其他协议，该申请人也有权从另一方获得津贴，并且如果支付将会影响到第一次被提及的津贴；

如果对第二项津贴的支付没有正当提出申请，或者如果该申请没有被积极执行，则第一项津贴将不应支付或继续支付。

2. 在以下情况下：

a. 在本协议下或其他立法下，向双方中一方申请津贴，基于该申请，一方应就过去一段时期向某人支付利益，而这一段时期处在本协议生效之后；

b. 在该时期的全部或部分时间内，另一方以根据其法律向该人支付了津贴；

c. 由另一方支付的津贴数额应当被扣除，如果在（a）项中所指津贴在过去时期被支付过；

在这种情况下，如果本不应由对方支付的金额，对方在过去时期内却定期支付了（a）项所述的津贴，那么就本条而言，应被称为"超额支付"。

3. 向受益人的一项津贴作出超额支付的主管机构可以要求另一方被要求向该受益人支付相应津贴的主管机构从后者应支付给该受益人的相应津贴的任何过期未付款中扣留超额付款的数额。后者主管机构应根据要求从这些款项中扣除多付的金额，并将其转移给前者主管机构。如果不能从任何款项中扣除全部或部分的多付款项，应适用第4款的规定。

4. 如果一方主管机构无法根据第 3 款追回所支付的全部超额支付款项，它可以在其适用的立法规定的条件和限制范围内，要求另一方主管机构从后者主管机构应支付给受益人的任何年金、津贴或补助中扣除多付款项中未追回的部分。后者主管机构应在其适用的立法规定的条件和范围内进行扣减，就像它已经支付了多付款项一样，并应将扣减的金额转移给前者主管机构。

5. 任何超额支付的款项都是收款方对付款方的债务。

6. 一方当事人可以决定，根据第 4 款所欠债务的全部或部分金额，可以从该当事人未来随时应付给欠款人的任何年金、津贴或补助中进行扣除。

7. 收到第 3 款要求的主管机构应采取联络机构之间达成协议的行动，收回多付的款项，并将其转移给另一主管机构。

第二十三条　津贴的支付

1. 如果一方对其货币向国外转移施加法律或行政限制，双方应在切实可行的范围内尽快采取措施，保障本协议项下支付津贴或社会保障缴款的权利。这些措施应追溯实施限制的时间。

2. 一方根据本协议应支付的津贴应由该方支付，无论受益人是在另一方领土内还是双方各自领土外，均不扣除处理和支付该福利的政府行政和管理费用。

3. 根据本协议应支付的澳大利亚津贴在澳大利亚境外支付时不受这些澳大利亚法律规定的限制：禁止向返回澳大利亚再次成为澳大利亚居民，并在提交澳大利亚津贴申请后的一段规定时间内再次离开澳大利亚的前澳大利亚居民支付津贴。

4. 一方在其领土内就须向同一领土内的当局和机构提交的证书和文件以获得的免除印花税、公证费或注册费的任何豁免，也应适用于为本协议目的而须向另一方领土内的当局和机构提交的证书和文件。为本协议的目的而需要出示的文件和证件，应免除外交或领事当局的认证。

5. 如果某人在第三国领取本协定下的一项或多项福利，在该方已与该第三国执行了一项关于该津贴可携带性的社会保障协议的前提下，支付该福利的一方应继续支付该福利。

第二十四条 信息交换和相互援助

1. 负责实施本协议的双方主管当局和主管机构将：

a. 在它们管理的立法允许的范围内，相互通报为实施本协议所必需的信息；

b. 就有关确定或支付本协议下或本协议所适用的立法下的任何津贴向对方提供方便和援助，就如同事情涉及它们自己立法的实施一样；

c. 尽可能早地相互通报所有关于它们为实施本协议所采取措施或各自法律变更的信息，只要这种变更有可能影响本协议的实施；

d. 应一方对另一方的要求，在按照第二十五条制定的管理安排中规定的范围内和情况下，在任一方与第三国签订的社会保障协议的实施方面相互给予援助；

e. 共同努力解决关于本协议实施中发生的任何困难或疑虑。

2. 第1款中所指援助应是免费提供的，但须遵守双方主管当局和主管机构间为偿还某些种类的开支所达成的任何安排。

3. 除一方法律对披露另有要求外，由另一方主管当局或主管机构按照本协议传递给该方主管当局或主管机构的关于个人的任何信息都应属机密性质，将只能被用于实施本协议和本协议所适用的立法。

4. 在任何情况下，第1款和第3款的规定将不得构成强加给一方主管当局或主管机构的以下义务：

a. 采取与该方或另一方法律或管理实践相矛盾的管理措施，或者

b. 提供在该方或另一方法律下或在正常管理过程中不可能获得的细节。

5. 无论一方有何种法律或管理实践，该方从另一方收到的关于个人的信息，在没有得到另一方事先书面同意的情况下，不得传递或披露给任何其他国家或该其他国家内的任何组织。

6. 在实施本协议过程中，一方的主管当局和主管机构可以使用该

方的官方语言与另一方沟通。

第二十五条 管理安排

1. 双方的主管当局将通过管理安排的方式为实施本协议制定必要的措施。

2. 应指定联络机构以促进本协议的实施。

第二十六条 协议的审查

在一方要求另一方举行会议审查本协议的情况下，双方应在该要求被提出后6个月内为此目的举行会议，除双方另有安排外，该会议应在提交该会议要求的缔约方的领土上举行。

第七部分 过渡性和最终规定

第二十七条 津贴的开始

1. 本协议下津贴的开始支付日期将按照相关方的立法加以确定，但在任何情况下，该日期不得早于本协议生效日期。

2. 在确定一个人依据本协议获得津贴的资格或权利时：

a. 作为澳大利亚居民的一段时期和保险期，和

b. 与该权利相关的任何事件或事实，

在本协议范围内，只要这些时期或事件对于该人是适用的，无论它们是什么时候积累的或发生的，都应被加以考虑。

3. 在不违反第二十八条的前提下，本协议没有任何规定可以赋予在本协议进入生效日期前的时期内任何接受一项津贴支付的权利。

4. 在不违反第二十八条和第3款的前提下，任何人都可能有资格在本协议下就本协议进入生效日期之前发生的事件接受津贴，但一次总额付款除外。

第二十八条 过渡性规定

1. 在本协议进入生效之时，1991年协议将终止并将被本协议取代。

2. 按照1991年协议，任何获得津贴的权利都将予以保留。就本款而言，"任何获得津贴的权利"包括一个人在允许延迟申请的情况下，因没有及时申请而本应享有的权利。

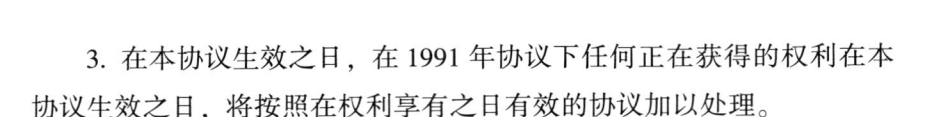

3. 在本协议生效之日，在 1991 年协议下任何正在获得的权利在本协议生效之日，将按照在权利享有之日有效的协议加以处理。

4. 自本协议生效之日起，在任何津贴申请没有被确定，而权利产生于该日期之前的情况下，该申请应按照 1991 年协议加以确定，如果重新确定的费率比 1991 年协议中确定的费率更加优惠的话，将从本协议生效之日起按照本协议重新予以确定。

5. 除一次性总额付款外的津贴按照本协议针对发生在本协议进入生效日期以前的事件是可以支付的，例外情况是发生在该日期之前的事故或发生在该日期前的职业病，如果它在事件发生时任何有效的立法或协议下不应被作为工业事故或职业病对待的话，那么仅仅按照本协议将不被作为工业事故或职业病对待。为了按照本协议来确定申请，在本协议进入生效日期之前完成的保险期和居住期、就业逗留期将在适合的情况下被加以考虑。

6. 第 5 款不赋予任何在本协议进入生效日期之前的时期内接受津贴支付的任何权利。

7. 为了适用第 5 款中的第一句话：

a. 国民根据 1991 年协议获得的任何津贴权利，可应该国国民的请求，按照本协议重新确定，自本协议生效之日起生效，但条件是该请求是在本协议生效之日起两年内提出，并且如果适用，要从后者日期起按较高的比例给发津贴；

b. 如果要求津贴重新确定的要求是在本协议生效之日起两年后被提出的，那么，津贴的支付以及任何过期未付欠款的支付都应按照相关立法予以执行。

8. 本协议的任何条款决不会减少任何人在本协议生效之前在任何一方立法下正当获得的权利或津贴。

第二十九条 生效和终止

1. 双方将以书面方式相互通知为使本协议生效所需要的各自的法定和宪法程序，而本协议将于最后一次通知日期起第三个月的第一天生效。

2. 在本协议生效之前，荷兰王国应自签署后第二个月的第一天起适用第二条第1款（b）项和第五条，并且对于荷兰王国，第二条第1款（b）项和第五条应追溯到2000年1月1日。

3. 在不违反第4款的前提下，本协议将保持有效直到自双方中任一方通过外交渠道从另一方接到终止本协议的通知之日起第十二个月届满为止。

4. 若本协议按照第3款终止，本协议对于下列所有人员应继续具有效力：

a. 在协议终止之日正在领取津贴，或

b. 在该段落中所指期限结束之前，已经依据本协议提交了对津贴的申请并有权接受津贴；或

c. 在终止日期之前，在该雇员能继续满足这些段落的标准的条件下，依据协议第二部分A小节第八条第2款和第3款，仅隶属于一方立法。

以下签字人经各自政府正式授权，在本协议上签字，以资证明。

本协议于2001年7月2日制成于海牙，一式两份，以英文写成。

澳大利亚政府方面　　　　　　　　　　　　荷兰王国政府方面
Peter Hussin　　　　　　　　　　　　　　J. F. Hoogervorst

Social Security Agreement between Australia and the Netherlands

Part Ⅰ-General Provisions: Articles 1 to 5

Part Ⅱ-Provisions on Coverage: Articles 6 to 11

Part Ⅲ-Provisions Relating to Australian Benefits: Articles 12 to 16

Part Ⅳ-Provisions Relating to the Netherlands Benefits: Articles 17 to 19

Part Ⅴ-Common Provisions: Articles 20

Part Ⅵ-Miscellaneous and Administrative Provisions: Articles 21 to 26

Part Ⅶ-Transition and Final Provisions: Articles 27 to 29

The Government of Australia and the Government of the Kingdom of the Netherlands, Wishing to strengthen the existing friendly relations between their two countries, Resolved to continue the cooperation in the field of social security, and Wishing to extend and modify the Agreement between Australia and the Kingdom of the Netherlands on Social Security of 4 January 1991 (the 1991 Agreement); Have agreed as follows:

PART Ⅰ-General Provisions

Article 1

Definitions

1. In this Agreement, unless the context otherwise requires:

a. "benefit" means in relation to a Party, a benefit, pension or allowance for which provision is made in the legislation of that Party, and includes any additional amount, increase or supplement for which a beneficiary is qualified under the legislation of that Party but, for Australia, does not include any benefit, payment or entitlement under the law concerning the superannuation guarantee and, for the Netherlands, does not include any benefit, payment or entitlement under the Social Security Supplementary Benefits

Act (TW);

b. "Competent Authority" means, in relation to Australia: the Secretary to the Commonwealth Department responsible for the legislation specified in subparagraph 1 (a) (i) of Article 2 except in relation to the application of Part II, Section A of the Agreement (including the application of other Parts of the Agreement as they affect the application of that Part) where it means the Commissioner of Taxation or an authorised representative of the Commissioner, and, in relation to the Netherlands: the Minister for Social Affairs and Employment;

c. "Competent Institution" means, in relation to Australia: the institution which has the task of implementing the applicable Australian legislation and in relation to the Netherlands: the institution which is charged with the implementation of the legislation of the Netherlands specified in Article 2 and which is competent under that legislation;

d. "legislation" means, in relation to Australia, the laws specified in subparagraph 1 (a) (i) of Article 2 except in relation to the application of Part II, Section A of the Agreement (including the application of other Parts of the Agreement as they affect the application of that Part) where it means the law specified in subparagraph 1 (a) (ii) of Article 2, and, in relation to the Netherlands, the laws, ordinances and administrative regulations relating to the systems and branches of social security specified in subparagraph 1 (b) of Article 2 in relation to the Netherlands;

e. "period of insurance" means a period defined as such in the legislation of the Netherlands;

f. "period of Australian working life residence", in relation to a person, means a period defined as such in the legislation of Australia, but does not include any period deemed pursuant to Article 10 to be a period in which that person was an Australian resident;

g. "territory", means, in relation to Australia, the Commonwealth of Australia, the Territory of Cocos (Keeling) Islands and the Territory of Christmas Island, and, in relation to the Kingdom of the Netherlands, the territory of the Kingdom in Europe; and

h. "widowed person", means in relation to Australia, a de jure widow or widower but does not include one who has a partner;

2. In the application by a Party of this Agreement in relation to a person, any term not defined in this Article shall, unless the context otherwise requires, have the meaning assigned to it in the legislation of either Party.

Article 2

Legislative Scope

1. Subject to paragraph 2, this Agreement shall apply to the following laws, as amended at the date of signature of this Agreement, and to any laws that subsequently amend, consolidate, supplement or replace them:

a. in relation to Australia:

i. the Acts forming the social security law, in so far as the law provides for, applies to or affects the following benefits:

A. age pensions;

B. disability support pension for a person who is severely disabled; and

ii. the law concerning the superannuation guarantee [which at the time of signature of this Agreement is contained in the Superannuation Guarantee (Administration) Act 1992, the Superannuation Guarantee Charge Act 1992 and the Superannuation Guarantee (Administration) Regulations];

b. in relation to the Netherlands, its legislation on:

i. general old age insurance;

ii. invalidity insurance for employees and the self-employed;

iii. general survivors' insurance;

iv. children's allowances;

v. sickness insurance (including employers' liability for payment during sickness); and for the application of Part II of the Agreement also its legislation on:

vi. unemployment insurance.

2. Notwithstanding the provisions of subparagraph 1 (a), this Agreement shall continue to apply to women who are receiving Australian wife pension and are the wives of persons receiving Australian age pension and it shall also apply to women who are receiving Australian wife pension and are the wives of persons receiving Australian disability support pension for the severely disabled.

3. Notwithstanding the provisions of subparagraph 1 (a), the term "benefit" shall include Australian pensions payable to widowed persons and Australian double orphans pensions for the purposes of Article 5.

4. Notwithstanding the provisions of subparagraph 1 (a) of this Article, the term "benefit" shall, when the reference is to an Australian benefit, include pensions payable to widowed persons for the purposes of paragraphs 1 and 2 of Article 15.

5. Notwithstanding the provisions of subparagraph 1 (a) the legislation of Australia shall not include any laws made, whether before or after the date of signature of this Agreement, for the purpose of giving effect to any agreement on social security entered into by Australia with other States.

6. This Agreement shall apply to laws that extend the legislation of either Party to new categories of beneficiaries or to new branches or systems of social security only if the two Parties so agree in a Protocol to this Agreement.

7. Except as otherwise provided in this Agreement, this Agreement shall not apply to social and medical assistance schemes, to special schemes for civil servants or persons treated as such, or to benefit schemes for victims of war or its consequences.

8. This Agreement shall not affect the provisions of the Vienna Convention on Diplomatic relations of April 18, 1961, or the Vienna Convention on Consular relations of April 24, 1963.

Article 3

Personal Scope

Subject to other Articles of this Agreement, it shall apply to any person who:

a. is or has been an Australian resident, or

b. is or has been subject to the legislation of the Netherlands,

and, where applicable, to other persons in regard to the rights they derive from a person described above.

Article 4

Equality of Treatment

1. The citizens of each of the Parties shall be treated equally in the application of the legislation of Australia and of the Netherlands relating to benefits.

2. Subject to this Agreement and unless otherwise provided, all persons to whom this Agreement applies shall be treated equally by a Party in regard to rights and obligations relating to benefits which arise by virtue of this Agreement.

Article 5

Payment of benefits abroad

1. Benefits payable whether under this Agreement or otherwise shall not be reduced, modified, suspended or withdrawn on account of the recipient, or members of his or her family, residing in the territory of the other Party.

2. Where continuing qualification or payability of a benefit is subject to limitations as to time, then reference to the territory of a Party in those limitations shall be read also as reference to the territory of the other Party.

3. Where continuing qualification or payability of a benefit is subject to a requirement to be, for an Australian benefit, an Australian resident or, for a Netherlands benefit, a resident of the Netherlands and/or also to be present in Australia or the Netherlands respectively, then in regard to those requirements, a reference to an Australian resident shall be read also as a reference to a resident of the Netherlands and vice versa and a reference to being present in Australia shall be read also as being present in the Netherlands and vice versa.

4. Where a double orphan pension would be payable to a person under the legislation of Australia in respect of a young person whose sole surviving parent died while that young person was an Australian resident, if that personand that young person were residents of Australia, that pension shall, subject to that legislation, be payable while that person and that young person are residents of the Netherlands.

PART II -Provisions on Coverage

Section A-Provisions Relating to the Superannuation Guarantee Legislation of Australia and to Netherlands' Legislation

Article 6

Purpose of Section A

The purpose of Section A is to ensure that employers and employees who are subject to the legislation of the Netherlands or Australia do not have a double liability under the legislation of the Netherlands and Australia in respect of the same work of an employee.

Article 7

Application of Section A

Section A only applies where:

a. without the application of Section A an employee and/or the employer of the employee would otherwise be covered by both the legislation of the

Netherlands and Australia; or

b. without the application of paragraphs 2, 3, 5 or 6 of Article 8 an employee from the Netherlands and/or the employer of that employee would otherwise come to be covered by the legislation of Australia and not remain covered by the legislation of the Netherlands.

Article 8

Provisions on coverage

1. Unless otherwise provided in paragraphs 2, 3 or 4, if an employee works in the territory of one Party, the employer of the employee and the employee shall in respect of the work and the remuneration paid for the work be subject only to the legislation of that Party.

2. If an employee:

a. is covered by the legislation of one Party ("the first Party"); and

b. was sent, whether before, on or after the commencement of this Part, by the Government of the first Party to work in the territory of the other Party ("the second Party"); and

c. is working in the territory of the second Party in the employment of the Government of the first Party; and

d. is not working permanently in the territory of the second Party;

the employer and employee shall be subject only to the legislation of the first Party in respect of the work and the remuneration paid for the work.

3. If an employee:

a. is covered by the legislation of one Party ("the first Party"); and

b. was sent, whether before, on or after the commencement of this Part, by an employer who is subject to the legislation of the first Party to work in the territory of the other Party ("the second Party"); and

c. is working in the territory of the second Party in the employment of the employer or a related entity of that employer; and

d. was sent to work in the territory of the second Party and a period of 5 years has not elapsed from that time; and

e. is not working permanently in the territory of the second Party;

the employer and employee shall be subject only to the legislation of the first Party in respect of the work and the remuneration paid for the work. An entity is a related entity of an employer if the entity and the employer are members of the same wholly or majority owned group.

4. If an employee is working in the employment of an employer on a ship or aircraft in international traffic, the employer and employee shall in respect of the employment and the remuneration paid for that employment be subject only to the legislation of the Party of which the employee is resident.

5. For the purposes of the Netherlands' legislation, a person who is subject to the Netherlands' legislation in accordance with the provisions of this Article shall be considered to be resident in the territory of the Kingdom of the Netherlands.

6. According to the provisions of this Article the Netherlands' legislation shall be applicable if the employer or employee has applied for a certificate of coverage from the Netherlands' authority within three months after the first day of secondment under paragraphs 2 or 3 and this certificate has been issued to the person concerned.

Article 9

Exception agreements

1. The competent authority for Australia and the competent institution for the Netherlands may for the purposes of Section A by agreement in writing:

a. extend the period of 5 years referred to in subparagraph 3 (d) of Article 8 for any employee; or

b. agree that an employee is taken to work in the territory of a particular Party or to work on a ship or aircraft in international traffic under the legislation of a particular Party and is subject only to the legislation of that Party.

2. Any agreement made under paragraph 1 may apply to:

a. a class of employees; and/or

b. particular work or particular type of work (including work that has not occurred at the time the agreement is made).

Section B-Provisions Relating to Australian Legislation (other that that relating to the Superannuation Guarantee) and to Netherlands' Legislation

Article 10

Partner or Children of Seconded Employees

Temporary Absence from Australia

An Australian resident, who is the partner or child of, and who accompanies to the Netherlands, an employee to which Article 8 paragraph 2 or 3 applies, shall not cease to be regarded as an Australian resident because he or she is temporarily in the Netherlands during the whole or part of the time during which that paragraph applies to that employee.

Article 11

Application of Netherlands Legislation to the Partner
or Children of Seconded Employees

1. The partner or child who accompanies to Australia, an employee to whom Article 8 paragraph 2 or 3 applies shall, for any period in which he or she is not working in the territory of Australia, be subject to Netherlands' legislation and be considered to be resident in the territory of the Kingdom of the Netherlands.

2. The partner or child who accompanies to the Netherlands an employee to whom Article 8 paragraph 2 or 3 applies shall not be subject to Netherlands' legislation for any period in which he or she is not working in the territory of the Kingdom of the Netherlands.

PART III -Provisions Relating to Australian Benefits

Article 12

Residence or Presence in the Netherlands or a Third State

Where a person would be qualified under the legislation of Australia or by virtue of this Agreement for a benefit except that he or she is not an Australian resident and in Australia on the date on which he or she lodges a claim for that benefit but he or she:

a. is an Australian resident or residing in the Netherlands or a third State with which Australia has concluded an agreement on social security that includes provision for co-operation in the assessment and determination of claims for benefits, and

b. is in Australia or the Netherlands or that third State, that person shall be deemed, for the purposes of lodging that claim, to be an Australian resident and in Australia on that date.

Article 13

Partner related Australian benefits

A person who receives from Australia an Australian wife pension under the social security laws of Australia due to the fact that the partner of that person receives, by virtue of this Agreement an Australian benefit, shall be deemed to be receiving that wife pension by virtue of this Agreement.

Article 14

Totalisation for Australia

1. Where a person to whom this Agreement applies has claimed an Australian benefit under this Agreement and has accumulated:

a. a period as an Australian resident that is less than the period required to qualify him or her, on that ground, under the legislation of Australia for that Australian benefit; and

b. a period of Australian working life residence equal to or greater than the period identified in paragraph 4 for that person; and

c. has accumulated a period of insurance;

then, for the purposes of a claim for that Australian benefit, that period of insurance shall be deemed, only for the purposes of meeting any minimum qualifying periods for that benefit set out in the legislation of Australia, to be a period in which that person was an Australian resident.

2. For the purpose of paragraph 1, where a person:

a. has been an Australian resident for a continuous period which is less than the minimum continuous period required by the legislation of Australia for entitlement of that person to a benefit, and

b. has accumulated a period of insurance in two or more separate periods that equals or exceeds in total the minimum period referred to in subparagraph (a), the total of the periods of insurance shall be deemed to be one continuous period.

3. For all purposes of this Article, where a period by a person as an Australian resident and a period of insurance accumulated by that person coincide, the period of coincidence shall be taken into account once only by Australia as a period as an Australian resident.

4. The minimum period of Australian working life residence to be taken into account for the purposes of paragraph 1 shall be as follows:

a. for the purposes of an Australian benefit claimed by a person residing outside Australia, the minimum period required shall be one year, of which at least six months must be continuous, and

b. for the purposes of an Australian benefit claimed by an Australian resident there shall be no minimum period of Australian working life residence.

Article 15

Calculation of Australian Benefits

1. Subject to paragraph 2, where a person who is outside Australia is

qualified for an Australian benefit only by virtue of this Agreement, the rate of that benefit shall be determined according to the legislation of Australia but on the basis that the additional child amount rate is nil.

2. When assessing the income of a person who is outside Australia for the purposes of calculating the rate of a benefit whether payable by virtue of this Agreement or otherwise:

a. any payment according to the AlgemeneBijstandswet to that person under the legislation of the Netherlands shall be disregarded;

b. any payment of AOW-toeslag shall be disregarded; and

c. if a proportionalised rate of Australian benefit is payable under the legislation of Australia then only a proportion of any other Netherlands' old age benefit which is received by that person shall be regarded as income. That proportion shall be calculated by multiplying the number of whole months accumulated by that person in a period of residence in Australia (not exceeding 300) by the amount of that Netherlands' benefit and dividing that product by 300.

The calculation described in sub-paragraph c may be expressed as

$$A = (Q/300) \times [R - (NP \times Q / 300 + I - F)] / T$$

where:

A = rate of Australian benefit payable;

Q = number of months of the period of residence in Australia of the person or 300 whichever is the lower;

R = maximum rate of Australian benefit;

NP = Netherlands' benefit excluding AOW toeslag;

I = income within the meaning of Australian legislation excluding Netherlands' benefit and any payments according to the AlgemeneBijstandswet;

F = free area under the Australian income test;

T = the relevant taper under Australian legislation.

3. The provisions in paragraphs 1 and 2 shall continue to apply for 26 weeks where a person comes temporarily to Australia.

4. Subject to the provisions in paragraphs 5 and 6, where a person who is in Australia is qualified to receive an Australian benefit only by virtue of this Agreement, the rate of that benefit shall be determined by:

a. calculating that person's income according to the legislation of Australia but disregarding in that calculation the Netherlands' benefit received by that person; and

b. deducting the amount of the Netherlands' benefit received by that person from the maximum rate of that Australian benefit; and

c. applying to the remaining benefit obtained under subparagraph (b) the relevant rate calculation set out in the legislation of Australia, using as the person's income the amount calculated under subparagraph (a).

5. The provisions in paragraph 4 shall continue to apply for 26 weeks where a person departs temporarily from Australia.

Where a person is, or his or her partner is, or both that person and his or her partner are, in receipt of a Netherlands' benefit or benefits, each of them shall be deemed, for the purpose of paragraph 4 and for the Acts forming the social security law as amended from time to time, to be in receipt of one half of either the amount of that benefit or the total of both of those benefits, as the case may be.

Article 16

Exclusion of specified Netherlands' payments from the Australian income test

1. Where a person receives or is entitled to receive a benefit under the social security laws of Australia:

a. reimbursement payments for extra medical, nursing and immediately related expenses of a victim of persecution; and

b. the special allowance covering the extra medical expenses a victim of persecution has, but which are beyond his or her capacity to meet, while maintaining a certain standard of living, made under the State Assistance Scheme of the 1940-1945 Victims of Persecution (WUV), shall not be included as income for the purpose of assessing the rate of that Australian benefit.

2. For the purposes of this Article only, the term "benefit" shall include all social security payments under the social security laws of Australia.

PART Ⅳ-Provisions Relating to the Netherlands Benefits

Article 17

Benefits under the General Old Age Pensions Act

1. The Netherlands' Competent Institution shall determine the old age pension directly and exclusively on the basis of periods of insurance completed under the Netherlands' General Old Age Pensions Act.

2. Subject to paragraph 3, periods before January 1, 1957 during which a national of one Party after reaching the age of fifteen, resided in the territory of the Kingdom of the Netherlands or during which, while residing in another country the person was gainfully employed in the Kingdom of the Netherlands, shall also be considered as periods of insurance if the person does not satisfy the condition of the Netherlands' legislation permitting such periods to be treated for that person as periods of insurance.

3. The periods referred to in paragraph 2 shall be taken into consideration in the calculation of the old age pension only if the person concerned has been insured under the Netherlands' General Old Age Pensions Act and has resided for at least six years in the territory of one or both Parties after reaching the age of fifty-nine and only while the person is residing in the territory of either Party. However, the periods before January 1, 1957 shall not be taken into consideration if they coincide with periods taken into consideration for the cal-

culation of an old age pension under the legislation of a country other than the Kingdom of the Netherlands.

Article 18

Benefits under the invalidity insurance for employees and the self-employed

1. A person eligible for a benefit according to subparagraph 1 (a) (i) (B) of Article 2 and who was employed and/or self employed in the Netherlands during at least one year shall, subject to paragraphs 2 and 3, be entitled to the Netherlands' invalidity insurance for employees or the self-employed.

2. The benefit shall be determined:

a. according to the Netherlands' Disability Act (WAO) in any case where the person was employed, at the moment the incapacity for work followed by invalidity occurred; and

b. according to the Netherlands' self-employed persons Disability Benefits Act (WAZ) in any case where the person was, in the year prior to the occurrence of the incapacity for work followed by invalidity, lastly a self-employed person.

3. The benefit established according to this Article shall be multiplied by a factor, of which the numerator consists of the total period in months in which the person was employed and/or self-employed in the Netherlands and thedenominator consists of the period in months between the age of 15 and the moment the incapacity for work followed by invalidity occurred.

Article 19

Refusal to pay, suspension, withdrawal

The Competent Institution of the Netherlands may refuse to pay, may suspend or may withdraw a benefit if the applicant or the beneficiary fails to provide prompt and sufficient information necessary for the application or the payment of the benefit, or fails to undergo any examination as required.

PART V-Common Provisions

Article 20

Common Provisions for the Calculation of Benefits

1. Where a Party (the first Party) makes a payment under this Agreement or under its social security laws to a person who resides in the territory of the other Party, the first Party will disregard from the application of any income test it applies any income-tested payment made by the other Party under this Agreement or under the other Party's social security laws to that person.

2. For the purposes of this Article, the Netherlands' invalidity benefits under WAO and WAZ shall be deemed to be income-tested benefits and the Netherlands' rent subsidy shall be deemed to be paid under the Netherlands' social security laws.

3. The principles set out in paragraphs 1 and 2 will continue to apply when a beneficiary moves to reside in a third country as if the beneficiary had not moved to that third country, provided that the relevant benefit is payable in that third country.

4. Where a person residing in a third country lodges a valid claim for a benefit, the principles set out in paragraphs 1 and 2 will be applied as if that person was resident in the territory of the Party where he or she was last resident before moving to that third country provided that the relevant benefit is payable in that third country.

PART VI-Miscellaneous and Administrative Provisions

Article 21

Lodgement of Documents

1. Any claim, notice or appeal concerning the determination or payment of a benefit under the legislation of one Party which should for the purposes of that legislation, have been presented within a prescribed period to a Competent Authority, Competent Institution or Tribunal of that Party, but which is

presented within the same period to a Competent Authority, Competent Institution or Tribunal of the other Party, shall be treated as if it had been presented to the Competent Authority, Competent Institution or Tribunal of the first Party. The date on which such a claim, notice or appeal was submitted to that Competent Authority, Competent Institution or Tribunal of the first Party shall be considered only for the purposes of assessing entitlement to benefit as the date of its submission to that Competent Authority, Competent Institution or Tribunal of the other Party.

2. A claim for a benefit under the legislation of one Party shall be deemed to be a claim for the corresponding benefit under the legislation of the other Party, provided that the applicant:

a. requests that it be considered an application under the legislation of the other Party, or

b. provides information at the time of application indicating that periods of residence or periods of insurance have been completed under the legislation of the other Party and the claim is received by the Competent Institution of the other Party within six months from the date of lodgement with the first Party.

3. In any case to which paragraph 1 or 2 applies, the Competent Authority, Competent Institution or Tribunal to which the claim, notice or appeal has been submitted shall transmit it without delay to the Competent Authority, Competent Institution or Tribunal of the other Party.

4. The reference in paragraph 1 to an appeal document is a reference to a document concerning an appeal that may be made to an administrative body established by, or administratively for the purposes of, the respective legislations.

Article 22

Recovery of overpayments

1. Where:

a. a benefit under this Agreement is claimed from, or is being paid by, one of the Parties; and

b. there are reasonable grounds for believing that the claimant may also be entitled, whether by virtue of this Agreement or otherwise, to a benefit from the other Party and that, if paid, would affect the amount of that first-mentioned benefit;

that first-mentioned benefit shall not be paid or continue to be paid if a claim is not duly lodged for payment of the second-mentioned benefit or if that claim is not actively pursued.

2. Where:

a. a benefit under this Agreement or otherwise is claimed from one of the Parties and, as a result of that claim, a benefit is payable by a Party to a person in respect of a past period and that past period occurred after the entry into force of this Agreement;

b. for all or part of that period, the other Party has paid to that person a benefit under its legislation; and

c. the amount of the benefit paid by that other Party would have been reduced had the benefit referred to in subparagraph (a) been paid during that past period;

then the amount that would not have been paid by the other Party had the benefit described in subparagraph (a) been paid on a periodical basis throughout the past period shall, for the purposes of this Article, be referred to as an "overpayment".

3. A Competent Institution which has made an overpayment of a benefit to a beneficiary may request the other Competent Institution which is required to pay a corresponding benefit to that beneficiary to deduct the amount of the overpayment from any arrears of that corresponding benefit which the latter Competent Institution pays to that beneficiary. The latter Competent Institution shall if so requested deduct the amount of the overpayment fromthose arrears

and transfer it to the former Competent Institution. Where the whole or part of any overpayment cannot be deducted from any arrears the provisions of paragraph 4 shall apply.

4. Where a Competent Institution of a Party is unable to recover pursuant to paragraph 3 all the amount of an overpayment it has made, it may, within the conditions and limits laid down by the legislation which it applies, request the Competent Institution of the other Party to deduct the unrecovered amount of the overpayment from any pension, benefit or allowance which the latter Competent Institution pays to the beneficiary. The latter Competent Institution shall make the deductions under the conditions and within the limits set out in the legislation which it applies as if it had made the overpayment and shall transfer the amounts deducted to the former Competent Institution.

5. The amount of any overpayment shall be a debt due by the person who received it to the Party that paid it.

6. A Party may determine that the amount, or any part, of the debt owing to it under paragraph 4 may be deducted from future payments of any pension, benefit or allowance payable at any time by that Party to the person owing the debt.

7. The Competent Institution receiving a request under paragraph 3 shall take the action agreed upon between the liaison agencies to recoup the amount of the overpayment and to transfer it to the other Competent Institution.

Article 23

Payments of Benefits

1. If a Party imposes legal or administrative restrictions on the transfer of its currency abroad, both Parties shall adopt measures as soon as practicable to guarantee the rights to payment of benefits derived under this Agreement or to payment of social security contributions. Those measures shall operate retrospectively to the time the restrictions were imposed.

2. A benefit payable by a Party by virtue of this Agreement shall be paid by that Party, whether the beneficiary is in the territory of the other Party or outside the respective territories of both Parties, without deduction for government administrative fees and charges for processing and paying that benefit.

3. The payment outside Australia of an Australian benefit that is payable by virtue of this Agreement shall not be restricted by those provisions of the legislation of Australia which prohibit the payment of a benefit to a former Australian resident who returns to Australia becoming again an Australian resident, and lodges a claim for an Australian benefit and again leaves Australia within a specified period of time.

4. Any exemption granted in the territory of one of the Parties from stamp duty, notarial or registration fees in respect of certificates and documents required to be submitted to authorities and institutions in the same territory, shall also apply to certificates and documents which, for the purposes of this Agreement, have to be submitted to authorities and institutions in the territory of the other Party. Documents and certificates required to be produced for the purpose of this Agreement shall be exempt from authentication by diplomatic or consular authorities.

5. Where a person is in receipt of a benefit or benefits under this Agreement and is in a third country, the Party paying that benefit or those benefits shall continue to pay that benefit or those benefits if that Party has implemented an agreement on social security with that third country which provides for the portability of that benefit or those benefits.

Article 24

Exchange of Information and Mutual Assistance

1. The Competent Authorities and Competent Institutions responsible for the application of this Agreement shall:

a. to the extent permitted by the legislation which they administer, communicate to each other any information necessary for the application of this Agreement;

b. lend their good offices and furnish assistance to one another (including the communication to each other of any information necessary) with regard to the determination or payment of any benefit under this Agreement or under the legislation to which this Agreement applies as if the matter involved the application of their own legislation;

c. communicate to each other, as soon as possible, all information about the measures taken by them for the application of this Agreement or about changes in their respective legislation insofar as these changes affect the application of this Agreement;

d. at the request of one to the other, assist each other in relation to the implementation of agreements on social security entered into by either of the Parties with third States, to the extent and in the circumstances specified in the Administrative Arrangement made in accordance with Article 25;

e. jointly endeavour to resolve any difficulties or doubts arising as to the application of this Agreement.

2. The assistance referred to in paragraph 1 shall be provided free of charge, subject to any arrangement reached between the Competent Authorities and Competent Institutions for the reimbursement of certain types of expenses.

3. Unless disclosure is required under the laws of a Party, any information about an individual which is transmitted in accordance with this Agreement to a Competent Authority or a Competent Institution of that Party by a Competent Authority or a Competent Institution of the other Party is confidential and shall be used only for purposes of implementing this Agreement and the legislation to which this Agreement applies.

4. In no case shall the provisions of paragraphs 1 and 3 be construed so as to impose on the Competent Authority or Competent Institution of a Party the obligation:

a. to carry out administrative measures at variance with the laws or the administrative practice of that or the other Party, or

b. to supply particulars which are not obtainable under the laws or, in the normal course of the administration of that or the other Party.

5. Notwithstanding any laws or administrative practices of a Party, no information concerning a person which is received by that Party from the other Party shall be transferred or disclosed to any other country or to any organisation within that other country without the prior written consent of that other Party.

6. In the application of this Agreement, the Competent Authority and the Competent Institutions of a Party may communicate with the other in the official language of that Party.

Article 25

Administrative Arrangement

1. The Competent Authorities of the Parties shall establish, by means of an Administrative Arrangement, the measures necessary for the implementation of this Agreement.

2. Liaison agencies shall be designated to facilitate the implementation of this Agreement.

Article 26

Review of the Agreement

Where a Party requests the other to meet to review this Agreement, the Parties shall meet for that purpose no later than 6 months after that request was made and, unless the Parties otherwise arrange, their meeting shall be held in the territory of the Party to which that request was made.

PART VII-Transition and Final Provisions

Article 27

Commencement of Benefits

1. The commencement date for payment of a benefit under this Agreement shall be determined in accordance with the legislation of the Party concerned but in no case shall that date be a date earlier than the date on which this Agreement enters into force.

2. In determining the eligibility or entitlement of a person to a benefit by virtue of this Agreement:

a. a period as an Australian resident and a period of insurance, and

b. any event or fact which is relevant to that entitlement,

shall, subject to this Agreement, be taken into account insofar as those periods or those events are applicable in regard to that person no matter when they were accumulated or occurred.

3. Subject to Article 28 no provision of this Agreement shall confer any right to receive payment of a benefit for a period before the date of entry into force of this Agreement.

4. Subject to Article 28 and to paragraph 3, a person may be qualified to receive a benefit, other than a lump sum payment, under this Agreement in respect of events which happened before the date of entry into force of this Agreement.

Article 28

Transitional Provisions

1. Upon the entry into force of this Agreement the 1991 Agreement shall terminate and shall be replaced by this Agreement.

2. Any right to benefit acquired in accordance with the 1991 Agreement shall be maintained. For the purposes of this paragraph "any right to benefit acquired" includes any right which a person would have had but for his or her

failure to claim timeously where a late claim is allowed.

3. Any rights in course of acquisition under the 1991 Agreement at the date of entry into force of this Agreement shall be settled in accordance with the Agreement in force at the date of entitlement.

4. Where, from the date of entry into force of this Agreement, any claim to benefit has not been determined and entitlement arises before that date, the claim shall be determined in accordance with the 1991 Agreement and shall be determined afresh in accordance with this Agreement from its date of entry into force if this is more favourable than the rate determined under the 1991 Agreement.

5. Benefits, other than lump sum payments, shall be payable in accordance with this Agreement in respect of events which happened before the date of its entry into force, except that an accident which occurred or a disease which developed before that date shall not, solely by virtue of this Agreement, be treated as an industrial accident or an industrial disease if it would not have been so treated under any legislation or Agreement having effect at the time of its occurrence or development. For the purpose of determining claims in accordance with this Agreement, account shall be taken, where appropriate, of insurance periods and periods of residence, employment or presence, completed before the date of its entry into force.

6. Paragraph 5 shall not confer any right to receive payment of benefit for any period before the date of entry into force of this Agreement.

7. For the purpose of applying the first sentence of paragraph 5:

a. any right to benefit acquired by a national in accordance with the 1991 Agreement may, at the request of the national concerned, be determined afresh in accordance with this Agreement with effect from the date of entry into force of this Agreement provided that the request has been made within two years of the date it enters into force and, if applicable, benefit awarded at the higher rate from the latter date;

b. where the request for the benefit to be determined afresh is made more than two years after the date of entry into force of this Agreement payment of benefit, and the payment of any arrears, shall be made in accordance with the legislation concerned.

8. No provision of this Agreement shall diminish any rights or benefits which a person has properly acquired under the legislation of either Party before the date of entry into force of this Agreement.

Article 29

Entry Into Force and Termination

1. Both Parties shall notify each other in writing of the completion of their respective statutory and constitutional procedures required for entry into force of this Agreement and the Agreement shall enter into force on the first day of the third month following the date of the last notification.

2. Until entry into force of this Agreement, the Kingdom of the Netherlands shall apply subparagraph 1 (b) of Article 2 and Article 5 from the first day of the second month following signature and also, for the Kingdom of the Netherlands, subparagraph 1 (b) of Article 2 and Article 5 shall have retrospective effect to 1 January 2000.

3. Subject to paragraph 4, this Agreement shall remain in force until the expiration of 12 months from the date on which either Party receives a note from the other through the diplomatic channel giving notice of termination of this Agreement.

4. In the event that this Agreement is terminated in accordance with paragraph 3, this Agreement shall continue to have effect in relation to all persons who:

a. at the date of termination, are in receipt of benefits, or

b. prior to the expiry of the period referred to in that paragraph, have lodged claims for, and would be entitled to receive, benefits; by virtue of this Agreement; or

c. immediately before the date of termination are subject only to the legislation of one Party by virtue of paragraph 2 or 3 of Article 8 of Part II, Section A of the Agreement, provided the employee continues to satisfy the criteria of these paragraphs.

IN WITNESS WHEREOF, the undersigned, being duly authorised thereto by their respective Governments, have signed this Agreement.

DONE in duplicate at The Hague this 2nd day of July 2001, in the English language.

FOR THE GOVERNMENT OF AUSTRALIA

Peter Hussin

FOR THE GOVERNMENT OF THE KINGDOM OF THE NETHERLANDS

J F Hoogervorst

附录三

发展中国家与发达国家间双边协定范例（中英文）

法兰西共和国政府和印度共和国政府之间的社会保障协议

法兰西共和国政府和印度共和国政府，以下简称缔约国，为了在社会保障领域建立两国的相互关系，决定为此目的签订一项协议并就如下规定达成一致：

第一部分　一般规定

第一条　定义

1. 在本协议的实施范围内：

a）术语"法国"系指法兰西共和国；术语"印度"系指印度共和国。

b）术语"立法"系指：

——关于第七条规定的实施，双方缔约国现行的全部社会保障立法和条例；

——关于第八条第二款所适用的立法和条例规定。

c）术语"主管当局"系指：

对于法国：在自己权限内负责实施第二条第一款 A）项中规定的立

法的各位部长；

对于印度：负责实施第二条第一款 B) 项中提及的立法的海外印度人事务部部长。

d) 术语"主管机构"系指：

对于法国：负责全面或部分实施第二条第一款 A) 项中提及的立法的机构、机关或当局；

对于印度：负责实施第二条第一款 B) 项中提及的立法的雇员公积金组织（EPFO）。

e) 术语"联络机关"系指在行政安排中规定的联络机关。

f) 术语"保险期"系指一段由立法承认为缴费期或保险期的任何时期，以及在该立法实施中一个视同于缴费期或保险期的任何时期。

g) 术语"津贴"系指任何年金或现金补贴，包括按照第二条中提及的立法适用的任何附加或增加金额。

h) 术语"居所"系指经常性居住地点。

i) 术语"领土"系指：

关于法国：法兰西共和国本土和海外各省领土以及领海和领海以外法兰西共和国依据国际法对其拥有主权或管辖权的空间；

关于印度：印度共和国的地理领域，包括领海以及依据国际法印度共和国在其上拥有主权的专属经济区。

2. 在本条第一款中未定义的任何术语将拥有适用立法赋予它的含义。

第二条 立法范围

1. 本协议适用于：

A) 关于法国：

a) 确定下面提及的社会保障制度一般组织的立法，主要关系到养老和残疾保险；

b) 关于以下制度或保险的立法：

i) 包括遗属年金在内的养老保险制度；

——非农职业工薪人员；

——农业职业工薪人员；

——非农职业非工薪人员，但不包括关于补充养老制度的规定；

——农业职业的非工薪人员；

——除本协议另有规定外，特殊制度所涵盖的就业人员。

ii）适用于上面i）点中提及人员的包括遗属年金的残疾保险。

B）对于印度，关于以下制度的全部立法规定：

i）工薪人员老年和遗属年金；

ii）工薪人员长期全残年金。

2. a）本协议将同样适用于任何修正或扩展本条第一款中提及的立法规定。

b）只要在这方面修正了它的立法的缔约国没有在该立法正式公布后六个月的期限内通知另一国其反对将这些新的受益人类别纳入，本协议就应适用于任何旨在扩大现有制度至一些新的受益人类别的立法。

c）除非双方缔约国主管当局同意将其适用，否则本协议将不适用于旨在创立一个新的社会保障部门的立法规定。

第三条 人员实施范围

除另有规定外，本协议将适用于隶属于或曾隶属于这一方或另一方缔约国立法的所有人员及其权利继承人。

第四条 待遇平等

除本协议另有规定外，正常居住在一方缔约国领土上的第三条中提及人员将在实施由第一条b）项下第1点中界定的这个国家的立法时享有与该缔约国国民同等的待遇。

第五条 津贴出境

1. 除本协议另有规定外，一方缔约国不得仅以受益人临时停留或居住在另一方缔约国领土上为理由而削减或变更在实施它的立法过程中应获得的津贴。这一规定不适用于非缴费性津贴，这种津贴只能在该津贴的责任国领土上加以提供。

2. 依据法国立法应支付给居住在某一第三国领土上的印度国民的老年、遗属和伤残津贴，应与支付给居住在该第三国领土上的法国国民的待遇相同。

3. 依据印度立法应支付给居住在某一第三国领土上的法国国民的老年、遗属和伤残津贴，应与支付给居住在该第三国领土上的印度国民的待遇相同。

第六条 削减、中止或取消的条款

1. 缔约国一方立法中规定的削减、中止或取消社会保障津贴的条款，在社会保障津贴相互重合或与任何其他收入重合的情况下，即使该津贴是依据缔约国另一方的制度获得的，和该收入是在缔约国另一方境内获得的，也应适用于受益人。不过，这一规定将不适用于按照第十二条规定加以计算的同种性质的津贴。

2. 在伤残津贴或提前老年津贴受益人从事职业活动的情况下，由一方缔约国立法规定的削减、中止或取消条款，即使他是在缔约国另一方领土上从事他的活动，也可适用于该受益人。

第二部分 关于可适用法律的规定

第七条 一般规定

在不违反第八至十条的前提下，可适用的立法将根据以下规定加以确定：

a) 在一方缔约国领土上从事工薪活动的人员，将就其活动而言仅隶属于该方缔约国的立法；

b) 在一方缔约国领土上从事非工薪活动的人员，将就其活动而言仅隶属于该方缔约国的立法；

c) 作为一家为他方或自身利益从事旅居或货物国际运输的企业的旅客或航空人员之一，该企业的总部设在一方缔约国领土上，则该人将隶属于这后一个国家的立法；

d) 在悬挂一方缔约国国旗的船舶上从事一种工薪活动的人员将隶属于该方缔约国的立法。

第八条 特殊规定

1. 一个人在一方缔约国为在该国从事正常活动的雇主从事经常性的工薪活动，当他被这位雇主派遣到另一方缔约国工作时将继续隶属于第一方缔约国的立法，并且在最长 60 个月的期限内免除后者根据第二方缔约国立法应缴纳的社会保障制度缴费。对于法国这关系到第二条第一款 A）b）i）项中所指立法，对于印度这关系到第二条第一款 B）i）项中所指立法。

2. 本条第一款将适用于这样一种情况：被其雇主从一方缔约国领土派遣到某一第三国领土上工作随后又被该雇主从该第三国领土派遣到另一方缔约国领土上工作的人员。

第九条 官员和外交使领馆成员

1. 官员和同类人员以及他们的家庭成员，如果不从事职业活动，应继续隶属于雇用他们的行政部门所隶属的缔约国立法。

2. 本协议将不影响 1961 年 4 月 18 日的《维也纳外交关系公约》和 1963 年 4 月 24 日的《维也纳领事关系公约》的规定。

第十条 对于第七至九条规定的例外

为了某些被保险人或某些类别被保险人的利益，两国为此指定的主管当局或机构可以通过共同协议的方式，规定若干对于第七至九条规定的例外，条件是有关人员应当受双方缔约国中一国立法的约束。

第三部分 关于津贴的规定

第十一条 保险期的合计

1. 当保险期依据双方缔约国的立法已届满时，在缔约国双方主管机构确定其适用的立法规定的津贴获取资格过程中，在该保险期与另一方缔约国立法规定的保险期不重合的条件下，在必要时应考虑缔约国另一方立法规定的保险期。

2. 如果双方缔约国之一的立法要求给发某种老年或遗属津贴服从于保险期必须是在一种特殊制度规定下或在一种既定职业或活动中完成的条件下，则只有在另一缔约国也是在一种特殊制度规定下或在一种既定职业或活动中完成的条件下积累的保险期，才应被计算为允许享有这些津贴权利的保险期。

3. 在当事人曾经另外加入过该制度的条件下，即使这些保险期已根据第二款规定中的一项制度被加以考虑，在一方缔约国特殊制度名义下完成的保险期也应该可以在另一国一般制度名义下被加以考虑以便获得津贴权利。

4. 本条第二款的规定将不适用于：法国国家文职官员和军事官员、地方政府公职人员、医院公职人员和国家产业机构工人等享有特别计划津贴权利的特殊制度。不过，为了确定年金结算率，国家文职官员和军事官员、地方政府公职人员、医院公职人员和国家产业机构工人的特殊制度在计算根据一项或几项基本和强制性退休计划完成的保险期限时，应考虑到依据印度立法完成的保险期。

5. 对于实施关于保险期合计和年金权利计算的规定，在与缔约国双方任意一方通过社会保障协议相联系的第三国完成的这些保险期是可以加以考虑的。

第十二条 老年、遗属和伤残津贴的计算

1. 如果一个人根据一方缔约国立法而无须考虑根据另一方缔约国立法下完成的保险期就有权享有老年、遗属和残疾津贴，那么，第一方缔约国的主管机构则只需要依据它的立法完成的保险期为基础来计算津贴。

2. 主管机构还应适用第三款（a）和（b）项中规定的规则来计算老年或遗属津贴，并且仅应考虑两项数额中较高者。

3. 如果根据某一缔约国的立法，一个人仅有权根据另一缔约国或必要时根据第三缔约国的立法在第11条的范围内完成的保险期的总和来获得津贴，则第一方缔约国的主管机构：

（a）应计算按照其立法规定，如果所有保险期间都已完成，可以要求的理论上的保险金数额；并且

（b）然后，在根据（a）项计算出来的理论金额的基础上，应用根

据其立法完成的保险期的持续时间占保险期总期限的比例计算出应得津贴水平。如有规定的话，总期限应限于该缔约国为享有全额津贴而适用的立法所要求的最长期限。

第十三条 少于一年的保险期

1. 如果依据一方缔约国立法所完成的保险期总期限少于一年，那么该国的主管机构在发放津贴时不应要求使用第十一条和第十二条中规定的累计计算。不过，如果仅凭这些时期足以根据本立法享有津贴，那么，津贴将在此基础上进行结算。

2. 缔约国另一方根据第十一条和第十二条的规定，在享有和计算津贴权利时，第一款所述期间应予以考虑。

3. 尽管有上述第一款和第二款的规定，但是如果缔约国双方完成的期间少于一年，而索赔人根据缔约国一方或双方的立法有权获得赔偿，则应按照第十一条和第十二条的规定进行计算。

第十四条 津贴的重新计算

1. 如果由于生活费提高、工资增加或其他调整条款，有一方缔约国的老年、遗属、伤残或残疾津贴被调高一定百分比或数额，这个百分比或数额应当直接适用于相关国家的老年、遗属、伤残或残疾津贴，而不要求另一方缔约国也对这些津贴进行重新计算。

2. 相反，在发生关于给付老年、遗属或残疾津贴计算规则或计算模式变更情况下，则需按照第十一条和第十二条规定进行重新计算。

第十五条 家庭津贴

本协议第八条中提及的劳动者，在他们从事职业活动的国家领土上，有权按照该国立法规定的条件享有家庭津贴。

第四部分 其他规定

第十六条 主管当局的职责

主管当局：

a）应通过行政安排或协议采取执行本协议所需的措施，包括关于如何考虑保险期的措施，以及指定联络机关和主管机构；

b）应确定行政互助程序，包括为实施本协议而需要的医疗、管理或其他证据所产生的费用的分担办法；

c）应相互直接通报关于为实施本协议所采取措施的信息；

d）应尽快将其立法中的所有变更直接告知对方，只要这种变化可能对本协议的实施产生某种影响。

第十七条　管理协作

1. 为了本协议的实施，缔约国双方主管机构和主管当局在确定本协议项下任何津贴的享有权或支付方面应如同为实施自己的立法所做的那样提供相互协助。这种协助原则上应该是免费提供的，但主管机构可以就某些费用的报销达成协议。

2. 一方缔约国立法规定的对为实施本国立法而必须出示的证件或其他文件给予的税收、印花税、注册登记费的减免，应扩大到为实施另一缔约国立法而必须出示的证件或类似文件上。

3. 为实施本协议而必须提交的文件和证书应被免除外交或领事当局认证。由一方缔约国的主管机构核证为真实、准确的副本应被另一方缔约国的主管机构承认接受，而不需进行额外核证。

4. 为实施本协议，双方缔约国的主管当局和主管机构彼此之间可以直接通信，以及与任何个人通信，不论他的居住地在何处。这种通信可以使用双方缔约国官方语言之一进行。缔约国一方主管当局或主管结构不得仅仅因为申请或文件使用的是缔约国另一方的官方语言而拒绝。

第十八条　争议、诉讼和上诉

1. 根据缔约国一方的立法，应在规定期限内提交该缔约国主管当局或机构的争议、诉讼或上诉，如果在同一规定期限内提交给缔约国另一方的主管当局或机构，则可以被受理。在这种情况下，它们应当被毫无拖延地直接移交或通过缔约国主管当局的中介机构转交给第一方缔约国的主管当局或法院。这些争议、诉讼或上诉被提交给第二方缔约国主管当局或法院的日期应被视为提交给授权接受这些争议、诉讼和上诉的主管当局或法院的日期。

2. 只要申请人在其中表述了相关的愿望并提供信息证明保险期已依据另一方缔约国的立法完成，那么，根据缔约国一方立法提出的津贴申请应被视为也是根据缔约国另一方立法提出的具有相同性质的津贴申请。

第十九条 信息保密

除一方缔约国国家法律法规另有规定外，关于个人的信息由另一方缔约国主管当局或主管机构按照本协议规定传递给该缔约国的主管当局或主管机构，应当仅被用于实施本协议和它所提及立法目的。这种由一方缔约国的主管当局或主管机构接收到的信息将受该缔约国关于保护个人数据隐私和机密的国家法律和条例的管辖。

第二十条 保险费和不应付津贴的回收

1. 由一方缔约国的法院作出的关系到保险费或社会保障缴费（税）及其他要求，特别是追回不应付津贴的裁决，应当在另一方缔约国管辖权内得到承认。裁决书应当附有一份证明其可执行性的文件。

2. 拒绝承认一项裁决的唯一理由是该裁决不符合在其管辖内应予执行的国家法律原则。

3. 诉讼程序必须符合该缔约国执行类决定的立法，这些决定必须在该缔约国的管辖下执行。

4. 应向缔约国的主管机构缴纳的税款和社会税金以及尚未支付的津贴，在另一缔约国管辖范围内发生破产或强制清算的诉讼时，应与在该缔约国管辖范围内的同等债权享有同等的优先权。

5. 被收缴或强制收缴的债权，与收缴或强制收缴生效的缔约国内的主管机构对待相同性质的债权一样，受到相同的担保和留置权的保护。

第二十一条 防范欺诈

与居住相联系的隶属条件和资格

1. 缔约国双方应就各自立法中关于确定各自境内居留权的规定相互通知。

2. 一方缔约国的主管机构在审查某人因居住在该缔约国境内而有权加入社会保险制度或享受津贴的条件时，如认为有必要，可与另一方缔约国的主管机构联系，以确保该人是一方或另一方缔约国的实际居民。

3. 被询问的主管机构有义务提供它掌握的确切信息，以解决关于有关人员居留身份的任何疑问。

收入评估

4. 适用其立法的一方缔约国的主管机构在认为有必要时，可向另一缔约国的主管机构询问受上述立法约束并因此有义务缴纳税款或社会税金的人在该缔约国境内可能享有的各种资源和收入情况。

5. 当主管机构评估个人获得经济状况调查津贴的权利时，第一段的规定同样适用。

第二十二条 津贴的支付

1. 本协议项下的津贴可以以缔约国双方中任一国的货币来支付。

2. 如果缔约国一方实施货币管制或其他类似限制措施，限制向该缔约国境外的人支付、汇款或转移资金或金融工具，该缔约国应毫不迟延地采取适当措施，确保向居住在该缔约国另一方或符合第三条所述的第三国人员支付根据本协定必须支付的任何款项。

第二十三条 争议的解决

在解释或适用本协议过程中产生的争议，应尽可能由主管当局加以解决。

第五部分 过渡性和最后的规定

第二十四条 本协议生效前发生的事件

1. 本协议应同样适用于在它生效以前发生的事件。

2. 本协议在其生效前的任何时期内不应创设任何享有津贴的权利。

3. 在本协议生效之前根据双方缔约国一方立法已完成的全部保险期，在依照本协议规定确定享有津贴的权利时，均应予以考虑。

4. 本协议不应适用于通过给予一次性付款或偿还缴款而清算的

权利。

5. 在适用第八条时，对于在本协议生效日期之前被派往一方缔约国的人员，该条所述的雇用期应视为自该日期开始。

第二十五条 权利的修正、时效、丧失

1. 由于当事人国籍的原因或由于当事人居住在负责支付津贴的主管机构所在国以外的另一缔约国领土上的原因，一切未被支付的或被中止的津贴均应根据当事人的申请自本协议生效之日起予以支付或恢复。

2. 在本协议生效前已获得津贴支付的当事人的权利，可以应这些当事人的申请按照本协议的规定予以修正。这种修正在任何情况下都不应导致当事人以前的权利削减。

3. 如果在本条第一款或第二款中提及的申请是在自本协议生效之日起两年内被提交的，那么，任何因本协议实施而产生的权利应自该日起生效，而缔约国双方中任一国关于权利丧失或给予的立法对于这些当事人将不适用。

4. 如果在本条第一款或第二款中提及的申请是在本协议生效两年后被提交的，那么，除非相关缔约国存在可适用的更为有利的立法规定，否则非丧失性的权利或尚未给予的权利将从申请提交之日起被获得。

第二十六条 期限

本协议的签订没有期限限制。双方缔约国中任一方可以通过外交途径，提前十二个月书面通知另一缔约国进行解约。

第二十七条 保障既得权利或获得中权利

在本协议被中止的情况下，依据本协议而获得的一切津贴的权利和支付都将予以保留。双方缔约国应对获得中权利做出安排。

第二十八条 生效

双方缔约国应通过外交渠道相互通知为使本协议生效所要求的各自宪法和法律程序的完成情况。本协议将于收到最后一个通知之日起第三个月的第一天开始生效。

兹证明，以下签字者特经各自政府正式授权，签署了本协议。

本协议于 2008 年 9 月 30 日制成于巴黎，原始文本一式两份，以法语、英语和希伯来语写成，三种文本同等为准。

AGREEMENT ON SOCIAL SECURITY BETWEEN THE GOVERNMENT OF THE REPUBLIC OF INDIA AND THE GOVERNMENT OF THE FRENCH REPUBLIC

The Government of the Republic of India, and

The Government of the French Republic

Hereinafter referred to as the Contracting States;

wishing to arrange the mutual relations between the two countries in the field of social security, decided to conclude an Agreement for this-purpose and agreed as follows

PART I GENERAL PROVISIONS

Article 1

Definitions

1. For the implementation of this Agreement:

a) The term "France" means: the French Republic; the term "India" means: the Republic of India.

b) The term "legislation" means:

——for the application of Article 7 the whole social security legislation in force in both Contracting States;

——for the application of Article 8, the legislation and the regulations specified in Article 2.

c) The term "competent authority" means:

as regards France: the Ministers, each to the extent that he is responsible for the implementation of the legislation specified in paragraph 1 A) of Article 2;

as regards India: the Minister of Overseas Indian Affairs. for the implementation of the legislation specified in paragraph 1 B) of Article 2.

d) The term "competent agency" means:

as regards France: the institution, the organization or the authority responsible in full or in part for the implementation of the legislation specified in paragraph 1 A) of Article 2;

as regards India: The Employees' Provident Fund Organization (EPFO), for the implementation of the legislation specified in paragraph 1 B) of Article 2.

e) The term "Liaison agency" means the agencies specified as such under the Administrative Arrangement.

f) The term "insurance period" means: any period of contributions or insurance recognized as such in the legislation under which that period was completed, as well as any period recognized as equivalent to a period of contribution or insurance under that legislation.

g) The term "benefit" means: any pension or benefit in cash, including any supplements or increases applicable under the legislation specified in Article 2.

h) The term "residence" means: habitual residence.

i) The term "territory" means:

As regards France: the territory of the metropolitan and overseas departments of the French Republic, including territorial seas, and any area beyond the territorial seas over which the French Republic has sovereign rights or jurisdiction in accordance with international law;

As regards India: the geographic areas of the Republic of India including territorial seas, as well as the exclusive economic zones over which, in accordance with international law, the Republic of India has sovereign rights.

2. Any term not defined in paragraph 1 of this Article shall have the meaning assigned to it in the applicable legislation.

Article 2

Legislative Scope

1. This Agreement shall apply:

A) as regards France:

a) to the legislation that determines the general organisation of the social security schemes undermentioned in as much as pension and invalidity insurances are concerned;

b) to the legislation relating to:

i) the old age pension including survivors' pension schemes applicable:

——to the employed persons of the non agricultural professional sector;

——to the employed persons of the agricultural professional sector;

——to the self-employed persons of the non agricultural professional sector exceptingthe provisions relating to the complementarypension schemes;

——to the self-employed persons of the agricultural professional sector;

——to the employed persons covered by special schemes unless otherwise provided in this agreement.

ii) to the invalidity insurance including survivors' pension applicable to the persons referred to in sub paragraph i) above.

B) as regards India, to all legislations concerning:

i) old-age and survivors' pension for employed persons;

ii) the Permanent Total Disability pension for employed persons.

2. a) This Agreement shall also apply to all legislations which will amend or extend the legislation specified in paragraph 1 of this Article.

b) It shall apply to any legislation which will extend the existing schemes to new categories of beneficiaries, unless, in this respect, the Contracting State which has amended its legislation notifies within six months of the official publication of the said legislation the other Contracting State of its objections to the inclusion of such new categories of beneficiaries.

c) This Agreement shall not apply to legislations that establish a new social security branch, unless the competent authorities of the Contracting States agree on this application.

Article 3

Personal Scope

Unless otherwise specified, this Agreement shall apply to all persons who are or have been subject to the legislation of either of the Contracting States, and other persons who derive rights from such persons.

Article 4

Equality of Treatment

Unless otherwise provided in this Agreement, the persons specifiedin Article 3, who ordinarily reside in the territory of a Contracting State, shall receive equal treatment with nationals of that Contracting State in the application of the legislation of that Contracting State as defined in Article 1, b), 1st dash.

Article 5

Export of Benefits

1. Unless otherwise specified in this Agreement, a Contracting State shall not reduce or modify benefits acquired under its legislation solely on the ground that the beneficiary stays or resides in the territory of the other Contracting State. This provision is not applied to non-contributory benefits which are granted only in the territory of the contracting Sate responsible for their payment.

2. The old age, survivors' and invalidity benefits due by virtue of the French legislation are paid to the Indian nationals residing in the territory of a third State, under the same conditions as if they were French nationals residing in the territory of such third State.

3. The old-age, survivor's and disability benefits due by virtue of the In-

dian legislation, are paid to the French nationals residing in the territory of a third State, under the same conditions as if they were Indian nationals residing in the territory of such third State.

Article 6
Reduction, suspension or withdrawal Clauses

1. The reduction, suspension or withdrawal clauses provided for in the legislation of one Contracting State, in case of overlapping of social security benefits or in case a benefit coincides with other incomes of any kind, shall be applied to the beneficiaries, even if these benefits were acquired by virtue of a scheme of the other Contracting State, or if the income is gained in the territory of the other Contracting State. However, this provision shall not apply to benefits of the same kind calculated in accordance with Article 12.

2. The reduction, the suspension or withdrawal clauses provided for in the legislation of one Contracting State in case the beneficiary of invalidity benefits or anticipated old age benefits has a professional activity can be applied even though the activity is done in the territory of the other Contracting State.

PART II PROVISIONS CONCERNING THE APPLICABLE LEGISLATION

Article 7
General Provisions

Subject to Articles 8 to 10, the applicable legislation is determined according to the following provisions:

a) a person who works as an employee in the territory of a Contracting State shall, with respect to that employment, be subject only to the legislation of that Contracting State;

b) a person who works as a self-employed person in the territory of a Contracting State shall, with respect to that activity, be subject only to the legislation of that Contracting State;

c) a person who is a member of the travelling or flying personnel of an enterprise which, for hire or reward or on its own account, operates international transport services for passengers or goods and has its registered office in the territory of a Contracting State shall be subject to the legislation of that Contracting State;

d) a person who works as an employee on board a ship that flies the flag of a Contracting State, shall be subject to the legislation of that State.

Article 8
Special Provisions

1. A person who usually pursues an activity as an employed person in a Contracting State on behalf of an employer which normally carries out its activities there and who is posted by that employer to the other Contracting State to perform work on that employer's behalf, shall remain subject to the legislation of the former Contracting State as regards the legislation referred to in Article 2 paragraph 1 A) b) i) in respect of France and paragraph 1 B) i) in respect of India and shall be exempted from paying contributions to the social security schemes under the legislation of the latter Contracting State for the maximum duration of 60 months.

2. Paragraph 1 of this Article shall apply where a person who has been sent by his employer from the territory of one Contracting State to the territory of a third country is subsequently sent by that employer from the territory of the third country to the territory of theother Contracting State.

Article 9
Civil Servants, Members of Diplomatic Missions and Consular Posts

1. Civil servants and equivalent personnel and their family members, if not engaged in any professional activity, are subject to the legislation of the Contracting State whose administration employs them.

2. This Agreement shall not affect the provisions of the Vienna Convention on Diplomatic Relations of April 18, 1961, or the Vienna Convention on Consular Relations of April 24, 1963.

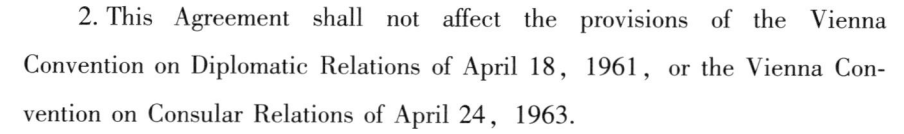

Article 10

Exceptions to articles 7 to 9

In the interest of certain insured persons or certain categories of insured persons, the competent authorities or agencies designated for this purpose can, by mutual agreement, provide for exceptions to the provisions of Articles 7 to 9 provided that the affected persons shall be subject to the legislation of one of the Contracting States.

PART III PROVISIONS ON BENEFITS

Article 11

Totalization of Insurance periods

1. When insurance periods have been completed under the legislation of the two Contracting States, the competent agency of each Contracting State shall, in determining eligibility for benefits under the legislation which it applies, take into account, if necessary, insurance periods under the legislation of the other Contracting State, provided that such insurance periods do not overlap with insurance periods under its legislation.

2. If the legislation of either of the Contracting States subordinates the granting of certain old-age or survivors' benefits to the condition that the insurance periods are to be completed under a special scheme or in a given occupation or job, only insurance periods completed under an equivalent scheme or in the same occupation in the other Contracting State shall be totalized for admission to entitlement to these benefits.

3. Insurance periods completed under a special scheme of one of the States are taken into account under the general scheme of the other State for the acquisition of the right to benefits provided that the concerned person was

affiliated to that scheme, even if these periods were already taken into account by the latter State under a scheme specified in paragraph 2.

4. The provisions of the paragraph 2 shall not apply to the French special schemes for civilian and military State civil servants, local government civil servants, hospital civil servants and workers in State industrial plants with regard to entitlement to the special scheme benefits. Nevertheless in order to determine the pension rate the French special schemes of civilian and military State civil servants, local government civil servants, hospital civil servants and workers in State industrial plants shall take into account insurance periods completed pursuant to the Indian legislation when calculating insurance duration completed under one or more other basic and compulsory retirement schemes.

5. In relations between the Contracting States the liabilities arising from social security instruments with third states will be taken into account in so far as these instruments determine aggregation of insurance periods for entitlement to pension.

Article 12

Calculation of old age, survivor and invalidity Benefits

1. If a person is entitled to an old age, survivor and invalidity benefit under the legislation of one Contracting State without taking into account the insurance periods completed under the legislation of the other Contracting State, the agency of the first Contracting State shall determine the benefits on the basis of the insurance periods completed exclusively under its legislation.

2. That competent agency shall also calculate the amount of old age or survivor's benefit by applying the rules specified in paragraph 3 (a) and (b). Only the higher of the two amounts shall be taken into consideration.

3. If, under the legislation of one Contracting State, a person is entitled to a benefit solely on the basis of the totalization of insurance periods comple-

ted under the legislation of the other Contracting State or the third state, if necessary, within the meaning of Article 11, then the competent agency of the first Contracting State:

(a) shall calculate the theoretical amount of the benefit which could have been claimed as if all insurance periods had been completed under its legislation; and

(b) then on the basis of the theoretical amount calculated in accordance with subparagraph (a) -determine the amount of the benefit payable by applying the ratio of the duration of the insurance periods completed under its legislation to the total insurance periods. The total duration shall be limited to the maximum duration, if any, required by the legislation applied by that Contracting State in order to be entitled to a full-rate benefit.

Article 13
Periods less than one year

1. If the total duration of insurance periods completed under the legislation of one of the Contracting States is less than one year the relevant institution of this State shall not be required to use totalization provided for in Articles 11 & 12 in order to award a pension. Nevertheless if only these periods are sufficient to be entitled to a pension under this legislation the pension shall be paid on this basis.

2. The periods referred to in paragraph 1 shall yet be taken into account for entitlement and calculation of pension rights under the legislation of the other Contracting State in accordance with the provisions of Articles 11 and 12.

3. Notwithstanding the provisions of the abovementioned paragraphs 1 to 2 in case the periods completed in both contracting States are less than one year they shall be totalised in accordance with Article 11 & 12, if by totalizing the claimant is entitled to benefits under the legislation of one or both of the Contracting States.

Article 14

Recalculation of Benefits

1. If because of the rising cost of living, the variation of the wage levels or other adaptation clauses, the old-age, survivors', invalidity or disability benefits of either Contracting State are changed with a given percentage or amount, that percentage or amount should be directly applied to the old-age, survivors', invalidity or disability benefits of that Contracting State, without the other Contracting State having to proceed to a new calculation of the old-age, survivors', invalidity or disability benefits.

2. On the other hand, in case of modification of the rules or of the computation process with regard to the establishment of the old-age, survivors' or invalidity benefits a new computation shall be performed according to Article 11 & 12.

Article 15

Family Benefits

Workers referred to in Article 8 of the agreement shall be entitled in the territory of the State where their occupational activities are carried out to family benefits awarded under the conditions provided for under the legislation of that State.

PART IV MISCELLANEOUS PROVISIONS

Article 16

Responsibilities of the Competent Authorities

The competent authorities:

a) shall take, by means of an administrative arrangement or an agreement the measures required to implement this Agreement, including measures concerning taking into account of insurance periods, and shall designate the liaison agencies and the competent agencies;

b) shall define the procedures for mutual administrative assistance, including the sharing of expenses associated with obtaining medical, administrative and other evidence required for the implementation of this Agreement;

c) shall directly communicate to each other any information concerning the measures taken for the application of this Agreement;

d) shall directly communicate to each other, as soon as possible, all changes in their legislation to the extent that these changes might affect the application of this Agreement.

Article 17

Administrative Collaboration

1. For the implementation of this Agreement, the competent authorities as well as the competent agencies of both Contracting States shall assist each other with regard to the determination of entitlement to, or payment of, any benefit under this Agreement as they would for the application of their own legislation. In principle, this assistance shall be provided free of charge. However, the competent authorities may agree on the reimbursement of some expenses.

2. The benefit of the exemptions or reductions of taxes, of stamp duties or of registration or recording fees provided for by the legislation of one Contracting State in respect of certificates or other documents which must be produced for the application of the legislation of that State shall be extended to certificates and similar documents to be produced for the application of the legislation of the other State.

3. Documents and certificates which must be produced for the implementation of this Agreement shall be exempt from authentication by diplomatic or consular authorities. Copies of documents which are certified as true and exact copies by the competent agency of one Contracting State shall be accepted as true and exact copies by the competent agency of the other Contracting State, without further certification.

4. For the implementation of this Agreement, the competent authorities

and agencies of the Contracting States may communicate directly with each other as well as with any person, regardless of the residence of such persons. Such communication may be made in one of the languages used for the official purposes of the Contracting States. An application or document may not be rejected by the competent authority or competent agencies of a Contracting State solely because it is in an official language of the other Contracting State.

Article 18

Claims, Notices and Appeals

1. Claims, notices or appeals which, according to the legislation of one of the Contracting States, should have been submitted within a specified period to the competent authority or agency of that Contracting State, are acceptable if they are presented within the same specified period to a competent authority or agency of the other Contracting State. In this case, the Claims, notices or appeals must be sent without delay to the competent authority or agency of the former Contracting State, either directly or through the competent authorities of the Contracting States. The date on which these Claims, notices or appeals have been submitted to a competent authority or agency of the second Contracting State shall be considered to be the date of submission to the competent authority or agency authorized to accept such Claims, notices or appeals.

2. An application for benefits under the legislation of one Contracting State shall be deemed to be also an application for a benefit of same nature under the legislation of the other Contracting State provided that the applicant so wishes and provides information indicating that insurance periods have been completed under the legislation of the other Contracting State.

Article 19

Confidentiality of Information

Unless otherwise required by the national laws and regulations of a Contracting State, information about an individual which is transmitted in accordance with this Agreement to the competent authority or agency of that Contracting State by the competent authority or agency of the other Contracting State shall be used exclusively for purposes of implementing this Agreement and the legislation to which this Agreement applies. Such information received by a competent authority or agency of a Contracting State shall be governed by the national laws and regulations of that Contracting State for the protection of privacy and confidentiality of personal data.

Article 20

The collection of contributions and the recovery of benefits not due

1. Decisions ruled by a court of one of the Contracting States on Social Security contributions or taxes and on other requests, particularly the recovery of benefits not due, are recognised in the jurisdiction of the other Contracting State. The decision is accompanied by a document certifying that it is enforceable.

2. Recognition can only be refused if it is not in accordance with the legal principles of the Contracting State under the jurisdiction of which the decision must be carried out.

3. Proceedings must be in accordance with the legislation governing the execution of such decisions of the Contracting State under whose jurisdiction they must be executed.

4. The contributions and social taxes payable to and the benefits not due but paid by the competent agency of one of the Contracting State have, in the case of proceedings, bankruptcy or enforced liquidation in the jurisdiction of the other Contracting State, the same priority as equivalent claims under the Contracting State's jurisdiction.

5. Claims subject to collection or enforced collection are protected by the same guarantees and liens as claims of the same nature of a competent agency

located in the Contracting State in which the collection or enforced collection takes effect.

Article 21

Fraud Prevention

Conditions for affiliation and eligibility based on residency

1. The Contracting States shall inform each other of provisions in their legislations on the determination of residency in their respective territories.

2. The competent agency of one Contracting State examining the conditions under which a person is entitled to, due to residence in the Contracting State's territory, either affiliation to a Social Security system or to a benefit, may, if it is deemed necessary, contact the competent agency of the other Contracting State in order to ensure that this person is an actual resident in one or the other contracting States.

3. The competent agency which is contacted must provide relevant information in its possession which could clear up any doubt on the person's residency.

Assessment of income

4. The Competent agency of a Contracting State whose legislation is applicable may, when it is deemed necessary, ask the competent agency of the other Contracting State about resources and income of all kinds, which a person subject to the said legislation and therefore liable to pay contributions or social taxes, may be entitled to in the territory of that Contracting State.

5. The provisions in the first paragraph apply in the same way when the Competent agency assesses a person's right to a means-tested benefit.

Article 22

Payment of Benefits

1. Payments of benefits under this Agreement may be made in the currency of either Contracting State.

2. In the event that a Contracting State imposes currency controls or other similar me a su re s that restrict payments, remittance or transfers of funds or financial instruments to persons who are outside that Contracting State, it shall, without delay, take appropriate measures to ensure the payment of any amount that must be paid in accordance with this Agreement to personsdescribed in Article 3 who reside in the other Contracting State or a third State.

Article 23
Resolution of Disputes

Disputes which arise in interpreting or applying this Agreement shall be resolved, to the extent possible, by the competent authorities.

PART V TRANSITIONAL AND FINAL PROVISIONS

Article 24
Events prior to the entry into force of the Agreement

1. This Agreement shall also apply to events which occurred prior to its entry into force.

2. This Agreement shall not create any entitlement to benefits for any period prior to its entry into force.

3. All insurance periods completed under the legislation of one of the Contracting States prior to the date on which this Agreement enters into force shall be taken into consideration in determining entitlement to any benefit in accordance with the provisions of this Agreement.

4. This Agreement shall not apply to rights that were liquidated by the granting of a lump sum payment or the reimbursement of contributions.

5. In applying Article 8 in case of persons who were sent to a Contracting State prior to the date of entry into force of this Agreement, the periods of employment referred to in that Article shall be considered to begin on that date.

Article 25

Revision, prescription, forfeiture

1. Any benefit that was not paid or that was suspended by reason of the nationality of the interested person or by reason of his residence in the territory of a Contracting State other than that in which the competent agency responsible for payment is located, shall, on application by the interested person, be paid or restored from the entry into force of this Agreement.

2. The entitlement of interested persons who, prior to the entry into force of this Agreement, obtained the payment of a benefit may be revised upon application by those persons, in accordance with the provisions of this Agreement. In no case shall such a revision result in a reduction of the prior entitlement of the interested persons.

3. If the application referred to in paragraph 1 or 2 of this Articleis made within two years of the date of the entry into force of this Agreement, any entitlement arising from the implementation of this Agreement shall be effective from that date, and the legislation of either Contracting State concerning the forfeiture or the prescription of rights shall not be applicable to such interested persons.

4. If the application referred to in paragraph 1 or 2 of this Article is made after two years following the entry into force of this Agreement, the entitlements which are not subject to forfeiture or which are not yet prescribed shall be acquired from the date of the application, unless more favourable legislative provisions of the Contracting State concerned are applicable.

Article 26

Duration

This Agreement is concluded without any limitation on its duration.

It may be terminated by either Contracting state, through diplomatic channels, giving twelve months' notice in writing to the other State.

Article 27

Guarantee of rights that are acquired or in the course of acquisition

In the event of termination of this Agreement, any rights and payment of benefits acquired by virtue of the Agreement shall be maintained. The Contracting States shall make arrangements regarding the rights in the course of acquisition.

Article 28

Entry into Force

The Contracting States shall notify each other, through diplomatic channels, of the completion of their respective constitutional and legal procedures required for the entry into force of this Agreement. This Agreement shall enter into force on the first day of the third month following the date of receipt of the last notification.

IN WITNESS WHEREOF, the undersigned, being duly authorized thereto, have signed this Agreement.

DONE at Paris, on the 30th September, 2008 in duplicate in the English, French and Hindi languages, all three texts being equally authentic.

附录四

中国与外国间双边协定范例

《中华人民共和国政府和大韩民国政府社会保险协定》

中华人民共和国政府和大韩民国政府,为发展中华人民共和国和大韩民国(以下称"缔约两国")友好关系之目的,愿加强在社会保险领域的合作,达成协议如下:

第一条 定义

一、为本协定之目的:

(一)"法律规定"

在中华人民共和国,系指本协定适用范围(第二条第一款第一项)所包括社会保险体系相关的法律、行政法规、部门规章、地方性法规和其他法律文件;

在大韩民国,系指本协定第二条第一款第二项规定的法律和法规;

(二)"主管机关"

在中华人民共和国,系指人力资源和社会保障部;

在大韩民国,系指保健福祉部;

(三)"经办机构"

在中华人民共和国,系指人力资源和社会保障部社会保险事业管理中心或该部指定的其他机构;

在大韩民国，系指国民年金公团；

（四）"领土"

在中华人民共和国，系指《中华人民共和国社会保险法》及其相关法律法规适用的中华人民共和国的领土；

在大韩民国，系指大韩民国领土；

（五）"国民"

在中华人民共和国，系指具有中华人民共和国国籍的个人；

在大韩民国，系指国籍法中规定的大韩民国国民。

二、本条中未定义的词语应具有缔约两国各自适用法律规定赋予的含义。

第二条 法律适用范围

一、本协定适用下列社会保险制度相关的法律规定：

（一）在中华人民共和国

1. 城镇职工基本养老保险；

2. 新型农村社会养老保险；

3. 城镇居民社会养老保险；

4. 失业保险。

（二）在大韩民国

1. 国民年金；

2. 政府公务员年金；

3. 私立学校教职员工年金；

4. 雇佣保险。

二、除非本协定另有规定，本条第一款所提及的法律规定不包括缔约一国可能与第三国在社会保障方面缔结的条约或其他国际协定，及为具体实施之目的颁布的法律法规。

第三条 雇员的参保义务

除非本协定另有规定，在缔约一国领土上工作的雇员应根据其就业情况只受该缔约国法律规定的管辖。

第四条 派遣人员

一、如果雇员在缔约一国领土上受雇于在该缔约国领土有经营场所的雇主,依其雇佣关系被雇主派往缔约另一国领土为该雇主工作,则在此项工作的第一个60个日历月内继续仅适用首先提及的缔约国关于参保义务的法律规定,如同该雇员仍在该缔约国领土受雇一样。

二、如果派遣期超过本条第一款规定的期限,在缔约两国主管机关或经办机构同意的情况下,则本条第一款中涉及的缔约一国的法律规定将继续适用。继续适用的具体申请程序和期限在行政协议中另作规定。

第五条 短期就业人员

如果缔约一国国民临时居住在缔约另一国领土,被在缔约另一国有经营场所的雇主雇用,并在缔约另一国领土上为该雇主工作,则在此雇用期间继续仅适用首先提及的缔约一国的法律规定,条件是该雇员受缔约一国法律规定管辖且该雇用期限不超过60个日历月。

第六条 自雇人员和投资者

一、如果缔约一国国民通常居住在缔约一国领土,临时在缔约另一国领土上从事自雇活动,则在该自雇期间继续仅适用首先提及的缔约一国法律规定,条件是该自雇人员受该缔约国法律规定管辖。

二、如果缔约一国国民在缔约另一国领土上根据缔约另一国相关法律法规注册投资外商独资企业或合资企业,居住在缔约另一国领土上并在该外商独资企业或合资企业中任职,则在其任职期间继续仅适用首先提及的缔约一国法律规定,条件是此人受首先提及的缔约一国法律规定管辖。

第七条 在航海船舶和航空器上受雇人员

一、在悬挂任一缔约国船旗的航海船舶上受雇的人员适用该缔约国关于参保义务的法律规定。但是,如果该雇员通常居住在缔约一国领土上,在船旗为缔约另一国的航海船舶上受雇,则该雇员适用首先提及的缔约一国关于参保义务的法律规定,如同该雇员仍在该缔约国领土上受雇一样。

二、在航空器上受雇的管理人员或机组成员，就其雇佣关系而言，适用其受雇企业总部所在地领土所属的缔约国法律规定。但是，如果该企业在缔约另一国领土上拥有分支机构或常设机构，且该雇员受雇于该分支机构或常设机构，则该雇员将适用该分支机构或常设机构所在地领土所属的缔约国法律规定的管辖。

第八条　外交和领事机构人员

本协定不影响一九六一年四月十八日签订的《维也纳外交关系公约》和一九六三年四月二十四日签订的《维也纳领事关系公约》的适用。

第九条　政府或公共机构受雇人员

如果受雇于缔约一国中央政府、地方政府或其他公共机构的雇员被派到缔约另一国领土上工作，则该雇员适用首先提及的缔约一国的法律规定，如同该雇员仍受雇于该缔约国领土上一样。

第十条　例外

缔约两国主管机关或经办机构可同意根据特定人员或人群的情况对本协定第三至九条作例外处理，条件是所涉及人员受缔约一国关于参保义务的法律规定管辖。

第十一条　实施安排

一、缔约两国主管机关将签订行政协议，制定为实施本协定所必要的措施。

二、缔约两国主管机关将相互通报可能会影响本协定实施的任何立法修改和增订情况。

三、缔约两国主管机关将指定实施该协定的联络机构：

（一）在中华人民共和国，指人力资源和社会保障部国际合作司；

（二）在大韩民国，指保健福祉部国民年金政策处。

第十二条　信息交流和相互协助

缔约两国主管机关或经办机构应根据对方书面要求，在各自法律允许的范围内，相互提供实施本协定所需的信息和协助。

第十三条 证明书的出具

一、在本协定第四条至第七条、第九条和第十条所述情况下，须适用其法律规定的缔约一国的经办机构，将根据申请就相关雇佣关系出具证明书，说明该雇员受其法律规定管辖。在本协定第四条、第五条和第十条所述情况下，此证明书必须注明有效期。

二、若适用中华人民共和国的法律规定，证明书将由人力资源和社会保障部社会保险事业管理中心或该部指定的其他机构出具。

三、若适用大韩民国的法律规定，证明书将由国民年金公团出具。

第十四条 信息的保密

缔约一国仅在得到缔约另一国同意后才可公开其所接收的信息。由缔约一国主管机关或经办机构根据本协定传送至缔约另一国主管机关或经办机构的个人信息使用时应保密，且只能专门用于实施本协定之目的。缔约一国主管机关或经办机构接收的信息应受到该缔约国关于个人隐私保护和个人信息保密的国家法律的约束。缔约一国主管机关或经办机构接收的该信息的后续使用、存储及销毁，均应受到该缔约国有关隐私保护法律的约束。

第十五条 交流语言和认证

一、在实施本协定时，缔约两国主管机关和经办机构可以使用各自官方语言进行交流。

二、缔约一国主管机关和经办机构不得因为文件是用缔约另一国官方语言写成而拒绝受理。

三、适用本协定时所需提供的文件，特别是证明书，无须办理认证或者其他类似手续。

第十六条 争端的解决

缔约两国关于本协定解释或适用方面的任何争端应由缔约两国主管机关或经办机构通过谈判和磋商方式解决。如果争端在一定时间内未得以解决，则应通过外交途径解决。

第十七条 生效

缔约两国应当相互书面通知已完成使本协定生效所必需的国内法律程序。本协定自后一份通知收到之日第 30 天起生效。

第十八条 期限与终止

一、本协定长期有效。缔约任一国可书面通知缔约另一国要求终止本协定。本协定自缔约另一国收到终止通知后第 12 个月的最后一天起终止。

二、自本协定生效之日起，中华人民共和国政府与大韩民国政府于二〇〇三年二月二十八日通过互换照会签订的《关于互免养老保险缴费临时措施协议》即行终止。

下列代表，经各自政府正式授权，在本协定上签字，以昭信守。

本协定于二〇一二年十月二十九日在北京签订，一式两份，每份均用中文、韩文及英文写成，三种文本同等作准。如对文本的解释发生分歧，以英文本为准。

中华人民共和国政府　　　　　　　大韩民国政府
　　　代表　　　　　　　　　　　　　代表

附件1：议定书

《中华人民共和国政府和大韩民国政府社会保险协定议定书》

值此中华人民共和国政府和大韩民国政府社会保险协定（以下简称"协定"）签字之际，缔约两国签字的代表声明议定如下各项：

关于协定第四条、第五条、第六条和第九条：

一、除非协定和本议定书另有规定，在中华人民共和国领土上工作的大韩民国国民应根据《中华人民共和国社会保险法》及其相关法规参加社会保险。

二、如果大韩民国国民在协定生效之日前已在中华人民共和国领土上工作，且已购买商业健康保险，经申请，可暂免其在中华人民共和国基本医疗保险缴费。免除期限自协定生效之日起计算，最长免除期限不得超过二〇一四年十二月三十一日。若其商业健康保险在二〇一四年十二月三十一日之前到期，则应自其商业健康保险到期之日起开始缴纳基本医疗保险费。二〇一四年十二月三十一日之后，所有在中华人民共和国领土上工作的大韩民国国民必须参加中华人民共和国职工基本医疗保险并缴费。

三、如果大韩民国国民在协定生效之日前已在中华人民共和国领土上工作但未购买商业健康保险，则必须参加中华人民共和国职工基本医疗保险，其基本医疗保险缴费不予免除。

四、大韩民国国民申请暂免在中华人民共和国基本医疗保险缴费的程序将另作规定。

五、本议定书将不影响在大韩民国领土上工作的中华人民共和国国民参加大韩民国国民健康保险的情况。

六、本议定书自协定生效之日起生效，二〇一四年十二月三十一日终止。

七、本议定书是协定不可分割的组成部分。

本议定书于二〇一二年十月二十九日在北京签订,一式两份,每份均用中文、韩文和英文写成,三种文本同等作准。如对文本的解释发生分歧,以英文本为准。

  中华人民共和国政府   大韩民国政府
    代表   代表

附件 2：行政协议

<h2 style="text-align:center">《关于实施中华人民共和国政府和大韩民国政府社会保险协定的行政协议》</h2>

中华人民共和国人力资源和社会保障部与大韩民国保健福祉部为实施于 2012 年 10 月 29 日签订的《中华人民共和国政府和大韩民国政府社会保险协定》（以下简称"协定"），依据协定第十一条第一款，达成行政协议如下：

第一条 定义

本行政协议中的术语与协定中所使用的含义相同。

第二条 表格与程序

缔约两国经办机构将共同决定关于执行协定和行政协议的必要表格与程序。

第三条 协定第四条规定的期限

一、根据协定第四条规定的派遣人员首次申请拟免除在缔约一国法律规定的参保义务，申请期限从开始临时居住在该缔约国之日起算，不超过 60 个日历月。

二、考虑到工作的性质和情形，免除期限可延至 120 个日历月。

三、在特殊情况下针对超过 120 个日历月的期限，可予以最后一次免除期限的延长，最长不得超过 36 个日历月。

四、对在协定生效日之前已在缔约一国工作的人员而言，本条第一至第三款所提及的期限则始于协定生效之日。协定生效前的时间不算在本条第一款至第三款所提及的期限之内。

五、当事人永久居留在拟免除其适用法律规定的缔约国的，不予免除。此规定亦适用于提出延长申请时。

第四条 参保证明书

由缔约两国经办机构依据协定第十三条开具的参保证明书，将作为免除协定规定的人员在缔约另一国强制参保的法定义务的依据。

第五条 申请程序

一、首次免除期限申请程序

（一）协定第四至七条以及第九条所提及人员的首次免除期限应向缔约一国经办机构提出书面申请。

（二）缔约一国经办机构审核通过后，向申请人出具证明书。证明书样本见附件1、2。

（三）缔约另一国经办机构将在申请人提交证明书的次月暂时免除该申请人缴纳协定规定的社会保险费的法定义务。

（四）申请人若在协定生效之日后到缔约另一国工作，则应在其到缔约另一国工作之日起3个月内向该国经办机构提交证明书，该国经办机构将按证明书填写的免缴期限免除其协定规定的社会保险费的法定缴费义务。在其到缔约另一国工作之日3个月后提交证明书的，该国经办机构将自申请人提交证明书的次月起免除其缴费义务。免除期限前该申请人将受缔约另一国法律规定管辖。

二、延长期限申请程序

（一）协定第四条所提及人员的延长期限的申请应在前一次免除期限到期之前3个月向缔约一国经办机构提出书面申请。

（二）缔约一国经办机构审核通过后，缔约另一国将决定是否同意免除该申请人相关社会保险缴费义务。

（三）缔约另一国经办机构将其决定通知缔约一国经办机构。

（四）缔约一国经办机构向申请人通知结果并根据缔约另一国经办机构决定出具证明书。

第六条 表格的变更

本行政协议所附的表格仅适用协定第十三条规定的证明书，所附表格是本行政协议不可分割的一部分。表格的变更不影响本行政协议的效力，任何表格的变更应及时通知对方。

第七条　证明书信息的通报

依据本行政协议开具的证明书信息，缔约两国经办机构应于次月通过约定的方式通报，信息形式为纸介质信息和电子信息，便于两国国民及时办理协定规定的社会保险缴费互免事宜。

在证明书有效期限内，若申请人证明书内的相关信息（如受雇单位名称变化、地址变更以及提前回国等）发生变化，缔约两国经办机构应以纸介质信息和电子信息方式及时互相通报变更信息。

第八条　行政协助

依据协定第十二条规定所必需的行政协助，是指缔约两国经办机构提供该行政协助所需要的一般人工和经办成本，应免费提供，但两国经办机构达成共识的情形除外。

第九条　生效、终止与修改

本行政协议于协定生效时生效，直至协定终止之日。

经缔约两国主管机关同意后本行政协议可补充或更改。

第十条　法律义务

本行政协议将只在协定及缔约双方各自法律规定的框架内适用。

本行政协议并不产生协定及缔约双方各自法律规定的框架以外的任何有法律约束力的新义务。

本行政协议，中方于2012年12月26日在北京签署，韩方于2012年12月26日在首尔签署，一式两份，每份均用中文、韩文和英文写成，三种文本同等作准。如果对文本的解释产生任何歧义，以英文本为准。

中华人民共和国	大韩民国
人力资源和社会保障部	保健福祉部
代表	代表

附录五

国内涉外社会保障立法范例

中华人民共和国人力资源和社会保障部令第 16 号

《在中国境内就业的外国人参加社会保险暂行办法》已经人力资源和社会保障部第 67 次部务会审议通过,并经国务院同意,现予公布,自 2011 年 10 月 15 日起施行。

部　长　尹蔚民
二〇一一年九月六日

在中国境内就业的外国人参加社会保险暂行办法

第一条　为了维护在中国境内就业的外国人依法参加社会保险和享受社会保险待遇的合法权益,加强社会保险管理,根据《中华人民共和国社会保险法》(以下简称社会保险法),制定本办法。

第二条　在中国境内就业的外国人,是指依法获得《外国人就业证》《外国专家证》《外国常驻记者证》等就业证件和外国人居留证件,以及持有《外国人永久居留证》,在中国境内合法就业的非中国国籍的人员。

第三条　在中国境内依法注册或者登记的企业、事业单位、社会团体、民办非企业单位、基金会、律师事务所、会计师事务所等组织

（以下称用人单位）依法招用的外国人，应当依法参加职工基本养老保险、职工基本医疗保险、工伤保险、失业保险和生育保险，由用人单位和本人按照规定缴纳社会保险费。

与境外雇主订立雇用合同后，被派遣到在中国境内注册或者登记的分支机构、代表机构（以下称境内工作单位）工作的外国人，应当依法参加职工基本养老保险、职工基本医疗保险、工伤保险、失业保险和生育保险，由境内工作单位和本人按照规定缴纳社会保险费。

第四条 用人单位招用外国人的，应当自办理就业证件之日起30日内为其办理社会保险登记。

受境外雇主派遣到境内工作单位工作的外国人，应当由境内工作单位按照前款规定为其办理社会保险登记。

依法办理外国人就业证件的机构，应当及时将外国人来华就业的相关信息通报当地社会保险经办机构。社会保险经办机构应当定期向相关机构查询外国人办理就业证件的情况。

第五条 参加社会保险的外国人，符合条件的，依法享受社会保险待遇。

在达到规定的领取养老金年龄前离境的，其社会保险个人账户予以保留，再次来中国就业的，缴费年限累计计算；经本人书面申请终止社会保险关系的，也可以将其社会保险个人账户储存额一次性支付给本人。

第六条 外国人死亡的，其社会保险个人账户余额可以依法继承。

第七条 在中国境外享受按月领取社会保险待遇的外国人，应当至少每年向负责支付其待遇的社会保险经办机构提供一次由中国驻外使、领馆出具的生存证明，或者由居住国有关机构公证、认证并经中国驻外使、领馆认证的生存证明。

外国人合法入境的，可以到社会保险经办机构自行证明其生存状况，不再提供前款规定的生存证明。

第八条 依法参加社会保险的外国人与用人单位或者境内工作单位

因社会保险发生争议的,可以依法申请调解、仲裁、提起诉讼。用人单位或者境内工作单位侵害其社会保险权益的,外国人也可以要求社会保险行政部门或者社会保险费征收机构依法处理。

第九条　具有与中国签订社会保险双边或者多边协议国家国籍的人员在中国境内就业的,其参加社会保险的办法按照协议规定办理。

第十条　社会保险经办机构应当根据《外国人社会保障号码编制规则》,为外国人建立社会保障号码,并发放中华人民共和国社会保障卡。

第十一条　社会保险行政部门应当按照社会保险法的规定,对外国人参加社会保险的情况进行监督检查。用人单位或者境内工作单位未依法为招用的外国人办理社会保险登记或者未依法为其缴纳社会保险费的,按照社会保险法、《劳动保障监察条例》等法律、行政法规和有关规章的规定处理。

用人单位招用未依法办理就业证件或者持有《外国人永久居留证》的外国人的,按照《外国人在中国就业管理规定》处理。

第十二条　本办法自2011年10月15日起施行。

附件:外国人社会保障号码编制规则

附件:

外国人社会保障号码编制规则

外国人参加中国社会保险,其社会保障号码由外国人所在国家或地区代码、有效证件号码组成。外国人有效证件为护照或《外国人永久居留证》。所在国家或地区代码和有效证件号码之间预留一位。其表现形式为:

×××　　　　×　　　×××××××××××××

（国家或地区代码）　（预留位）　（有效证件号码）

1. 外国人所在国家或地区代码按"ISO 3166-1-2006"国家及其地区的名称代码的第一部分国家代码规定的3位英文字母表示,如德国为DEU,丹麦DNK。遇国际标准升级时,人力资源和社会保障部统一确定代码升级时间。

取得在中国永久居留资格的外国人所在国家或地区代码与其所持《外国人永久居留证》号码中第1-3位的国家或地区代码一致（也为三位）。

2. 预留位1位，默认情况为0，在特殊情况时，可填写数字为1至9。

3. 编制使用外国人有效护照号码，应包含全部英文字母和阿拉伯数字，不包括其中的"."、"-"等特殊字符。编制使用《外国人永久居留证》号码，为该证件号码中第4-15位号码。

（1）以在中国某用人单位工作的持护照号G01234—56的德籍人员为例，其社会保障号码为：DEU0G0123456

国家或地区代码　预留位　有效护照号码
　　DEU　　　　　0　　　G0123456

（2）以在中国某用人单位工作的持《外国人永久居留证》号DNK324578912056的丹麦籍人员为例，其社会保障号码为：DNK0324578912056

国家或地区代码　预留位　《外国人永久居留证》号码
　　DNK　　　　　0　　　　324578912056

4. 数据库对外国人社会保障号码预留18位长度（其中有效护照号码最多为14位）。编制号码不足18位的，不需要补足位数。

5. 外国人社会保障号码在中国唯一且终身不变。其证件号码发生改变时，以初次参保登记时的社会保障号码作为唯一标识，社会保险经办机构应对参保人员的证件类型、证件号码变更情况进行相应的记录。

主要参考文献

一 中文文献

(一) 著作类

[法] 迪贝卢:《社会保障法》, 法律出版社 2002 年版。

[美] 哈立德·科泽:《国际移民》, 吴周放译, 译林出版社 2015 年版。

[美] 罗兰德·斯哥等编:《地球村的社会保障——全球化和社会保障面临的挑战》, 华迎放等译, 中国劳动社会保障出版社 2004 年版。

[英] 琳达·狄更斯、聂尔伦编著:《英国劳资关系调整机构的变迁》, 英中协会译, 北京大学出版社 2007 年版。

[英] 内维尔·哈里斯等:《社会保障法》, 李西霞、李凌译, 北京大学出版社 2006 年版。

[英] 凯瑟琳·巴纳德:《欧盟劳动法》, 付欣译, 中国法制出版社 2005 年第 2 版。

[英] 罗伯特·伊斯特:《社会保障法》, 周长征等译, 中国劳动社会保障出版社 2003 年版。

常凯、乔健主编:《WTO: 劳工权益保障》, 中国工人出版社 2001 年版。

国家劳动总局政策研究室编:《外国劳动法选》, 劳动出版社 1981 年版。

姜爱丽:《中国外派劳务关系法律调整理论与实务》, 北京大学出版社 2004 年版。

劳动和社会保障部劳动科学研究所:《外国劳动和社会保障法选》,中国劳动出版社1999年版。

劳动人事部劳动科学研究所编:《外国劳动法选》(第3辑),劳动人事出版社1987年版。

劳动人事部政策研究室编:《外国劳动法选》(第2辑),劳动人事出版社1983年版。

刘海年:《〈经济、社会和文化权利国际公约〉研究》,中国法制出版社2000年版。

刘燕生:《社会保障的起源、发展与道路选择》,法律出版社2001年版。

史探径主编:《社会保障法研究》,法律出版社2000年版。

田德文:《欧盟社会政策与欧洲一体化》,社会科学文献出版社2005年版。

王辉耀:《中国国际移民报告》,社会科学文献出版社2020年版。

(二) 期刊、论文类

陈五洲、陈方:《跨国劳动者与社会保障的国际合作》,《理论界》2006年第6期。

邓大松、杨晶:《社会保障国际化:研究缘起、典型样态与路径选择》,《东岳论丛》2018年第39卷第2期。

邓剑:《国际劳工标准中移民劳工社会保障的一般原则》,《金融会计》2013年第4期。

董克用、王丹:《欧盟社会保障制度国家间协调机制及其启示》,《经济社会体制比较》2008年第4期。

关信平、吴伟东:《共同体内劳动力转移就业的社会保障覆盖——欧盟的经验》,《人口与经济》2008年第2期。

郭秀云:《劳动力转移就业与社会保障多边合作机制研究——借鉴欧盟政策设计及其启示》,《现代经济探讨》2010年第3期。

郭秀云:《利益博弈与政策协调——基于欧盟社保政策适应性的研究》,

《学习与实践》2010年第9期。

韩大元：《论基本权利效力》，《判解研究》2003年第1期。

贾玉娇：《中国改革开放进程中的社会保障国际化：1978—2018——基于人类命运共同体分析范式的考察》，《东岳论丛》2018年第39卷第2期。

李靖堃：《从经济自由到社会公正——欧盟对自由流动劳动者社会保障的法律协调》，《欧洲研究》2012年第1期。

李凯旋：《论多层治理体系下的欧盟社会政策》，《河北经贸大学学报》2016年第37卷第5期。

李凌云：《欧盟社会保障法律冲突的协调机制》，《上海劳动保障》2003年第20期。

李世军：《中国跨境就业立法研究》，博士学位论文，安徽大学，2012年。

李运华、殷玉如：《中国社会保障国际协调与合作发展研究探讨》，《广西经济管理干部学院学报》2015年第27卷第3期。

李运华：《论社会保障权之宪法保障》，《江苏社会科学》2011年第6期。

李运华：《社会保障权原论》，《江西社会科学》2006年第5期。

李运华：《中国社会保险制度之公平性缺失问题研究》，《江淮论坛》2006年第1期。

林义、杨一帆：《在困境中走向"弹性与保障并重"——欧盟就业和社会保障政策的调整改革与经验启示》，《中国社会保障》2010年第5期。

刘冬梅：《论国际机制对中国社会保障制度与法律改革的影响——以联合国、国际劳工组织和世界银行的影响为例》，《比较法研究》2011年第5期。

刘涛：《世界社会中的不平等 我们是否需要一个全球的社会保障》，《社会保障研究（北京）》2013年第18卷第2期。

钱晓燕：《全球化背景下的中国劳动力跨境就业研究》，博士学位论文，南开大学，2009 年。

苏丽锋、高东燕：《欧盟内部移民流动特征与就业质量研究》，《中国人口科学》2019 年第 5 期。

王晓东：《从"社会保障对接条例"到"开放性协调治理"——欧盟养老保险区域一体化经验及启示》，《现代经济探讨》2013 年第 12 期。

王延中、魏岸岸：《国际双边合作与中国社会保障国际化》，《经济管理》2010 年第 32 卷第 1 期。

王延中：《社会保障国际合作值得关注》，《中国社会科学院院报》2008 年 7 月 31 日。

王焱：《公民社会与欧盟的民主建设》，博士学位论文，南京大学，2016 年。

翁仁木：《解决跨国劳动力养老保险权益可携性问题的国际经验借鉴》，《西北人口》2010 年第 31 卷第 6 期。

吴伟东、吴杏思：《东盟内部跨国就业者社会保障研究》，《广西社会科学》2016 年第 12 期。

向运华、章洁：《跨国移民的社会保障问题及国际合作》，载《社会保障问题研究——和谐社会构建与社会保障国际论坛论文集》，2007 年。

谢勇才、丁建定：《印度海外劳工社会保障权益国际协调的实践与启示》，《中国人口科学》2018 年第 1 期。

谢勇才、王茂福：《中国社会保障双边合作的主要困境及对策研究》，《中国软科学》2018 年第 7 期。

谢勇才：《菲律宾社会保障国际合作的主要实践及其启示》，《人口学刊》2018 年第 40 卷第 3 期。

谢勇才：《论社会保障国际合作的实现条件及其重要意义》，《东岳论丛》2018 年第 39 卷第 2 期。

谢勇才：《欧盟海外劳工社会保障权益国际协调的实践及其启示》，《探索》2018 年第 5 期。

谢勇才：《星星之火，何以燎原——论社会保障国际合作的兴起与发展》，《华中农业大学学报》（社会科学版）2018年第2期。

谢勇才：《中国社会保障国际合作：何以可能？何以可为？》，《华中科技大学学报》（社会科学版）2018年第32卷第5期。

叶璐：《新外交视域下中国社会保险国际合作的发展路径》，《湖北经济学院学报》2015年第13卷第4期。

张然：《欧盟灵活保障就业政策研究》，博士学位论文，华东师范大学，2008年。

张翔：《基本权利的受益权功能与国家的给付义务》，《中国法学》2006年第1期。

种及灵：《论社会保障的国际合作》，《法学》2000年第9期。

周弘：《欧盟社会标准化工程在社会保障制度改革中的意义》，《中国人口科学》2003年第2期。

二 外文文献

（一）报告类

A Research Report by European Migration Network, *Migrant Access to Social Security and Healthcare: Policies and Practice*, 2013.

Alabiso Lola Tonini, *The Protection of the Right to Social Security in European Constitutions: Compendium of Provisions of European Constitutions and Comparative Tables*, International Labour Organization, 2012.

Brimblecombe Simon, *Handbook on the Extension of Social Security Coverage to Migrant Workers*, International Social Security Association, 2014.

COUNCIL REGULATION (EC) No. 859/2003, Official Journal of the European Union, 2003.

Hatsukano Naomi, "Improving the Regulatory and Support Environment for Migrant Workers for Greater Productivity, Competitiveness, and Social Welfare in ASEAN", ERIA Discussion Paper Series, 2015.

ILO Decent Work Technical Support Team and Country Office for Central and Eastern Europe, *Coordination of Social Security Systems in the European Union: An explanatory Report on EC Regulation No. 883/2004 and Its Implementing Regulation*, No. 987, 2009, International Labour Organization, 2010.

International Labour Organization, "Ensuring Social Security Benefits for Ukrainian Migrant Workers: Policy Development and Future Challenges", 2012.

ISSA's Social Security Observatory, *Handbook on the Extension of Social Security Coverage to the Self-employed*, International Social Security Association, 2012.

Lhernould Jean-Philippe, *Analytical Report 2017: The Interrelation between Social Security Coordination Law and Labourlaw*, European Union, 2017.

Luxembourg: Office for Official Publications of the European Communities, *JUDGMENTS of the Court of Justice of the European Communities Related to Social Security for Migrant Workers-A Systematic Survey*, ECSC-EC-EAEC, Brussels · Luxembourg, 1995.

Panhuys Clara van Kazi-Aoul, Samia, Binette Geneviève, *Migrant Access to Social Protection Under Bilateral Labour Agreements: A Review of 120 Countries and Nine Bilateral Arrangements*, International Labour Organization, 2017.

Perrin Guy, "The European Convention the Context of International Instruments for the Co-ordnation of Social Security Legislation", *International Social Security Review*, 1978.

Publications office of the European Union, "The Community Provisions on Social Security: Your Rights when Moving within the European Union", 2005.

Quinn Emma, GusciuteEgle, Barrett Alan, et al., *Migrant Access to Social*

Security and Healthcare: Policies and Practice in Ireland, Report prepared for the European Commission Directorate-General Home Affairs and published by the ESRI, 2014.

Sayaka Iha, *Global Overview of International Social Security Agreements*, International Social Security Association, 2022.

Schoukens Paul, *EU Social Security Law: The Hidden "Social" Model*, Inaugural Address, Delivered at Tilburg University on Friday, February 19, 2016.

Social Security Law in Italy, Reference and Research Book News, 2011.

The Occupational and (Disclosure of Information) Regulations 2013 (Publicconsultation), 2013.

（二）期刊、论文类

Aguila Emma, "Zissimopoulos Julie, Retirement and Health Benefits for Mexican Migrant Workers Returning from the United States", *International Social Security Review*, Vol. 66, No. 2, 2013.

Bedini G., Garbari F., Peruzzi L., *The Legal Aspects of International Labour Migration: A Study of National and International Legal Instruments Pertinent to Migrant Workers in Selected Western European Countries*, University of Glasgow, A Thesis Submitted for the Degree of Ph. D., 1993.

Carney Terry, "Securing Social Security for Migrant Workers: Orthodox Approaches or an Alternative (Regional/Political) Path For Southern Africa?", 18 *Afr. J. Int'l & Comp. L*, Vol. 24, No. 45, 2010.

Cremers Jan, "EU Coordination of National Social Security in Multiple Cross Border Situations", *Marmara Journal of European Studies*, Vol. 19, No. 2, 2011.

Fernandes Denzil, "Social Networks as a Social Security Mechanism for Migrant Labour: Evidence from Construction Industry in Goa", *Indian Development Review*, Vol. 9, No. 1, 2011.

Frank Lothar, "The Provision of Information to Migrant Workers Under the Pension Insurance System of the Federal Republic of Germany", *International Social Security Review*, Vol. 36, No. 3, 2010.

Holzmann Robert, Fuchs Michael, Elitok Secil Pacaci, and Dale Pamela, "Assessing Benefit Portability for International Migrant Workers: A Review of the Austria-Turkey Bilateral Social Security Agreement", *Social Protection & labor Discussion Paper*, No. 1602, 2016.

Holzmann Robert, Fuchs Michael, Elitok Secil Pacaci, and Pamela Dale, "Assessing Benefit Portability for International Migrant Workers: A Review of the Germany-Turkey Bilateral Social Security Agreement", *Social Protection & Labor Discussion Paper*, No. 1606, 2016.

Holzmann Robert, "Bilateral Social Security Agreements and Pensions Portability: A Study of Four Migrant Corridors Between EU and non-EU Countries", *International Social Security Review*, Vol. 69, No. 3-4, 2016.

Holzmann Robert, "Do Bilateral Social Security Agreements Deliver on the Portability of Pensions and Health Care Benefits? A Summary Policy Paper on Four Migration Corridors Between EU and Non-EU Member States", *IZA Policy Paper*, No. 111, 2016.

L. Jaime Fuster, "Council Regulation 1612/68: A Significant Step in Promoting the Right of Freedom of Movement within the EEC", 11 *B. C. Int'l & Comp. L. Rev.* 127, Vol. 11, No. 1, 1988.

Mangan Gerry, "EU Social Security Law: A Commentary on EU Regulations 883/2004 and 987/2009", *Administration*, Vol. 64, No. 1, 2016.

Niessen, Jan, "European Community Legislation and Intergovernmental Cooperation on Migration", *The International Migration Review*, Vol. 26, No. 2, 1992.

Pasadilla, O. Gloria, "Social Security for Migrant Labour in the Greater Mekong Subregion", *ARTNeT Working Paper Series*, No. 122, 2013.

Pennings F., Between soft and hard law: the impact of international social security standards on national social security law, *Review of African Political Economy*, Vol. 39, No. 133, 2006.

Philip M. Larkin, "The 'Criminalization' of Social Security Law: Towards a Punitive Welfare State?", *Journal of Law and Society*, 2007.

Remeur Cécile, "Welfare benefits and intra-EU mobility", *Library Briefing*, Vol. 24, No. 9, 2013.

Riba Jacques Jean, "The Experience of the European Economic Community in Social Security for Migrant Workers (1958–1967)", *International Social Security Review*, Vol. 21, No. 3, 2010.

Taha Nurulsyahirah, Messkoub Mahmood, Siegmann Karin Astrid, "How Portable is Social Security for Migrant Workers? A Review of the Literature", *International Social Security Review*, Vol. 68, No. 1, 2015.

Tamagno Edward, "Strengthening Social Protection for ASEAN Migrant Workers through Social Security Agreements", *ILO Working Papers*, No. 10, 2007.

Zheng Yijun, *Strengthening Protection for Intra-ASEAN Migrant Workers' Rights to Social Security: A Perspective from the Post-2015 ASEAN Vision*, JAMM06 Master Thesis, Faculty of Law Lund University Press, 2016.

后 记

  本书是以国家社会科学基金项目"社会保障国际冲突、协调与合作基本法律问题研究"的结项报告为基础撰定出版的。

  2013年初获批该基金项目后，虽断续做了些准备工作，但前后七年间未著一字，其间历经两次延期申请。回头来看，固然有一些客观因素的影响，但根本原因还在于自己主观上的懈怠和疏懒。于私有幸（而于公不幸）的是，这么多年过去了，课题瞄准的现实问题仍在，法律界也没有人做出替代性的研究来。是故，心下有不舍之念。但随着国家社科基金管理平台提示的结项最后期限（2020年3月31日）的临近，自觉已没有完成可能，心态黯然。

  项目得以"起死回生"、完成结题，要归因于2020年2月底因新冠疫情已封城一个多月的武汉，一个让人刻骨铭心的特殊时空环境。我自1998年开始即关注卫生法领域，2000年9月于科学出版社出版了被采用甚广的卫生法教科书；2019年上半年于武汉大学筹建卫生法和卫生政策研究所，准备重拾旧好，致力于卫生法研究。由于有这点渊源，我在2019年底很早得知新冠发生的信息，并建言借鉴SARS防疫经验尽早封控涉疫街区，严防扩散。可是天不从人愿，事态往相反方向疾进，终至封城。由此产生的那份沮丧感，即便是同处围城中的受难人也难以体会。其后，不断传来的噩耗、不断扩散的恐惧吞噬着整座城市，封道路、封小区、封楼栋都阻挡不住病毒的侵袭。它最终来到了我居家的楼层。人被封堵在自家门内，周围世界已陷入了死寂，愤懑、失望和无赖在心中日滋夜长。到了二月的最后两天，我觉得继续守着网络或微信、盯着疫情和死亡数字，既不能救人，也解脱不了自己，遂删了微信，封了公号，跟在外地的孩子交代了假设发生不测时的后事，写了首小诗以明志。然后，于线上召集了几位在读学生来做这个延宕已久的基金项目的功课。

在接下来的整个三月，可谓焚膏继晷——绝对地足不出户（有政府强制来保证），每天除了五小时左右的睡眠外，就是伏案苦作，到3月31日终于交出了项目结题报告。古人有语"若非穷愁谁著书"，信乎斯言！倘若万物有灵的话，这份报告的文字中只怕不单浸透着我的愁，甚至饱含着一座城市的痛。我愿将由报告生成的本书，连同那首小诗，题赠给武汉这座城市和城内生死与共的人们，以永铭当日之苦难和心声：

《城殇·城誓》

初识江城，初见佳人。
江湖秋水，两看妩媚。

相守日久，相念日隆。
城与人共，人与城盟。

二月武汉，二约武汉。
一生一人，一生一城。

情比金坚，城比金坚。
相期久远，相携永远。

结题报告提交后，就又放下了，一放又三年，还是因为疏懒。

这次能够修成正果，即从10万字稍欠的结项报告转化成20多万字的专著面世，实受多种动因之驱使。

其中，最重要者是我母亲种下的因。我老家系湘中农村，"文革"

时期穷乡僻壤的经济、生活、教育条件之艰困,超乎想象。我的二姐念书的天分很高却被迫辍学,校长惜才、三次家访劝返都不能挽回,这成为我母亲心中永远的痛。在此之后,她立下誓愿,决不让这种悲剧再祸及子女,并且以她的勤劳、刻苦、坚毅和精细持家说到做到。是故,与其时大多数来自农村的同学有别,我 1983 年到珞珈山上学时是穿着皮鞋、戴着手表来的;我母亲甚至找了当时镇上最好但还不知西装怎么做的裁缝为我做了一套只有半截里衬的西服。我在大二时想效仿某个大人物做社会调查,加之爱上了去凌波门外的东湖冬泳,为方便计想要一辆自行车。母亲听了,说"好贵",却又很快筹钱给我买了车。堂姐戏言道"三大件就差个缝纫机了,该带个媳妇回来了"。那辆自行车利用率奇高,经常有人来借用,让我成了"闻人"。俗语"穷人养娇子",完全可以用在我身上。只是其时少不更事,唯图享受。后来才觉悟到,我当时有多娇,我母亲就有多苦;我有多风光,我母亲就有多克己。醒悟之后,每念及此,心潮难平。可是,就在几年前,在我还未曾为她奉一粥一饭的情况下,我的母亲离开了这个世界,何憾之巨也!今能克服惰性,让文稿成书面世,很重要的一个动力,就是想攒一份小礼,敬献给我已故的母亲!

完成课题研究、撰写结项报告、著作成书出版,有赖很多人提供的帮助和支持。

人社部社会保险事业管理中心的姚茜处长,在课题研究过程中给予多方面的支援,包括惠赠文献资料、提供社保国际合作前沿信息以及实务交流机会,等等。

本课题研究的对象问题之特性,决定了研究的开展和完成非常依赖文献资料尤其是国外文献资料的掌握。王滢淇博士利用赴欧留学机会出色地完成了文献的收集和整理工作。在获取研究文献上,有长期留德经验的赵亢博士、澳洲悉尼大学的李嘉庆同学也做出了重要的贡献。

姜腊、王滢淇、潘南君、魏毅娜等几位博士参与了项目结题报告(初稿)部分章节的拟写工作。

李珊、雷腾、戈佳美、宋美瑾、张玉洁等几位硕士同学，分别在项目结题报告或本书成书阶段参与了文献资料的整理和翻译工作。

　　特此致谢以上各位女士和先生付出的辛勤劳动！

　　感谢中国社会科学出版社的郭曼曼老师，作为责任编辑，为本书面世提供了非常高效、得力的支持！同时，感谢中国社会科学出版社副总编陈彪先生帮助协调处理有关出版事务！

　　最后，感谢国家社会科学基金对课题研究的资助和支持！感谢武汉大学政治与公共管理学院为本书提供了部分出版补贴！

李运华
二〇二三年春于武昌珞珈山